艺术史界

莲与龙

中国纹饰

（英）杰西卡·罗森 著

张平 译

邓菲 李晨 沈水 施静菲 李宝平 校

上海书画出版社

总策划　王立翔

策　划　王　剑

丛书总序

  人类创造了灿烂辉煌的文明，艺术是其中不可或缺的一个门类。如何保存、纪录以及再现曾有或正在诞生的伟大艺术，描绘、阐释卓越艺术家的成就，历代都有人为此作出了巨大努力。因此，纪录、描述艺术的历史，便成为人们愈来愈重要的工作。近二百多年来，西方艺术史，经由多位大家的不断推进，已经与历史、考古、哲学等诸种学科一样，发展为社会科学的重要一支。而现代学科意义上的中国艺术史的研究，则起步要晚很多。这其中最重要的缘由固然是因中国现代化进程迟滞所致，另一个原因，无疑是该研究领域需要一个自身认识、接受进而突破的过程，这是学科发展的规律所致。

  中国拥有五千年文明史，艺术成就之璀璨，是被认同为世界最重要文明古国的证据之一。二十世纪上半叶是西方人再次惊愕进而痴迷中国艺术的转捩时期，中华文物大量流失海外，在填饱一些探险家、古董商贪婪的肚囊之时，客观上也增强了西方对中华艺术成就的认识，认为中国是最具艺术气质的国度之一，足以与古希腊、古罗马相媲美；许多重要博物馆收罗并展出中国艺术品，多次掀起了世界范围内的中国热潮。这使得一批欧美的汉学家和艺术史学者关注并介入中国艺术史的研究中，进而影响了国人尝试以西方理论或视线对中国艺术（主要是绘画）进行新的分析探索。无论后人如何评价当时的中国艺术史研究之得失，其历史意义今人都给予了积极的肯定。

  在此之后，艺术史学界幸运地迎来了一位自幼浸淫于中国文化的华人学者方闻先生，他以西方的结构风格分析和中国传统鉴定法相结合，全新描述了中国文化视线下的中国绘画史，同时修改和扩大了那些起源于西方艺术史的方法论，深刻影响了一批同时及其后的学者。此间数十年，多位西方和华裔艺术史学者，都对中国艺术史展开了卓有成就的学术研究。而上世纪九十年代以后，随着与国际交往的深入，国内艺术史学者也开始加入到这场全球视野下的中国艺术史的大讨论中。

上海书画出版社正是在这样的背景下，很早成为这场具有历史意义讨论的参与者和见证者。自1989年起，上海书画出版社连续举办了六次之多、各种主题的中国书画国际学术讨论会，并最早引进出版了美国高居翰先生的《山外山》《气势撼人》和方闻先生的《心印》中文译本。正是在海内外学界的共同推动下，广大读者对中国艺术史的关注和论著的阅读兴趣，逐渐得以积聚。此后，从读者、学界的需求和专业出版的格局出发，上海书画出版社决心在艺术史研究出版领域有更新更大的作为。经过多年准备，2017年前后，我社率先推出"方闻中国艺术史著作全编"和"傅申中国书画鉴定论著全编"两大系列。今年起，我社将以"艺术史界"为名，陆续推出更多当代海内外中国艺术史学者的重要论著，贡献给倾心于中国艺术史的读者。

近百年来，西方艺术史研究多种成果和方法，巨大启迪了中外学者对中国艺术史新路径的研究，借助现代意义的历史学、考古学、人类学、社会学、民族学、宗教学、文学和美学等学科的支援，中国艺术史的内涵和外延得到了巨大的丰富。不过在这些方法的实践中，因中西方艺术发生母体和发展背景存在重大差异，而使对材料的取舍分析和得出的结论并不能够完全令人信服。然而，学者们尽力将多元的方法与中国艺术自身的视觉语言相结合，即使有套用、拼凑之痕，也仍然给读者带来了新的视线和思考。许多取得卓越成就的艺术史家，更是努力沉潜于中国历史文化，以求获得解决他们在研究中遭遇问题的方法。因此，这些视中国艺术史研究为理想而不懈努力的学者，是尤其令人钦佩的。

现代学科意义的艺术史之提出，为中国艺术史研究带来新的生机，这是不争的事实。今天读者都明白艺术史的讨论对象，并不能仅仅局限于艺术品本身，这就是这一学科研究教育带来的重要影响。但作为学科意义的中国艺术史之建设还是任重道远。它所面临的一系列问题，无论是来自中国艺术自身，还是放置于世界，都无法回避其本体的探究。在跨学科的范式下，艺术史研究的边界何在？艺术史研究的起点为何？艺术史是否一定需要仰仗其他学科准则才能确立起自身学科存在的价值？是坚持建构艺术史的整体，还是具体而微地深入问题内部？是"以图证史"，还是"史境求证"？对于中国艺术史是回到自己封闭的语境中去，还是借鉴国际艺术史研究的发展动态，而获得交流的更大空间？这些都有待更多学者的认真回应。数十年来，有一批勤奋的中外学者聚焦中国艺术史，他们不断探索，成果卓著；我们也坚信，随着中国文化与世界交流的日益深入，未来会有更多的学人会以不断接近历史本真的努力，为读者展示出一个更为丰富而魅力无穷的中国艺术史世界。从这点出发，我社的"艺术史界"丛书不仅致力汇集当今中国艺术史研究的重要著作集中出版，更愿意以自己的坚持，为中外学者提供一个更为开阔的可以切磋交流的平台。

王立翔

2019 年 3 月

中文版序

《莲与龙：中国纹饰》为英文版*Chinese Ornament: The Lotus and the Dragon*的中文译稿。原书出版于1984年，与大英博物馆的同名展览并行。关于中文译稿的出版，我首先要感谢中国美术学院的范景中教授于2011年的提议。范教授对本次翻译项目十分热忱和关切，这是因为他研究并翻译了贡布里希爵士（E. H. Gombrich）的诸多著作，而本书英文版初版之时，也受到贡布里希爵士的关注，他在关于装饰的主要著作（第二版）的前言中对本书进行了详细的评论。

本书中文版的出版得到了大英博物馆（British Museum）的大力支持。我尤其感谢大英博物馆亚洲部主任白珍（Jane Portal）女士以及博物馆出版部门的帮助。大英博物馆慷慨地提供了本书所提及的博物馆和大英图书馆中所有藏品的插图。

本书由华东师范大学的张平博士翻译完成。翻译是一项极具挑战性的工作，尤其是当一部研究著作跨越时空、涵盖欧亚大陆众多区域的时候。在与上海书画出版社协力合作的过程中，我尤其感谢邓菲教授（复旦大学）、李晨博士（同济大学）作出的重要贡献。施静菲教授（台湾大学）、李宝平博士（伦敦大学）在审校中提供了宝贵的意见。牛津大学的沈水女士在此过程中也提供了不可或缺的帮助。我对他们的付出表示衷心的感谢。

在原书出版的那个年代，很少有研究会考虑到古代地中海和东亚的交流，而现在，这已经是一个广受关注的议题。并且，在接下来的一段时期里，随着"一带一路"战略的不断实施，中国会有大量的研究，为亚洲腹地和欧亚草原中重要地区的探索带来更多的启发。

杰西卡·罗森
2019 年 1 月

英文版序

　　本书的出版与同名展览并行，而二者各自独立。它们使用的材料略有差异，但讨论了同样的问题，即中国艺术，尤其是瓷器上广为流传的花卉与动物图案的源流。

　　我最初是在对中国银器的研究中注意到中国花卉图案发展中的这一特殊问题，那是在1977年4月1日至同年10月1日组织了大英博物馆的展览"罗马世界的财富"（Wealth of the Roman World）之后。人们已经注意到，中国银器和中国以西的一些国家的银器之间存在关联。在这次展览中，我意识到这种联系并不直接，于是开始寻找新的答案。贡布里希爵士于1979年出版的《秩序感》（The Sense of Order）一书，提供了一系列难以想象的可能性，让我开始关注西方花卉与叶状装饰传统的连续性，并激发了对一系列西方图案与远东叶状图案之间联系的讨论。因此，我首先要感谢的就是贡布里希爵士以及他许多作品给我的启发。我也感谢他对本研究的鼓励，以及允许我在导言中引用《秩序感》的内容。

　　接下来我要感谢大英博物馆，它拥有非常丰富的藏品，因为本书所讨论的问题只有借助古埃及、古希腊和罗马、伊朗以及印度次大陆、远东的藏品才能得到解决。埃及、古希腊和罗马中世纪及后期，以及西亚等各古物部门主管都为这次展览出借了藏品，并耐心回答我的无数问题，慷慨允许我在研究中使用馆藏资料，我对此铭记在心。尤其要感谢哈里·詹姆斯（Harry James）允许我求助于克里斯廷·巴勒特（Christine Barratt）以准备图样和地图，我十分感激巴勒特将我给她的很多资料精心绘制成雅致清晰的图样。在准备本书文字和展览的过程中，我得到了卡罗尔·安德鲁斯（Carol Andrews）、卢西拉·伯恩（Lucilla Burn）、约翰·柯蒂斯（John Curtis）、艾琳·道森（Aileen Dawson）、莱斯利·菲顿（Lesley Fitton）、朱利安·里德（Julian Reade）、苏珊·沃克（Susan Walker）

和戴弗利·威廉斯（Dyfri Williams）的帮助。我本人所在的部门也给予我极大的帮助与支持，我要特别感谢德瑞克·吉尔曼（Derek Gillman）、迈克尔·罗杰斯（Michael Rogers）和弗拉迪米尔·茨瓦尔夫（Wladimir Zwalf），他们为我提供了许多重要观念和参考资料。雷切尔·阿斯特（Rachel Astor）、伊丽莎白·福克赛尔（Elizabeth Foxell）、维克托·哈里斯（Victor Harris）、休·毕比（Sue Beeby）、西恩·杰伊（Sian Jay）、休·格伦迪（Sue Grundy），以及东方部的博物馆助理团队也提供了不可估量的帮助。由于涉及主题极为广泛，我不得不求助于英国邱园皇家植物园（Royal Botanic Gardens, Kew）的奈杰尔·赫佩尔（Nigel Hepper），土耳其托普卡帕宫图书馆（Topkapi Saray Library）的菲利茨·查曼（Filiz Çağman）和齐伦·塔尼迪（Zeren Tanidi），还有耶鲁大学美术馆（Yale University Art Gallery）的米米·尼尔（Mimi Neill）。约翰·卡斯韦尔（John Carswell）、佩顿·斯基普威斯（Peyton Skipwith）、诺拉·蒂特里（Norah Titley）、斯图亚特·凯里·韦尔奇（Stuart Carey Welch）和杰弗里·韦斯特（Jeffrey West）为我提供了极有价值的照片和信息。我还要感谢我的丈夫在我撰写本书过程中给予的宽容与支持。德博拉·韦克林（Deborah Wakeling）精心准备用于印刷的文稿，我对她付出的不懈努力表示感激。

我要感谢所有帮助从其他机构借出藏品的参展人员，包括大英图书馆（British Library）的布鲁姆菲尔德（B.C. Bloomfield）、帕特里夏·赫伯特(Patricia Herbert)和彼得·劳森（Peter Lawson），阿什莫林博物馆（Ashmolean Museum）的罗杰·穆瑞（Roger Moorey）、玛丽·特里吉尔（Mary Tregear）和海伦·怀特豪斯（Helen Whitehouse），菲茨威廉博物馆（Fitzwilliam Museum）的罗宾·克赖顿（Robin Crighton），以及维多利亚和艾伯特博物馆（Victoria and Albert Museum）的乔·厄尔（Joe Earle）、柯玫瑰（Rose Kerr）、奥利弗·沃森（Oliver Watson）和维里蒂·威尔逊（Verity Wilson）。展出工作则要感谢展览设计者艾弗·希尔（Ivor Heal）和博物馆设计办公室的员工，特别是戈登·巴伯（Gordon Barber）伊丽莎白·罗伯逊（Elizabeth Robertson）。

目录

图1 中国样式的陶盘，饰有石上立鸟及其他母题，英国斯塔福郡
(Staffordshire)，约1950年，直径19.5厘米，私人收藏。

导言

 包括本书标题中的莲与龙在内的中国花卉和动物纹样是世界上影响最大的图案之一。虽然这些母题的最初发展见于5世纪末在中国边远地区开凿的佛教石窟中，但这类花卉与动物纹样完全没有脱离现代的日常生活经验。如果我们看看英国陶瓷制品上的任何装饰，就会注意到其中与中国原型隐约相关的花卉、动物，甚至人物。

 有些陶瓷装饰模仿中国陶瓷的痕迹比较明显，图1这样的小盘可能会用在英国的任何餐桌上，上面的蓝色图案以14、15和16世纪的中国瓷器装饰为基础。盘中心简略的风景中有两只鸟，盘边很宽，由开光和菱形图案组成，这种设计可同图2和图3的中国瓷器装饰作比较。白瓷器皿在中国出现于6世纪，起初是刻画或模印出花卉与动物纹样，后来用釉下或釉上彩绘做成类似的纹样。因此，饰有花枝或中心处有人物、动物图案的欧洲瓷盘采纳了这种中国发明的样式。即使这些餐盘上的图案并非对中国母题的复制，欧洲人使用盘心处有图绘设计的瓷盘，无论其边缘装饰是否繁密，都表明了他们对中国瓷盘的兴趣。所以，本书试图追溯的花卉与动物母题对欧洲陶瓷的影响，实际上与基于古典建筑线脚和叶饰的西方纹饰对欧洲建筑装饰的影响同样深远。

 之所以广泛借用中国母题与装饰布局，并不在于这些图案本身的吸引力，而是因为中国瓷器涉及的先进技术。制造瓷器需要一种白色岩石，是花岗石的分解物，

图2 青花瓷盘，饰有石上立鸟的图案，元代，14世纪，直径45.8厘米，维多利亚和艾伯特博物馆收藏，作者拍摄。

图3 青花瓷盘，饰有石上立鸟图案，明代，16世纪—17世纪，直径20.6厘米，大英博物馆收藏。

被称为瓷石。这类瓷石的不同类型在中国不仅数量极为丰富（尤其在南方），而且特别适合用来做瓷器。而欧洲的瓷石制成的瓷土在可塑性上略逊一筹，也不易获取。[1]而且，早在欧洲使用高温窑之前，中国人就已经掌握了达到烧造瓷器所需高温的方法。因此，许多世纪以来，中国在制作精细、半透明白瓷这一领域一直遥遥领先。借助充足的劳动力，大型瓷窑生产出大量瓷器，出口到世界各地。整船的瓷器从中国南方的景德镇被运至沿海地区，然后再运往东南亚、近东、欧洲和新大陆。

尽管销往欧洲与近东的瓷器已不计其数，中国瓷器仍是许多人买不到的奢侈品。因此，欧洲与近东都曾尝试仿制精细的中国瓷器，但制作这些瓷器的技术在当时和今天都是难以复制的。在技术上与中国瓷器相关的日本陶瓷也一样，后者在17世纪和18世纪初的欧洲也极受重视（日本外销瓷的图案多受到中国装饰图案的强烈影响）。到18世纪时，在德国迈森（Meissen）和法国赛弗尔（Sèvres）的工厂仿照从中国和日本进口的瓷器制作出不错的硬瓷，但是化学配比的秘方被小心地保护着，其他很多工厂只能用工艺更简单的陶土仿制远东瓷器。所以，荷兰和英国的代尔夫特陶是低温陶器，涂有一层不透明的锡白釉以模仿白瓷，并绘以蓝色图案，其中包括了一些中国母题【图5】。这些母题常常会被欧洲人用他们熟悉的主题替代，但风格仍是中国式的，外部边缘都由开光或花卉构成，中心的图案则具有图绘性。[2]因此，中国瓷器为欧洲陶工提供了模型，他们可以用便宜的材料和有限的技术进行模仿。

我们仅从几个例子就可以看出中国瓷器对欧洲陶瓷生产的影响。图2这只元代青花大瓷盘中央的图案是叶饰环绕的风景，其中有岩石和禽鸟。盘子内侧的装饰带充满起伏的缠枝纹，支撑着很大的花冠，缀连着尖状花瓣

图4 代尔夫特陶盘,饰有石上禽鸟,伦敦兰贝斯(Lambeth),17世纪,直径49厘米,维多利亚和艾伯特博物馆收藏,作者拍摄。

和小叶片,盘边围绕菱形图案。这种将中央风景中的动物母题与边缘的花卉组合起来的形式是当时瓷盘纹饰的标准模式。

缠枝纹也可能会被其他图案代替,包括各种布局的瓣状开光,比如图3中16世纪瓷盘内一周的开光装饰。这只盘子中央的母题也是石上立鸟,似为上述盘中绘画的晚期形式,但风景相对更为写实——一边是树木和岩石,禽鸟立于石上,远处有高耸的山石、云和一片宽阔的水域。正如本书第三章所述,这个例子借鉴了中国山水画的发展,对早期图案进行了调整。维多利亚和艾伯特博物馆所藏的一件17世纪英国代尔夫特陶盆上也有开光和禽鸟母题,极具可比性【图4】。[3]欧洲陶工并不像中国人那么熟悉开光细节,所以这些细节的制作远不及中国原

型那么精确，绘有石上立鸟的风景也更为简略。同样的图案也出现在一组荷兰代尔夫特陶上，只是花卉的表现更为夸张【图5】。这些看起来大体相同的盘子反映出石上立鸟的图像题材为欧洲所熟知并十分流行。欧洲人也借鉴了中国陶工灵活搭配一系列中心母题与各种边饰图案的技巧。在东亚、近东和欧洲，这种共有的图库借助一连串标准图案形成了有趣的变体。图1的小瓷盘就属于这一悠久传统。

初看之下，花卉和动物图案似乎难溯其源，但我们可以探讨这些图案是否写实。的确，常有学者认为，一些宋代（960—1279）的精致瓷器上常用的花卉图案源自对自然的关注及其所赋予的灵感，这在当时的诗歌和绘画中表现得十分明显。但瓷器上一系列几乎未发生改变的动物图案以及独特的花卉表明，这些图案并非直接源自写生，其来源另有所在。

实际上，动物主题非常有限，包括龙、凤及立于岩石上的禽鸟、鹿、狮子和鱼。[4]前两种动物自古就有吉祥的象征意义，被人们用来装饰建筑以求得庇佑。鹿、狮子和鱼原本也是祥瑞动物，但一千多年来，这些动物的重要象征意义逐渐减弱，到14世纪时，它们基本上已成为悦目的装饰母题，仅此而已。

花卉母题的情况则更为复杂。图2中那件14世纪瓷盘上缠枝纹中的简洁花冠所表现的也许是粉红色莲花，花朵的尖瓣接近于图9中描绘的真花，但有些花的花瓣排列得很密集，并不逼真。后来的缠枝莲纹中加上了小勾形，比如一只制作于1400年左右的瓷碗上的缠枝纹【图7】。刚才提到的两种缠枝莲纹中的叶子都十分特别：植物学插图中描绘的真实莲叶又大又圆，是扁平的，可以像睡莲叶一样浮在池塘或湖面上。而缠枝花纹以及其他类似纹样并未描绘真正的莲叶，而是将其画成由两个圆逗点支撑的尖形叶片。也有些瓷器中心部分绘有莲花图案，莲叶的形状基本写实（见下文图111、图155）。

缠枝牡丹纹也是14世纪瓷器上常见的图案，同样与自然界中的真花有差距。图8中的缠枝牡丹纹与上述莲花图案一致，花茎弯曲度很大，每个波浪形中间都有一个硕大的花冠缀在花柄上。这些牡丹花的花瓣都用小圆弧勾边，规则的圆弧和带有齿状边的短叶片迥异于多数真实的牡丹花叶，比如芍药【图10】。真花的花瓣要比纹饰中简洁得多。而且，牡丹的叶形长且分开，并不是齿状短叶。在纹饰中，牡丹和莲花反复被描绘在起伏的花茎上，并不表现自然界中植物的特征，所以说，这两种植物都没有被准确描绘，我们需要解释这类形式的由来。

这些植物作为装饰的历史格外有趣，因为中国古

图6 墨色画，表现岩上双鸟，伊朗，15世纪，大英博物馆收藏。

图7 瓷碗上的缠枝莲纹，明代，约1400年，大英博物馆收藏，另见图65和66。

图8 瓷瓶上的缠枝牡丹纹，元代，14世纪，大英博物馆收藏。

图9 莲，采自*The Garden*, 3 June 1893, vol. 43, pl. 912.

代——也就是说在统一的秦朝（前221—前207）与汉朝（前206—220）之前——几乎没有使用任何植物装饰图案。从西方引入的各种涡卷纹在秦汉时期尤其是汉代发展为云纹或作为山石风景。[5]花卉图案的雏形最早见于史称"六朝"（220—589）的分裂时期，在佛教建筑装饰里极为简略的涡卷纹中【图11】。隋（581—618）、唐（618—906）时期，建筑装饰中终于出现了独立的花卉图案，此时的中国又一次建立了强大的朝代，其影响远播中亚。在此之前，建筑中使用的涡卷纹尚未流行于世俗器皿，而至隋唐时期，银器上却开始出现简单的缠枝叶饰。从那以后，在宋朝以及北方少数民族统治的辽（907—1125）、金（1115—1234）时期，花卉图案逐渐运用于瓷器装饰。几个世纪以来，早期叶饰茎部的弯曲轮廓被保留下来，运用于更加复杂、写实的图案中，决定了上述缠枝纹中的波浪形轮廓【图7、图8】。

图11展示了早期涡卷纹的例子，这种简单的分瓣叶可以同源自古典的莨苕和棕叶纹饰的西方叶饰相比较。其实，西方的莨苕图案与中国早期叶饰之间的联系早已得到承认。[6]但是，这些图案在亚洲的传播途径仍需进一步的研究。因此，本书第一章将中国叶饰的源头追溯至西方的莨苕和半棕叶边饰，讨论这一纹饰的传播如何成为伊朗和中亚建筑立面装饰的历史。第二章将考察建筑母题转移到日用器皿的途径，以及莲花和牡丹边饰的各种变体。

第三章集中讨论动物主题，这里同样需要考虑为建筑装饰发明的母题是如何被转移到陶瓷上的。另外，用以分隔母题的瓣状开光和轮廓会放在第四章讨论。就像边缘叶饰一样，有些动物图案和所有的瓣状母题都受到异域图案的影响，这种传播是随着5、6世纪以降佛教发展而来的。最后一章将研究蒙古征服亚洲之后伊朗和土耳其运用中国母题的历史。13世纪以来，中国的莲花和动物母题在伊朗十分流行。一幅以中国风格绘制的伊朗画作直接照搬了石上立鸟的母题，但中国图案中诗意的一面在这里变成带有敌意的对峙【图6】。这类母题可能是通过陶瓷以外的其他媒介，比如丝织品和画册等，传入伊朗的。但我们的讨论将关注陶瓷与银器装饰以及这些母题在建筑装饰中的源头。相关资料极为丰富，可建立完整可靠的图案序列。织物是另一种影响广泛的媒介，但不容易讨论，因为早期阶段留存下来的相关实物极少。[7]

图10 芍药，采自*Andrews Botanist's Repository* I, 1799, pl. 64.

要进行这一研究，我们的术语和研究方法十分有限，因为当今的美术史对任何形式的装饰都不够关心。因此，要解释这种忽视，我们必须考察西方人对装饰的态度，还要提到李格尔（Alois Riegl）和贡布里希，他们的著作恰恰探索了这个很少有学者研究的领域。

《牛津英语词典》把"ornament"定义为一切用于装饰的东西。根据这种广义的描述，装饰这一术语可指任何附加在建筑、物品或人身上以增强视觉吸引力的东西。这个定义范围过大，并未在不同种类、时期与地点的装饰之间作出区分。但在分析"装饰"这个词在欧洲艺术语境和英语中的特殊涵义之前，有必要提到该词汇

图11 涡卷棕叶饰和花瓣装饰带，出自云冈石窟第9窟，山西大同，北魏，5世纪末，采自水野清一、长广敏雄：《雲岡石窟：西暦五世紀における仏教寺院の考古学的調査報告(昭和13-20年)》，京都：京都大学人文科学研究所，1951年，卷6，图28。

带来的另一个问题。19世纪末以来，"装饰"声名狼藉，被斥为不纯粹的、肤浅而幼稚的，也许甚至是不道德的，因此今天很难客观地讨论装饰。这种偏见源于19世纪末人们关于建筑中各种装饰风格价值的激烈争论，以及这些争论最终引起的强烈反感。[8]阿道夫·卢斯（Adolf Loos）被视为反对装饰这一战役中的旗手，他最著名的批评是，将使用装饰等同于不文明的原始观念：

> 孩子是没有道德感的。在我们看来，巴布亚人也同样。巴布亚人杀死敌人并吃掉他们，他不是罪犯，但如果现代人杀了人并把人吃掉的话，他要么是罪犯，要么是精神变态。巴布亚人在皮肤上刺青，在船上、桨上，简而言之就是在他能接触到的任何地方刻下纹饰，他不是罪犯，而有刺青的现代人要么是罪犯，要么是精神变态……

> 在巴布亚人和孩子看来自然而然的事情，对现代成年人而言却是精神变态的症状。我有以下发现，我要把它公诸于众：文化的进化就等于在实用物体中去除装饰……

> 珍视装饰，将其视为往昔艺术过剩的一种标志的现代人，会立刻发现现代装饰的痛苦、焦虑和病态。今天，生活在我们这个文化层次的人不会再制造任何装饰……

> 我们已经变得更细致、更敏锐。游牧民族必须靠不同颜色来区分自己与他人，现代人则用衣服作面具，而他无比强烈的个性已经无法再用服装来表达。摆脱装饰是精神力量的一种标志……[9]

卢斯认为，装饰既不必要也不合适，而且是一种犯罪，因为它浪费了人力，也就是浪费了人类资源。

我们今天已经很少能听到这些观点，卢斯对巴布亚人的评论可能已经让人完全无法接受，但这样的争论是与其时代相一致的，也符合一些受风格之争所扰的建筑师的愿望，路易斯·沙利文（Louis Sullivan）陈述了这些建筑师的观点：

> 我认为，一座没有装饰的建筑能够凭借体量与比例传达高贵而庄严的情感，这是不言自明的事情。我并不觉得装饰能在本质上提升这些基本的品质，那么，我们为什么要用装饰呢？高贵单纯的庄重不就足够了吗？为什么还不满足呢？
>
> 如果要直率地回答这个问题，我会说如果我们完全摒弃装饰一段时间，这对我们的审美会有极大好处，我们的思想会完全集中于建造形式优美的建筑，天然去雕饰。因此我们应该回避许多不想要的东西，而且通过对比，我们会明白以自然、有活力而健康的方式思考是何等有效！这样一来，我们大可思考装饰的应用能在多大程度上增强建筑的美——装饰会给建筑带来什么样的新魅力？[10]

沙利文与其同时代人及追随者的观点伴随着一种新建筑风格的诞生，即现代主义。因为沙利文的倡导，在近百年间，建筑师们不再使用装饰。然而结果并不总像沙利文和他的建筑师同事所期望的那样。内外不加装饰，除横梁与直棂之外——无变化的简洁建筑物并不一定能传达出创造者希望表现的设计整体性。这种建筑常常规模很大，巨大的混凝土板和玻璃板上毫无装饰，甚至经常取消了简单的垂直划分，让观者难以理解；[11]更有甚者，这些建筑物会显得冷漠无情，甚至具有威胁性。这类新型建筑中的居民无法认同建筑内巨大的空白区域，多数时候只能采取涂鸦和破坏的手段，这至少瓦解了空白表面并使其难以忘记。[12]但我们不应该对这类反应感到吃惊：在其他语境中，我们一直都知道空白表面令人反感，而且会考验我们的忍耐力。囚犯被关在光秃秃的牢房中，审讯室也是光秃秃的，看不到能打破白墙单调性、让眼睛放松的线条，更不用说装饰了。怎么可能犯这样的错误，认为装饰无足轻重呢？

这一误解似乎是未能把握装饰在西欧艺术中的角色和历史发展所致。

西方的装饰与建筑关系密切，源自古典和中世纪的建筑装饰。[13]实际上，在现代主义时期以前，很难在一座欧洲建筑物的建筑与装饰之间作出有意义的区分。古典建筑中的柱础、柱子、壁柱和三角楣饰既用于外部也用于内部，既是建筑又是装饰。中世纪时期也一样，罗马风和哥特式的柱子、拱门、角柱和拱顶反复用于楼座、拱廊与窗户。因此，人们很难分辨建筑止于何处，装饰始于何处。

在欧洲历史的各个时期，这些特征从建筑内部转移到家居陈设上，用于门、镶板和壁炉这些固定物以及床和长餐桌一类的可移动物上，[14]接着又从家具延伸到包括银器和陶瓷器在内的器皿。西方家具，甚至包括银器和陶瓷的普遍特征，都源自那些从古典建筑中借鉴而来的、我们称之为线脚的轮廓。风格化的植物装饰、无处不在的茛苕及与其同源的棕叶饰为公元前5世纪到19世纪末欧洲各个历史时期主要的装饰母题库提供了应用广泛的视觉元素。与这些装饰特征一样，来源多元的，尤其是来自中国和伊斯兰世界的植物图案十分流行，在壁毯中尤为多见。但是，即使是这些图案，也根据古典时期的植物图案做过调整。如果评价这一由线脚和茛苕涡卷纹等建筑细节所主导的西方装饰传统，必须考虑到我们称之为艺术的那些装饰形式，因为装饰在西方的劣势地位恰恰可归咎于这一比较。

从传统意义上说，我们用"艺术"这个词指带有宗教、叙事或描绘目的的雕塑和绘画。[15]在西方，我们认为这种艺术与其形式之外的世界存在一定的相关性。19世纪以前，多数艺术在内容上是再现性的，这是来自古典世界的一笔重要遗产。即使在今天，也有很多艺术形式从这些再现性艺术中汲取营养，因此并未完全与其脱离关系。首先，人们认为艺术应该传达信息。过去，这种信息一般是宗教的、政治的，或说教的，说明个体与世界的关系，而现在我们期待艺术能表达艺术家的个人观点。[16]在某种意义上，一切西方艺术自始至终都期待被解读，这不仅涉及真实世界的某些方面，也是为了观念或情感的表达。我们应该审视绘画或雕塑并理解自己所看到的东西：这种理解不同于我们从形式因素——比如线条或色彩的平衡——中获得的任何愉悦感。

20世纪以前，古典和相关的中世纪建筑始终是这种艺术的关键部分，这一事实常常被忽略。[17]从古希腊时期开始，古典雕塑就具有建筑背景，它们伫立在带有线脚的底座上，三面被建筑或复制建筑特征的壁龛包围。所有的中世纪雕塑都有罗马风或哥特式风格的背景，古典建筑细节经调整后再次应用于其中。从庞贝古城到18世纪的英国乡村庄园，绘画都置于类似的框架内。这些框架配有建筑装饰，比如线脚或莨苕叶，被安置在柱子或壁柱之间的墙壁上。独立的绘画作品，比如祭坛画，会被装上画框以搭配供奉它们的建筑物。这种建筑背景确实与艺术密不可分。不论雕塑还是绘画都是要表明特定的宗教观念，某位统治者的权威，或仅仅是某位赞助人的富有与高雅趣味，它们都必须被观看。正是因为如此，它们也必须得展示出来。对在宏伟建筑中取得辉煌成就的欧洲文化而言，这些艺术品不可避免地要与建筑物发生密切联系。

然而，如果观者要欣赏艺术，特别是艺术的内容时，背景最好不要分散他的注意力，他们在多数情况下不应关注作品的环境。传统上在西方建筑中作为雕塑和绘画背景的建筑线脚、立柱、三角楣饰以及涡卷纹都极适合这一角色。它们不涉及主动吸引观者注意的人物或动物，而是与建筑相关。建筑与活的生物不同，它们是静止的，不会移动。因此，与这类主题在一起时，它们很难立即引起观者的注意。毕竟建筑一般不会构成威胁，而人或动物则很有可能。[18]

此外，因为建筑广为人知，由古典建筑而来的装饰普及度也很高。正如贡布里希所解释的，我们会对自己熟悉的物体或装饰视而不见："在知觉研究中，习惯的力量在我们熟悉的事物中能更轻松地发挥作用。我们已经看到，这种轻松甚至可能会让我们忽视本该注意到的事情，因为习惯会潜伏于意识阈之下。"[19]在经典艺术的外围，西方的装饰就潜伏在我们的意识阈之下。

我们还可以用一个类比进一步阐明西方艺术与装饰的关系。在雕塑和绘画中，西方艺术复制部分"现实"的目标已得到广泛承认，在该艺术中，人物的再现占有重要地位。雕塑和绘画中的人像利用了从人与人之间的关系中形成的反应。如贡布里希所说，我们审视肖像画，观察画家如何细心地捕捉模特的个性与特别之处。[20]因此，我们是在将画中人与在生活中对此人的观察进行匹配。我们注视所有的人和动物，观察突然的动作、生气的瞬间以及爱的流露。但如果是为自身安全考虑的话，我们要关注人和动物（还有机器），那我们的大脑就不能再承担审视陌生环境的重负。大多数人对熟悉的街道或风景最有安全感，在这些地方，我们可以忽略许多事情，只在意那些亟待关注的内容，比如一位朋友在街上走来或一辆车颠簸着驶向我们。我们的认知是逐步建立的，直到能识别比较整体的部分，我们记得的是整条街道，而不是一块块垒砌的砖石。

我们看待西方建筑装饰的态度就像是面对一条熟悉的街道，对装饰布局经常视若无睹，而将注意力集中在被装饰包围的人像上。我们记得的不仅是线脚的细节或单独的叶片，而是完整的部分。我们的记忆通过规律的重复得到强化，但这种规律性不能过于机械化，否则我们就无法确定自身在序列中的位置。以我们置身其中的风景为例，只要装饰限于特定的范围内，我们就不会对它产生质疑，而一旦有剧烈变化，结果立刻就不协调了。去掉大教堂立面的线脚、拱门和尖顶可能同毁坏人像一样令人不安。教堂立面要是没有人像就像没有眼睛，而没有装饰的人像则是赤裸和脆弱的。

确实，如果我们仔细思考一座建筑物立面上的人像与装饰的关系，就会发现，尽管我们关注人像而相对忽略装饰，装饰绝非无足轻重。线脚和底座确立了人像之间的关系，我们的眼睛则借助这种背景联接各个人像。因为这些装饰特征并不表达涵义，无需刻意关注它们。而且，因为它们在一切构图中常重复出现，我们觉得这些元素很容易辨识。西方装饰的这些特征：稳定性、缺乏说教内涵以及普遍性，都导致了一个不幸的假设，即这样的装饰不重要。几个世纪以来，建筑内部、家具和器皿曾共享了相关的装饰母题库，然而由于西方建筑对装饰的排斥，导致它们迅速从上述媒介上消失。

欧洲艺术和建筑的独特历史使人们认为装饰并不重要，甚至完全可以被摒弃。尽管这类假设具有误导性，会导致不良后果，但这种观点仍然有很大的影响力，而且仍在鼓励分离艺术与装饰这种得到广泛接受的观点。不仅西方艺术如此，东方艺术也一样。

比如，中国佛教石窟中的佛像雕塑被视为艺术，而同一石窟中的花叶边饰却只是装饰。佛像雕塑得到了广泛研究，而花卉边饰却远未得到相应的重视。但佛像和花卉图案属于同一构图，还经常可能出自同一名工匠之手。在这种情况下，艺术与装饰的区分意义不大。随着装饰被贬低至处于劣势的地位，这些花卉边饰对中国艺术许多方面作出的贡献几乎被忽略了。

中国花卉图案伴随着佛像雕塑这种艺术形式一同出现，类似于与西方人像雕塑和绘画共存的建筑装饰。相对来说，中国与西方花叶图案的这种相似性既非巧合，也不是全世界艺术形式普遍发展的证据。中国佛教石窟中以佛像雕塑结合涡卷叶饰美化外观的做法，完全是出自中亚希腊化建筑的地方形式。因此，中国花叶图案的作用与莨苕和葡萄藤纹饰在西方的功能直接相关。中国花卉图案也继承了西方装饰中的某些被动因素，下文将进一步说明，与涡卷纹共同使用的其他母题会激起观者的不同反应。

但根据本书的意图，公元400到1400年之间发展起来的中国花卉和动物母题都将被称为装饰，因为它们像西方装饰一样，都借鉴建筑来装点陈设和日常器物。而且，这些发展成熟的母题像西方装饰一样，似乎没有"特别涵义"，它们的作用是使其覆盖的物体具有吸引力，引人入胜。

中国艺术的早期形式，比如商周时期的青铜礼器，以及世界其他地方的未受古典传统影响的艺术不太容易被界定为装饰：它们常具有西方术语难以准确描述的含义。巴布亚人的刺青就是一个恰当的例子：卢斯视其为装饰，也许是因为艺术这个词在西方语汇中应针对传达某种意义或意图的再现，既然这种刺青不是艺术，那就一定是装饰。但这些刺青的技巧、主题和意图是由巴布亚人的活动决定的，在巴布亚社会中有特殊意义，而与西方人称为装饰的艺术形式毫无关系。这些独立的艺术形式最适合在产生它们的文化环境中加以考察，对它们的思考也不应受西方艺术讨论中产生的术语所限制。

中国的花卉图案与西方建筑装饰有遥远的渊源关系，而李格尔的《风格问题》是对西方装饰的重要讨论之一，与本文的装饰研究有着特殊的相关性。[21]李格尔在19世纪80年代担任奥地利工艺美术博物馆（Österreichische Museum für Kunst und Industrie）织物部主任，他在1893年出版的《风格问题》（Stilfragen）中将莨苕图案的起源追溯至东地中海的莲花与棕叶饰。[22]他关注的是形式上的连续性，追溯一种植物边饰转变为另一种植物边饰的步骤。在某种程度上，他是回应了早些时候古德伊尔（W. H. Goodyear）的研究，后者注意到莲花和棕叶图案中存在某种稳定因素，并且指出这种相似源于二者共同的象征性。[23]李格尔并不接受这种观点，他的态度及其对形式关系的细致研究令人钦佩，直到今天，如果不考虑李格尔的分析，我们仍无法理解古代世界的植物图案。附录中的大部分叙述是莨苕图案向东传播至中亚与中国的发展背景，采纳了李格尔在《风格问题》中阐明的观点。

李格尔强调了另一个概念用以取代象征主义，他称之为"艺术意志"（Kunstwollen），并借此解释了他所讨论的形式发展中的连贯性。[24]这个词很难翻译，最简单地说就是指艺术家的意志或目标。李格尔提出这一概念是为了否定当时桑佩尔（Gottfried Semper）的看法，后者认为所用材料的性质决定了装饰与艺术的形式。[25]李格尔重视艺术家的思想和意志胜于艺术创造对材料的要求，他将这一概念与人们兴趣的普遍转移——从对三维形状到对线条——结合起来。

尽管"艺术意志"的概念不再被作为艺术发展的基本解释，李格尔对形式研究的强调仍是所有艺术讨论的重要出发点。不论艺术家用什么材料创作，他运用的形式是其基本构件。如果无法定义和描述这些构件，就难以讨论（如果不是不可能的话）一件艺术品是如何形成或发展的。这些构件的本质可能会随着时间和地点的不同而各有差异，但在一切艺术形式中，区分这些构件并描述各种组合的历史都是迫切需要的，不论是描绘耶稣诞生的画作、罗马建筑的立面还是中国的涡卷纹。

如果不利用前辈们留下的构件，这一代人探讨任何艺术的历史都会极为困难。李格尔之所以能够描述埃及莲花边饰的漫长历史，只是因为几百年，甚至几千年来工匠们运用了传承自先辈的形式及组合。贡布里希在很多作品中都讨论过人们沿袭父辈和祖辈艺术形式的原因，他在下文中极为雄辩地描述了这一过程：

> 这些观察能够确定一个心理学的事实：设计者宁愿在现存母题的基础上进行调整，也不愿从零开始创造新的母题。彻底革新的困难既有心理的，也有社会的因素。真正富于原创性的人很少，即便有，人们也会要求他们循规蹈矩。因此，正如福西永（Focillon）的学生乔治·库布勒（George Kubler）在其富于思想性的著作《时间的形状》（*The Shape of Time*）中所说："只有在视为十分高超的绝技时，人类才容许

有发明"。

> 一切事物都不是凭空产生的，伟大的装饰风格像管风琴赋格曲一样，不可能是一个人的发明，无论此人有多少灵感。盎格鲁-爱尔兰纹饰、阿拉伯式图案或洛可可装饰都是这类典型的"最终产物"，由库布勒称为"连锁解码"的一长串图案发展而来。我们已经看到，修改、丰富或删减既定的复杂结构为何要比凭空创造容易得多。[26]

然而，贡布里希关心的远不只是描述再现或装饰艺术史中发现的"连锁解码"。他提出，特定时期的艺术家利用前人经验和技术的做法存在心理上的原因。这些原因在《艺术与错觉》（*Art and Illusion*）中得到充分的讨论，但他在其他著作中也表达了类似的观点：

> 在《艺术与错觉》中，我试图表明"艺术为什么会有历史"。我用心理学原因来说明一个事实，即不经训练的个体无论天赋多高，如果不借助传统，还是无法描绘自然。我在知觉心理学中找到了原因，解释了我们为什么无法直接"转录"所见，而必须在"制作与匹配""图式与修正"的缓慢过程中求助于试错法。[27]

尽管在此无法充分地评价贡布里希内容丰富的讨论，他的深刻见解已经启发了以下的观点陈述，可以用来解释中国图案中某些特征保留以及其他特征彻底改变的原因。

如果先考虑支持某种既定传统的因素，我们会发现，最能促进稳定性的因素是对图案制作技巧的学习，以及对欣赏图案所要求的知觉的培养。一切技巧都必须是习得的，一件任务及其需要的技巧越是复杂，这一辈人就越依赖于前辈的指导。孩子跟父母学习说话和数数，音乐家、运动员和工匠则从他们的老师、教练与师傅那里学到行业所需的技巧。整套技巧一经习得，投入其中的努力就会阻碍改变。[28]此外，如果一项技巧具有很高的风险性，也就是说，在工作中很容易犯错且无法轻易补救的话，艺术家需要大量学习才能公开从业。[29]一位陶工在能够画出图7中的莲花图案之前，他必须对整个图案得心应手，这包括下笔轻重、波纹间距以及花叶纹饰的灵活度。因为一旦颜料渗入瓷胎中，就再无修改余地了。烧成之后，陶工的犹豫和错误会造成器皿的瑕疵。因此，陶工必须先花很多年学习瓷器装饰的整套图案，然后才能提笔画出我们现在看到的莲花图案。学成之后，这类图案很可能被持续使用，较少改变，在图2和图100的瓷盘上相似的缠枝莲纹就是这种情况。

鉴于陶工或银匠需要大量训练，这类工匠似乎会持续使用在学徒期间掌握的装饰母题库，一般并不热衷于探索其他图案。这种做法有一个后果，即一种材料上使用的图案不一定会用于同时期的另一种媒质。在本文讨论的较早时期，要谈到的许多母题的使用范围都具有局限性。[30]因此，中国的花卉图案是几百年来从建筑上发展起来的，它们被广泛用于多种形式的石雕，但没有出现在陶瓷上。石匠的训练要求掌握一系列植物纹样，而陶工显然不需要这种学习。当这些图案最终从石头转移到金属制品，然后再到陶瓷时，我们有非常直接的原因可以解释这种借鉴的出现。比如，当同一物品或两件相关物品的制作要求使用石材和金属——比如舍利函——二者就会共用图案母题库。另一方面，当成本较低廉的陶瓷替代更加昂贵的金银时，金属制品的图案又转移到陶瓷上。

这种图案受材料或工艺限制的早期情况至少有一个重要的例外：与宗教信仰相关的装饰使用极为广泛，不受不同材料的图案传统限制。佛教赞助人出资修建石碑并制作青铜和陶瓷器皿，出于宗教方面的原因，所有这些材料中都有莲花图案。因此我们发现，建筑上用以再现莲花的硕大瓣状纹【图14、图108】被搬到精细的陶瓷上，尽管略微有些不协调【图55】。新时尚以及新的商业需求也许会刺激工匠对新图案的探索，牡丹图案就是7、8世纪人们喜爱牡丹花的结果。再比如，14世纪产生了对特大瓷盘的新需求，于是陶工们觉得似乎有必要扩充他们的装饰母题库了。

考虑到工艺传统的力量以及人们偏爱熟悉之物胜于创新，我们需要解释装饰在不同地区间的转移。西方叶饰在中国的使用以及伊朗对中国莲花图案的借鉴是本书的两大主题。这些借鉴只有在大规模政治动荡的背景下才会成为可能，这种动荡打破了既定秩序并使异域图案首先传入中国，很久之后又进入伊朗。中亚地区的人口流动促进了希腊化建筑样式的传播，并使其应用于中亚佛教建筑。此后，随着中央集权的削弱，佛教传入中国，将帕米尔高原以西的建筑风格引入中国腹地。与莨苕相关的叶饰是这些建筑风格中必不可少的部分。政治上的真空使异域宗教与建筑的传入成为可能，西方的涡卷叶纹碰巧也随着这些发展进入中国。蒙古人的占领使亚洲的人口和物资出现了反向流动，中国花卉图案随之传入伊朗。蒙古人造成的毁灭和混乱破坏了原有的传统，却促进了人们对中国花卉图案的关注。与此同时，新的统治阶层对中国物品的重视也推动了这一关注。

中国、中亚和伊朗的装饰传统中都有花叶母题，这一点可能也促进了中国图案在伊朗的传播。在所有这些领域内，古典的莨苕图案都是涡卷纹发展的起点，也许正是出于这个原因，中国图案特别容易被伊朗吸收。在装饰艺术史中，两种存在某些共同特征的图案经常被结合在一起，发展出第三种图案，这种图案兼具两种原型的特征。

这种发展不仅依赖于工匠们探索出来的技巧，还受到与技巧密切相关的感知的影响。当然，从最基本的层面上说，如果没有发展出感知，技巧也不可能存在。我们必须先了解并在想象中勾勒出对象的轮廓，然后才可能将其画下来。此外，从获得愉悦的层面上来看，对图案的欣赏取决于既定的传统，正如图案的绘制依赖于习得的技巧。谈到知觉，我们关注的不是眼睛和大脑的特性，尽管它们十分关键，而是凭借我们培养出的能力识别装饰和图案。只有先辨识出自己看到的东西，我们才能理解或欣赏它。其他感官也一样，比如听觉和嗅觉。正如贡布里希所证实的，这种辨识在一切视觉艺术中都是极为复杂的过程。[31]这一过程主要依靠对"图式"（schema），即艺术家在创作中所运用手法的熟悉度，而不在于这些手法与该艺术以外我们所知的形式之间存在任何相似之处。因此，我们能辨认出一个矩形内包含对称的小矩形，再顶上一个三角形的图像是一所房子，这不是因为"图式"看起来像我们居住的房子，而是因为我们小时候曾学过，用这种简单的模式表示房屋。我们在理解这个几何结构时几乎没有得到外界的帮助。在这里，辨识要依靠对艺术及其手法的熟悉。[32]

人们持续使用带波浪形卷须和尖形叶片的缠枝莲纹的做法是因为对熟悉模式的偏爱。这些莲纹与我们所知道的任何一种植物都不相同，更不用说莲花了【图9】。起伏的花茎、尖形叶片和莲花花冠放在一起，并无丝毫不协调之处，因为这些手法已经延续了几个世纪。我们熟悉它们，因此不加质疑地接受了它们（至于它们最初如何出现，这是另一个问题，我将在第二章中讨论）。也许应该强调一下，这种辨识不一定要求有特定含义，比如方形和三角形的几何结构表示房子，而花冠下有波浪线条的边饰则代表莲花。无论是否有特定含义，一切艺术和图案都需要先被辨识出来才能够被完全接受。因此，回纹或莨苕涡卷纹并无特定含义，但曾经见过它们的人通常比初见者更懂得欣赏这些图案。[33]我们会下意识地将这些图案与过去见到的一些实例相匹配，在过去经验的基础上作出假设、判断，或直接接受。

实际上，如果在明显是想象的茎叶图案中有类似真花形象的干扰，对简单图案的辨识会被复杂化。我们之所以能辨认出莲花，不仅是因为它们反复出现在所有的例子中，也因为它们看起来有点像真花。我们将图案中的花冠与自己见过的花相匹配，更重要的是将其与我们所知花卉的其他视觉形式相匹配，于是我们相信，缠枝莲纹中的花是真实的花。实际上，因为这种相似性，我们倾向于关注花冠，而忽略了茎和叶。自然景色中的动物这一常见于中国图案中的母题也会激发出类似的反应。我们会比较石上立鸟这类图案【图2、图3】和见过的场景以及可能见过的各种关于鸟类的画作，然后断定这一装饰图案在某种程度上描绘了真实场景，尽管我们是通过图像这种间接的形式认识这个场景，而不是在自然中亲眼所见。

在差异明显的不同文化中，工匠们采用的其他装饰也利用了类似的反应。所以，盎格鲁-萨克森金属制品上缠绕的兽头和怪鸟引起了我们的兴趣，因为我们觉得它们与现实世界中的动物有隐约的联系。这些兽头经常接在相互交错的细长身体上，会吸引我们想看清这个图案，去分辨是否还有更多动物缠绕在这座迷宫中，去弄清楚我们面前的野兽是真实的还是想象来的。对动物，尤其是对眼睛的描绘格外引人入胜，因为我们似乎觉得它们是真实的。[34]花卉图案也并不缺乏生动性，波浪形的茎会产生类似相互纠缠的动物图案的效果，我们会看波浪线延伸至何处，寻找是否有更多的花出现在不同的地方。

象征意义可能会使辨识装饰的过程进一步复杂化。比如，一朵莲花被理解为佛教的象征。面对莲花纹饰，观者一定是先将图样与先前见过的例子进行匹配，然后考虑这一图样与真花的关系，尽管他可能认为莲花所象征的意义最为重要，但这种意义其实是最后才被辨识出来的。因为，正如库布勒所言："每一个意义都需要一种支撑物、手段或容器，它们是意义的载体，如果没有它们，意义就无法从我这里传达给你，或从你那里传达给我，或者从自然中任何一部分传达到其他部分。"[35]在理解意义之前，我们必须辨识其支撑物。

实际上，我们应该警惕过分重视意义，意义时常改变，而形式则稳定得多。在西方，我们对意义的戏剧性变化并不陌生。比如，古典神话里有些人物在早期基督教图像中再次被使用。对形式的熟悉是实现这些转化的关键，这种熟悉是指工匠能熟练把握形式，而观者能轻易辨认形式。而且，形式常会获得新意义或失去旧有的含义，因此源自西方的简单涡卷叶饰先是与佛教建立了象征性联系，然后似乎又失去了这一特殊意义。如果工匠特别重视莲花与佛教的关联，出口到许多非佛教地区的瓷盘上的波浪形缠枝莲纹就不会如此常见。与佛教的某些关联可能仍然存在，但大概是微不足道的。人们并不是欣赏花卉纹饰的意义，而是被其形象所吸引。

我们已经提到某些结构的特别之处，最有趣的莫过于线条相互交织、时隐时现的迷人暗示。装饰，甚至所有艺术的主要魅力在于以线条和空间的布局，巧妙地引起我们的兴趣。重复性有一定效果，但不能过分。如果说因为无处集中注意力，一道白墙会令人沮丧的话，由规则的黑白方格组成的棋盘般的墙面也会让人头晕目眩。在令人愉悦的规则性当中，两边对称是最明显的一种。在这类对称图案中，我们将两个部分相互匹配，让我们面对图案或结构时就能立刻辨识出来。波浪形的涡卷纹和放射状的图案似乎也格外悦目。[36]

讨论图案所具有的魅力时，我们得考察改变的需要，因为改变与保存现有传统同样重要。下面几章将描述一些直接照搬图案的例子，但这类简单的复制通常不及利用并发展现有图案的创新有趣。在极端例子中，重复会令人困惑，常常也很乏味。我们或多或少都会从改变中获得快感。[37]然而，改变只有在能被辨识出来的程度上才是有趣的。如果改变要被接受，就必须与过去的原型有一定的相似性，太大的改变会让人感到混乱。

图案或其他艺术品之所以发生变化，有一个最普遍的原因是艺术家或赞助人希望巧妙地改变原有的主题以吸引观者的注意。竞争是很大的推动力。贡布里希在《名利场逻辑》（*The Logic of Vanity Fair*）一文中描述过这种动机，他提到了12世纪60年代到13世纪40年代对教堂拱顶高度的竞争，巴黎圣母院（Notre-Dame de Paris）的拱顶高达114.8英尺（约35米），这促使博韦大教堂（Beauvais Cathedral）修建了高达157.3英尺（约48米）的拱顶，虽然后者在1284年坍塌。[38]

对图案所做的很多改变像建造拱顶的竞争一样也走向了极端，于是，图11中简单的叶饰在几个世纪之后变成优雅复杂的缠枝花纹【图7、图8】。但有时过于繁复的细节会让人们产生清晰化的意愿，改变可能就会朝着另一方向进行。早期的缠枝花纹中纤细而卷曲的叶片线条常出现在莲花图案中，而在牡丹图案里则变成不太写实却简洁得多的轮廓【图8】。

但是，这些改变比较细微。当源自异域文化的母题被引入并打破原有的传统时，更大的变革出现了。在这种情况下，传统的约束不再适用，至少在一段时间内还可能产生更根本的改变。来自另一个国家的母题在新的家园里是陌生的，故而较少受原有惯例的限制。工匠不受母题背景文化的约束，因此，以古典莨苕纹和葡萄藤涡卷纹为基础的西方叶饰在中国变为莲花和缠枝牡丹纹。很久以后，伊朗和土耳其工匠们借鉴了描绘莲花生长在莲池中的中国图案。在这些伊斯兰国家里，莲花不具象征意义，似乎也不是植物。于是，硕大的莲叶变成了奇异的花朵。[39]然而，尽管有这些变化，原始母题的一些元素仍然保留着，在新图案的布局或隐含的框架中尤其如此。所以，缠枝牡丹和莲花纹保留了莨苕涡卷纹波浪形的茎部轮廓。同样的，伊斯兰世界发明的奇异花朵的竖直布局也保留了莲池中的莲花这一中国母题的轮廓。

接下来的讨论将试图表明这些母题在亚洲如何传播，说明异域母题在所到之处继续发展时对当地图案产生的影响。对现有图案细节片段（不是全部构图）的重新利用也在考虑之列。同时，如果要理解这些形式因素的发展，我们必须辨认那些暗示了真实动植物的图案所造成的干扰。因为只有这样，我们才能战胜自己的假设，理解中国花卉和动物图案的构成方式。如果从对动植物描绘的精准程度来看，这些图案算不上成功，但作为图案，它们却是世界上最有效、最持久的艺术之一。

【1】中国与欧洲瓷器制作在原材料上的区别最近才得以确定。1982年11月在上海举行的古代陶瓷国际会议上对中国瓷石的特性做了讨论。另见Nigel Wood, *Oriental Glazes,* London and New York, 1978.

【2】中国母题可能被派生而来的欧洲的成簇植物和风景取代，比如韦奇伍德（Wedgwood）制作的陶瓷器，参见Aileen Dawson, *Masterpieces of Wedgwood in the British Museum,* London, 1984, pl. 3, fig. 9. 但图绘中母题与边饰相结合通常重现了中国瓷器图案的平衡。或者，欧洲人会仿照中国人的做法，使用白色粘土做餐具。他们有些会用建筑上的线脚发展出的粗线条或细线来装饰，后者在欧洲纹饰中应用广泛。

【3】欧洲陶器上描绘禽鸟立于石上的母题图例，参见Hugh Tait, "Southwark (Alias Lambeth) Delft Ware and the Potter, Christian Wilhelm: 1," *Connoisseur,* August 1960, pp. 36-40.

【4】此列举仅限于银盘和瓷盘中央部分的动物母题，还有一些其他动物出现在从属部分，比如跃马踏浪的图案。这一母题的起源似乎是"麒麟"跃过云层，如唐代王元逵（卒于854）墓志盖板所示，参见《考古与文物》1983年第1期，第46—51页，图6。跃马踏浪的图案似乎是对旧母题的新解读。

【5】仅有的例外是一些早期的边饰，即佛教石窟内装饰形式的前身。这些广泛应用于汉代晚期墓葬装饰和铜镜的基础性叶饰（陕西省博物馆等编：《陕北东汉画像石刻选集》，北京：文物出版社，1959年，图版10、26、38）像后来的涡卷一样，一定是由西方借鉴而来。涡卷和分四瓣的中心母题在铜镜上都十分突出（A. Gutkind Bulling, "The Decoration of Mirrors of the Han Period, A Chronology," *Artibus Asiae,* Supplementum XX, Ascona, 1960, pls. 35, 41, 44-45, 70）。然而并无证据表明此类图案对我们谈到的佛教石窟装饰产生了影响。当涡卷叶饰被重新引入佛教石窟装饰时，工匠们有可能因为熟悉这类图案而比较容易接受它们。另见：Jessica Rawson, "Ornament as System: The Case of Chinese Bird and Flower Designs," *Burlington Magazine,* July 2006, pp. 380-389；Jessica Rawson, "The Han Empire and its Northern Neighbours: the Fascination of the Exotic," in James Lin ed., *The Search for Immortality, Tomb Treasures of Han China,* New Haven and London: Yale University Press, 2012, pp. 23-36.

【6】有学者认为中国银器上的棕叶图案源自萨珊银器，见Bo Gyllensvärd, "T'ang Gold and Silver," *Bulletin of the Museum of Far Eastern Antiquities,* 29 (1957), pp.129-132. 正如在第一章中所说，这种纹饰似乎在更早的时期进入了建筑装饰，而且在石质装饰中发展为各种不同形式。这一过程说明了中国唐代银器上的纹饰为何与常被视为其源泉的萨珊银器装饰有显著差异。其他好几位学者已经注意到中国银器上的西方母题，也大致提及其印度或萨珊来源。

【7】对中国和世界其他地区母题来源的讨论常涉及到一种观点，认为某种特定图案的来源出自纺织品。尽管用于悬挂的纺织品常与建筑搭配，但上面的纹饰不可能直接影响到陶瓷上一系列图案的发展。鉴于缺乏现存证据，我的讨论主要关注装饰图案从建筑到贵金属（比如银器）的转移，然后如何又进一步传播到材料不太贵重的器皿（比如漆器和陶瓷）中。

【8】尼古拉斯·佩夫斯纳（Nikolaus Pevsner）在其著作开篇表达了对"风格之战"的不满，参见Nikolaus Pevsner, *Pioneers of Modern Design, From William Morris to Walter Gropius,* Harmondsworth, 1960, pp.19-20.

【9】上文出自 *Trotzdem 1900-1930,* Brenner Verlag, Innsbruck, 1931; 转引自 Ulrich Conrads, *Programmes and Manifestos on 20th-Century Architecture,* trans. Michael Bullock, London, 1970, pp.19-24.

【10】原文发表于"Ornament in Architecture," *The Engineering Magazine,* vol. 3, no. 5, August 1892，再版于Louis Sullivan, *Kindergarten Chats,* New York, 1947.

【11】关于我们观看以及理解自己所见的方式的讨论，见Richard L. Gregory, *Eye and Brain, the Psychology of Seeing,* London, 1966; *The Intelligent Eye,* London, 1970.

【12】过去十年中，人们普遍认为在对现代建筑某些效果的认识上存在根本错误，正如BBC电视台对现代建筑的评论，参见Robert Hughes, *The Shock of the New,* London, 1980; 以及威尔士王子在1984年5月30日对英国皇家建筑师协会的讲话中所做的评论，《泰晤士报》1984年5月31日第16页报道。查尔斯·詹克斯（Charles Jencks）在讨论中率先提及被称为"后现代主义"的其他建筑形式。然而，他在强调对装饰的需要时关注的主要是含义，不太重视仅因属于古老传统而易于辨识、所以吸引观者的装饰。参见Charles Jencks, *The Language of Post-Modern Architecture,* first pub. 1977, 4th rev. enlarged edn, London, 1984.

【13】在西方建筑传统中要有效地区分建筑与装饰是一件十分困难的事情，参见John Summerson, "What is Ornament and What is not," in Stephan Kieran ed., *Ornament,* VIA III, University of Pennsylvania, 1977.

【14】E. H. Gombrich, *The Sense of Order, A Study in the Psychology of Decorative Art,* London, 1979, pp.175-180, 198-199.

【15】荷兰绘画这种描述性艺术是斯维特拉娜·阿尔珀斯（Svetlana Alpers）的研究对象之一，参见Svetlana Alpers, *The Art of Describing, Dutch Art in The Seventeenth Century,* Chicago, London, 1983.它像其他艺术形式，比如叙事性绘画一样蕴含着信息。因此，北方传统中的绘画力图用一种"科学的"形式记录视觉世界。这种方式传达给观者的信

息即便不同于叙事性绘画，也对应于后者。一切信息的困难在于，一旦需要它们的社会消失，它们就变得难以理解。

【16】在西欧艺术史中，独尊艺术家的个人观点，忽视其他"信息"的做法是一种晚期发展。西方早期艺术形式中表达宗教和政治意图的悠久传统似乎使后来的艺术家觉得，自己的艺术尽管脱离了这些宗教或政治意图，也仍应扮演教育性或宣传性的角色。因此，艺术家用个人观点替换了中世纪或文艺复兴艺术的说教意图。但事实证明，注重艺术家个体的态度要比考量更早期艺术的广泛信息更加困难。而且，正如贡布里希所指出的，如果缺乏为观者普遍接受的哲学观或某一目标，个体艺术家所创造的个体作品就很难解读。E. H. Gombrich, *The Image and the Eye, Further Studies in the Psychology of Pictorial Representation,* Oxford, 1982, pp.158-161.

【17】对古典雕塑、中世纪手抄本插图和波斯绘画的讨论极少涉及框架与边饰，但这类框架与边饰是作品布局的关键组成部分，影响着我们对作品的解读和反应。

【18】参见贡布里希对一幅镶嵌画的效果的讨论，该画发现于庞贝一所住宅入口处，描绘了一条狗，见E. H. Gombrich, *The Image and the Eye,* pp.138-141.

【19】E. H. Gombrich, *The Sense of Order,* p.171.

【20】E. H. Gombrich, *The Image and the Eye,* pp.105-136.

【21】19世纪出现了很多关于装饰的研究，比如可见：Owen Jones, *The Grammar of Ornament,* London, 1856（见图195）。20世纪对这一主题的兴趣减弱了许多。

【22】E. H. Gombrich, *The Sense of Order,* pp.180-190. 感谢贡布里希爵士借给我玛格丽特·奥林（Margaret Olin）的一篇未刊发的论文，参见Margaret Olin, "Alois Riegl and the Crisis of Representation in Art Theory 1880–90," unpub. Dissertation submitted to the faculty of the Division of Humanities, University of Chicago, 1982.

【23】W. H. Goodyear, The Grammar of the Lotus, *A New History of Classic Ornament as a Development of Sun Worship,* London, 1891.

【24】奥林讨论了"艺术意志"这一晦涩主题，参见Margaret Olin, "Alois Riegl and the Crisis of Representation in Art Theory 1880–90," pp. 239-244.

【25】Gottfried Semper, *Der Stil in den technischen und tektonischen Künsten; oder, Praktische Aesthetik. Ein Handbuch für Techniker, Künstler und Kunstfreunde,* München, F. Bruckmann, 1863.

【26】E. H. Gombrich, *The Sense of Order,* p. 210.

【27】E. H. Gombrich, *The Sense of Order,* p. 210.

【28】Philip Steadman, *The Evolution of Designs, Biological Analogy in Architecture and the Applied Arts,* Cambridge, 1979, pp. 233-234; George Sturt, "The Wheelwright's Shop," paperback edn of original edn pub. 1923, Cambridge, 1963, pp. 91-99.

【29】David Pye, *The Nature and the Art of Workmanship,* Cambridge, 1968, pp. 4-8.

【30】虽然这一限制是第一章和第二章中早期中国花卉图案的突出特征，却不一定会出现在世界其他地区不同时期的装饰艺术中。希腊陶瓶上棕叶与螺旋母题的变化过程和相关图案用于建筑装饰的过程之间似乎存在显著对应。

【31】E. H. Gombrich, *Art and Illusion, A Study in the Psychology of Pictorial Representation,* Oxford, 1960.

【32】格雷戈里曾论及观者积极参与的必要，参见Richard L. Gregory, *Eye and Brain, the Psychology of Seeing; The Intelligent Eye.* 这在贡布里希的著作中也是一个重要因素，见E. H. Gombrich, *Art and Illusion; The Sense of Order,* pp.1-2.

【33】Richard L. Gregory, *Eye and Brain, the Psychology of Seeing,* pp.188-219. 以重见光明者的体验和婴儿的发展为依据，论及辨认的难度和学习观看的过程；贡布里希则注意到欧洲以外的观者在理解照片和西方绘画时起初会面临的问题，E. H. Gombrich, *Art and Illusion,* p. 53.

【34】E. H. Gombrich, "Illusion and Art," in R. L. Gregory and E. H. Gombrich eds., *Illusion in Nature and Art,* London, 1973, pp. 202-204; E. H. Gombrich, *The Image and the Eye,* p. 285; Robert W. Bagley, *Shang Ritual Bronzes from the Arthur M. Sackler Collections,* Cambridge, Mass.,1987, n. 47.

【35】George Kubler, *The Shape of Time, Remarks on the History of Things,* New Haven, London, 1962, p. vii.

【36】等级、对称和其他的几何秩序的意义是《秩序感》的一个主要论题。此外，贡布里希从感知优势的角度讨论了某些装饰图案的成功，比如起伏涡卷纹，见E. H. Gombrich, *The Sense of Order,* pp.191-193.

【37】我们寻求变化的某些愿望似乎与我们对游戏和玩耍的兴趣有关，见E. H. Gombrich, *The Sense of Order,* pp.166-167.

【38】E. H. Gombrich, *Ideals and Idols, Essays on Values in History and in Art,* Oxford, 1979, pp. 60-92.

【39】这些花卉在传统术语中被称为叶形棕叶饰，在欧洲也重新用作各种半自然主义的植物。比如，出现在欧洲织物上时，它们被叫做洋蓟或菠萝。

第一章
亚洲的建筑装饰

莨苕和半棕叶饰

导言部分插图中简单的叶饰【图11】在公元5世纪时传入中国。因为这些涡卷叶纹似乎与西方的莨苕和葡萄藤纹样有关，我们在描述其在中国的早期应用之前，有必要先说明这些叶饰的一些西方形式。

莨苕涡卷纹以S形涡卷纹为框架，其上附加了似莨苕叶的写实小叶片，支撑着一个被称为棕叶饰的图案。[1]在土耳其迪迪马（Didyma）一座希腊化的阿波罗神庙遗址中发现了一个巨大的柱头【图12】，上面的涡卷纹中有一个棕叶饰延伸至图案顶部，这是一种扇形的假花，由阶梯状的线条组成。[2]在它的下方是一对从构图底部的莨苕叶萼片中伸出的涡卷纹。植物的主茎在棕叶下分开并向外弯曲，分出小枝，长出小的花朵和棕叶。除叶子的中央萼片之外，还有些小的莨苕叶遮住了茎部分枝的地方。茎、棕叶和小花的布局源自历史悠久的地中海植物纹饰（详见附录）。

从这些更早的图案发展而来的波浪形和分枝的花茎一直是后来莨苕图案的特征。因为这类母题不是基于一种植物，而是结合了不同来源的因素，它们可能在一定范围内发生变化。所以，在叙利亚沙漠中的贸易城市巴尔米拉（Palmyra），罗马时期兴建的贝尔神庙（Temple of Bel）边饰上会出现波浪形花茎上的莨苕叶衬托着怪异花朵的图案【图13a】。[3]分成五个尖瓣的花朵似乎是由叶片局部创造出来的。在这株想象而成的植物下方有葡萄藤涡卷纹，同样用

图12 阿波罗神庙立柱上的莨苕涡卷纹，土耳其迪迪马，前3世纪—前2世纪。

图13 涡卷莨苕纹

a：贝尔神庙西立面，叙利亚巴尔米拉，1世纪，采自H. Seyrig, R. Amy, and E. Will, *Le Temple de Bel à Palmyer, Album, Bibliothèque Archéologique et Historique*, LXXXIII, Institut Français d'Archéologie de Beyrouth, Paris, 1975, album, pl. 33.

b：出自土耳其阿弗洛狄西亚古城的一条饰带，现收藏于大英博物馆，2世纪—3世纪。

c：一条饰带上经过简化的涡卷莨苕纹，叙利亚卡纳瓦特，可能制作于2世纪，采自J. M. C. Toynbee and J. B. Ward Perkins, "Peopled Scrolls: a Hellenistic Motif in Imperial Art," pl. 20:3.

了莨苕图案中规则的波浪形茎部。在波浪形空间内，成串的葡萄和葡萄叶替代了莨苕叶和叶状花。

小亚细亚阿弗洛狄西亚古城（Aphrodisias）的一组2到3世纪的涡卷纹展示了另外一种十分常见的莨苕涡卷纹【图13b】。两根茎从中央的萼部生出，就像迪迪马的柱头一样，茎部每个起伏所形成的空间中都有紧紧缠绕的卷须，托着一个小小的人像。[4]叶片增大了许多，使两边的茎看上去沉甸甸的，似乎被一分为二，轮廓一边平滑，一边尖细。当这类莨苕图案被简化时，就产生了图13c一类的例子。第三种边饰出自叙利亚哈乌兰地区（Hauran）卡纳瓦特（Kanawat）的一座神庙【图13c】。[5]早期图案中的主茎保留了下来，但前两个例子中的分枝则被省略了。原来包裹在小枝上的叶片现在无所依托地伸展在空间中，叶片形状倒还是一样的。像阿弗洛狄西亚涡卷纹中的叶子一样，这里的莨苕叶似乎是对折的，边缘一面平滑一面分瓣。这个图案的其余空间则用水果或动物填充。

简化的莨苕涡卷纹似乎成了欧洲和中国最具影响力的一种纹饰的原型，即半棕叶涡卷纹【图11】。这种图案中有一根波浪形的茎，像卡纳瓦特的例子一样，茎部的每个波浪纹中有一个叶片。因此，半棕叶涡卷纹中茎与叶之间的典型关系似乎是基于简化的莨苕图案。半棕叶涡卷纹中的叶片有多种形式，彼此稍有差异，有的是假花，即棕叶饰的一半，而非莨苕叶的一半。这些带有不同叶片形式的涡卷纹可以理解为对通俗化的莨苕涡卷纹的不同阐释。尽管半棕叶饰似乎源自莨苕涡卷纹，传统的名称仍会被保留下来，继续代表棕叶的形状。[6]

近东和希腊建筑上采用莨苕图案的同时，半棕叶饰在中国也大量出现在建筑中。因此，这类建筑的来源对讨论中国花卉图案十分关键。[7]

图14 云冈石窟第7窟后室东壁，山西大同，北魏，5世纪末，采自云冈石窟研究所编：《云冈石窟》，北京：文物出版社，1977年，图版31。

涡卷叶纹和中国

在中国，最早具有影响力的叶饰出现在佛教寺院中。这类建筑是在异域文化的影响下建造的，因为当时中国人必须从中亚获取各类信息，包括佛教活动所需的准确经文、图像和寺庙设计图。中国早期的佛教遗迹和其他制品仅有少数得以保存，然而，自公元5世纪下半叶以来，敦煌、麦积山，特别是山西大同附近的云冈陆续出现大量的佛教石窟寺，为建筑背景中用于礼佛的人像雕塑和装饰母题提供了经典的案例。例如，大约开凿于460年至475年间的云冈第7窟的后室东壁，可以代表云冈石窟的这类早期作品【图14】。

这面墙沿水平方向分为多层壁龛，龛中有佛像。壁龛以小壁柱为界限，顶上用成对或成簇叶片装饰，尖拱或有角的支架将壁柱连在一起。我们特别关注的涡卷叶纹出现在划分上下壁龛间的窟壁上，但我们不应孤立地看待它们。除了这些纹饰，云冈石窟中还运用了大量其他的建筑装饰，大多源自异域，包括花瓣形边饰、壁柱、拱和平棊。此外，采用模仿建筑物立面的、成体系的装饰来展示人像雕塑的做法在中国是种创新。在西方，由供奉宗教形象的壁龛区隔建筑立面的做法十分常见。这种形式出现在古典时期和中世纪的欧洲建筑上，以及借鉴或复兴了这些早期风格的一切建筑中。[8]因此，云冈早期石窟常见壁龛人像的布局方式很容易被认为是理所应当的。然而，宗教形象的东亚建筑背景却非常值得注意，需要加以解释，因为在佛教传入以前，多层的纪念性石质建筑，不论有无人像，在中国都是前所未见的。

中国早期的佛教石窟中将各层大约同样尺寸的壁龛按

水平和垂直方向整齐排列的做法确有独特之处。在云冈开凿于6世纪早期的石窟中，表面壁龛的雕刻比较随意，而在另一座重要的石窟寺，即龙门石窟，开凿于6世纪的石窟内也看不出规则划分壁面的意图。[9]随着壁龛形式运用的减少，水平边饰以及壁龛的半建筑式轮廓被逐渐调整。半棕叶涡卷纹仍被保留，但已不再用于区隔边饰，而是用于其他背景了。同样，图14中的另一条边饰，是模仿一种称为"cyma reversa"的西方线脚风格（大致可以和中国古建筑术语中的"枭混"对应）的花瓣饰带，较少用于边饰，而主要保留在底座和柱基装饰中【图108】。

云冈早期石窟的其他建筑和装饰特征则部分被改变，部分被放弃。早期石窟中有许多由壁柱支撑成对的莨苕叶或大涡形纹的例子，可以解释为科林斯和爱奥尼亚柱头样式的通俗化的变体。在其他石窟中，这些壁柱被小塔形的结构所替代。[10]同样，佛像上方的拱门被加上中国式的屋顶，环绕着圆花饰的平棊在很多情况下被替换为独立的莲花图案。[11]源自近东的阶梯状城垛和双兽柱头等独特细节只在中国早期的石窟中出现。[12]因此，在早期佛教石窟中，包含佛像与菩萨像的建筑立面似乎融合了许多外来因素，这些因素随着佛教在中国的确立很快适应了新环境。我们正是要在这样的背景下考察涡卷叶饰的历史。

这一章表明，中国早期佛教石窟寺建筑立面的源头，出于宗教或宣传目的而展示人像的做法，以及与人像相关的涡卷叶纹和其他装饰的来源都应该从近东的希腊化建筑中寻找，尤其是在地中海和中国之间的广阔土地，即今天的叙利亚、伊拉克、伊朗、俄罗斯、中亚各国以及中国的部分地区。这些现代政治边界所代表的领土划分在公元前2、3世纪并不存在。通过贸易和战争，埃及、希腊与近东已经交往了许多世纪，也有很多共同的关注点，它们最有趣的共同特征是纪念性的石质建筑。希腊化建筑是从古典时期的希腊建筑发展来的，但同时也受到某些近东风格的影响。

随着亚历山大大帝的征服，希腊化建筑传入了更远的东方国家，并与当地建筑风格相结合。公元前2世纪至2世纪期间，几种建筑传统在近东、伊朗和中亚并行发展，且具有着共同的特征，比如立面装饰、分层结构以及带有多利克、爱奥尼亚和科林斯柱头的壁柱装饰。壁柱之间的壁龛和人像，以及包括莨苕涡卷纹在内的一些装饰母题也是共有的。

公元前324年，亚历山大大帝征服了伊朗和旁遮普（Punjab），在促进希腊和近东建筑方式传播到伊朗、阿富汗、中亚、印度和中国的多次政治动荡中，这是最早也最重要的一次。在近东和中亚出现的希腊化王国仿造希腊样式建造了自己的城市。迄今发现最东边的希腊城市是阿姆河流域的阿富汗阿伊哈努姆（Ai Khanum）。[13]

150年间，一系列游牧民族的入侵影响了整个亚洲，希腊化王国的力量被削弱，随后遭到毁灭。最早的威胁是帕提亚人，在他们侵入伊朗与美索不达米亚之后，接着就发生了塞种人和月氏人的迁徙，后者包括我们称为贵霜的部落。这些民族进入伊朗和中亚，发现了设施完善的城市和宏伟的建筑。因为一直过着游牧生活，帕提亚人和贵霜人都没有足以替代这些坚固结构的建筑风格。他们很自然地满足于保留自己见到的西方古典建筑风格，并在进一步的军事征服中加以传播。然而，因为帕提亚人和贵霜人的宗教和文化背景不同于希腊化城市中的居民，他们会调整并改造所发现的建筑以满足自己的需求。所以，爱奥尼亚和科林斯柱式并未用于古典神庙，而是出现在新的结构中，比如帕提亚人的伊旺（iwan），即圆顶厅或称礼堂，还有佛教的窣堵波（stupa），或贵霜人存放圣物的小丘。

在中国发生的政治事件对这一传播和改造也有关键性意义。正是被中国人称作"匈奴"的游牧民族迫使月氏人西迁，还刺激汉朝制定了攻击性的外交政策，最终控制了塔里木盆地。这是中国势力在东亚大规模扩张的一部分，而领土扩张最终导致了汉朝的覆灭。中央集权的汉朝灭亡之后，许多统治者瓜分了它的领土，这些政权包括甘肃西部边境的北凉和统治中国部分领土的北魏拓跋部落。这两个政权的皇室成员都信奉佛教，正是通过他们的赞助，塔里木盆地的佛教寺院以及由贵霜人建立的更遥远的聚点（位于中亚、阿富汗和巴基斯坦）的僧侣、译者、经文、图像以及寺庙设计图才来到中国。

目前学界对地中海和中国之间大部分区域的研究并不平衡：帕提亚人和贵霜人的重要城市中仅有几座进行了发掘，而且所发现的物质遗存也很难与古钱币及古希腊、罗马、中

图15 鎏金高足铜杯，饰有葡萄藤图案，出土于山西大同，但有可能源自中亚，5世纪，采自国家文物局：《丝绸之路》，北京：文物出版社，2014年，第162页。

国的历史文献相对应。因此，亚洲各地区之间的交流活动，例如爱奥尼亚和科林斯柱头以及茛苕边饰的传播，并不总能找到文献证据。尽管缺乏文献记录，我们很难否认中国佛教石窟建筑及其装饰是近东建筑形式在东方的延续，这种建筑形式从近东传入中国，并盛行于伊朗、印度北部及中亚。所以，本文接下来将考察希腊化和罗马时期装饰立面的发展，简短描述帕提亚人、贵霜人和新疆塔里木盆地绿洲中的建筑。最后一部分将讨论这些地区的建筑活动对云冈石窟寺装饰立面的影响。

与佛教相关的建筑是西方风格和图案传入中国北部边陲的最重要的渠道，尽管其形式极具地方性。同时，贸易在其中也起了作用。中国人用丝绸换来马匹、玻璃和西方金属制品。比方说，出土于北魏都城大同一处窖藏的铜鎏金高足杯上饰有葡萄藤涡卷纹【图15】，这个母题在巴尔米拉和其他近东地区非常流行，但此前在东亚并未出现过。[14]

近东的古典建筑

自公元前4世纪以来，小亚细亚和叙利亚建筑的立面上就开始用附柱、壁柱以及壁龛人像来装饰。这种建筑设计源自那些更早期的、兼具结构与装饰功能的建筑元素。要了解希腊化建筑装饰立面的发展，可以比较两座建造时间相差很远的建筑物：一是小亚细亚吕基亚（Lycia）的涅瑞伊得斯纪念碑（Nereid Monument），现藏于大英博物馆【图16】，一是以弗所（Ephesus）罗马剧场的舞台背景【图17】。

涅瑞伊得斯纪念碑仿照一座小神庙的形式，建于公元前400年前后的克桑托斯，是一位吕基亚首领的坟墓。用神庙形式建墓的风俗似乎起源于小亚细亚。纪念碑有四根爱奥尼亚式柱子，支撑着上方的檐部和三角楣，柱子中间还有三座独立的圆雕人像，有可能即是令这座建筑得名的涅瑞伊得

图16 克桑托斯（Xanthos）的涅瑞伊得斯纪念碑，土耳其吕基亚，约前400年，高8.3米，大英博物馆收藏。

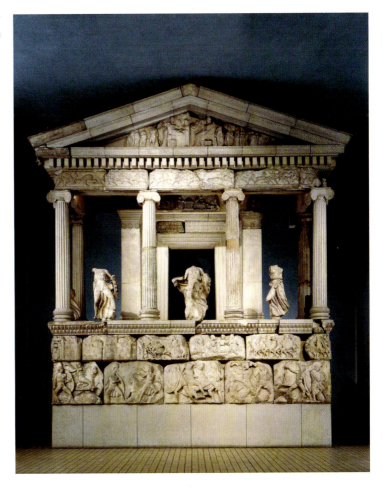

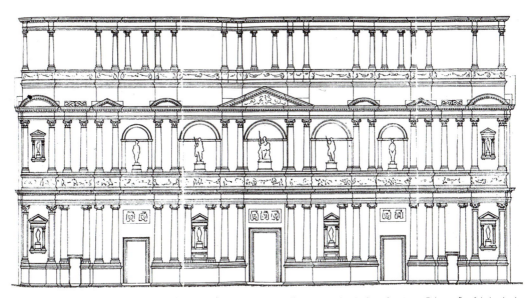

图17 以弗所剧场背景的复原图，土耳其，约1世纪，采自Hans Hörmann, "Die Römische Bühnenfront zu Ephesos," *Jahrbuch des Deutschen Archfiologischen Instituts*, XXXVIII/IX (1923–1924), pp. 275–345.

斯。高台上饰有叙事性的浮雕带。在亚述国王宫殿中的石雕饰带上可以见到这类叙事雕塑的前身，描绘的是宫廷的生活场景，包括国王狩猎、筵席和接受朝贡的场景。[15]希腊古典建筑上的雕塑则要隐晦得多，即便是传达政治观念，也是通过神话。

以弗所剧场的舞台背景应建于公元1世纪，它的复原图【图17】表明涅瑞伊得斯纪念碑上环绕人物的柱子、檐部和三角楣如何在数量上增加并构成装饰丰富的立面。建筑立面由两种柱式从水平方向划分为三部分，下层是爱奥尼亚柱式，中层为科林斯柱式，上层的柱式是后来增加的。下层主立面的八对柱子与中层柱基连在一起。延伸到中层之后，柱顶上添加了小三角楣，有三角形也有弧形，其中两个涡旋形三角楣由两个S形涡卷构成，主墙上带三角楣或拱形凹进部分的小壁龛内放置了人像。如果说，涅瑞伊得斯纪念碑中的独立人像被墓葬的主要建筑元素框在当中的话，以弗所舞台背景中的人像则被置于用来装饰平面的微型建筑物中。

在解释从涅瑞伊得斯纪念碑到以弗所剧场的发展过程时，必须考虑到几种来源。首先，人像和建筑的结合一直流行，加上希腊人表现人体的技巧恰恰满足了东方宫廷展现帝王雄心壮志的要求。涅瑞伊得斯纪念碑的叙事性甚至宣传性在为莫索拉斯（Mausollos）建于哈利卡纳索斯（Halicarnassus）的陵墓上表现得淋漓尽致，"mausoleum"（陵墓）这个词即由此而来。在涅瑞伊得斯纪念碑上，大型人像被放置于独立的柱子之间，柱子支撑着檐部，最上面是覆斗形顶。建筑上出现了叙事性的浮雕饰带，与独立的骑手形象互为补充。除叙事场景外，这些纪念性雕像具有重要意义，刻画了莫索拉斯本人，也许还包括他的历代祖先或当时宫廷中的成员。正如杰弗里·韦韦尔（Geoffrey Waywell）所说，这些肖像使墓葬成为荣耀王朝的纪念碑。[16]因此，涅瑞伊得斯纪念碑和莫索拉斯墓一类的建筑物确立了一种

图18 赫拉克勒斯十二功绩雕像，人物形象列于圆形石柱之间，弗里吉亚，160年—190年，高112.8厘米，长211厘米，大英博物馆收藏。

传统，在建筑背景中使用雕塑以达到政治和宗教目的。苏珊·沃克（Susan Walker）指出，在西方，罗马的奥古斯都广场将结合人像和建筑立面用以叙事或传达政治信息的做法推向新的高度。[17]当这一传统出现于中世纪欧洲，表现在宫殿和大教堂立面的建造中，用于展示宫廷人物以及耶稣和圣徒雕像时，我们对它就更加熟悉了。

　　带有这类说教目的的建筑在美索不达米亚和伊朗极具适应性，该风格最初正是源自这两个地方。此外，这种共有的传统表明，歌颂希腊诸神和统治者美德的建筑很容易变成颂扬东方统治者和宗教的殿堂和神庙，尤其用于宣传贵霜国王的权力以及他们信奉的佛教。

　　涅瑞伊得斯纪念碑和莫索拉斯墓上的主要人物都是圆雕，并被置于结构性的柱子之间。而在石棺、地下墓室和崖墓中，人像和结构元素都被处理成浮雕，具有图绘性或装饰性。在石棺上【图18】柱子和人物都是浮雕，意为对真实建筑的再现。这种表现单个人像在三角楣下的简化形式还会出现在某些对真实建筑的勾勒中。[18]

　　正如玛格丽特·利特尔顿（Margaret Lyttelton）所说，

地下墓室和崖墓建筑也促进了装饰性建筑立面的发展，特别是亚历山大里亚（Alexandria）和佩特拉（Petra）的墓葬。[19] 在这两个地区，用附柱或角柱建造立面都比挖掉大量泥土或岩石、制造独立建筑的效果要容易些。因此，在佩特拉，尽管有的豪华墓葬建有独立的柱子，多数墓葬还是在岩壁上凿出空间并装饰成建筑的样子。卡兹尼宝库（Khazna）就是那些比较华丽的墓葬之一【图19】。

在其入口处有四根科林斯式柱子支撑着三角楣。三角楣当然是在岩壁上凿刻而成的，不完全依赖柱子的支撑。中央的圆形建筑几乎独立于岩壁。除了这些细节以外，陵墓立面完全就是经过装饰的岩壁。两层建筑中都有被附柱分隔的人

图19 卡兹尼宝库，约旦佩特拉，约1世纪。

像遗迹，表明雕刻精美的岩壁使立体布局趋于平面化。卡兹尼宝库的装饰细节体现出希腊文化的影响，而将崖墓装饰为建筑的风俗则更早地出现于近东，比如公元前5世纪波斯波利斯（Persepolis）附近纳西－罗斯坦（Naqsh-i Rustam）凿在岩壁上的阿契美尼德人的墓室。[20]

古代纪念性的石质建筑有高大的柱廊和门，常见于许多近东建筑，这种传统与后来发展出对装饰立面的兴趣相结合，比如建于公元2世纪的黎巴嫩巴勒贝克（Baalbek）的罗马巴克斯神庙【图20】。立面前巨大的柱子有两层楼高，立面的壁龛上饰有小型三角楣。巴克斯神庙以及黎巴嫩和叙利亚的其他同时期的建筑都饰有复杂的莨苕和葡萄藤涡卷纹。图13a是巴尔米拉的贝尔神庙上的涡卷纹线图。[21]18世纪时，罗伯特·伍德（Robert Wood）制作了一幅描绘巴尔米拉的铜版画，从中可见这类装饰为这些复杂建筑物创造了丰富多彩的立面【图21】。

在伊朗、阿富汗和旁遮普几乎没有保存下任何具有相同规模或复杂性的建筑。这些与上述建筑处于同时期的东方遗址中常常只残留一些痕迹。但在中国的云冈石窟却发现了可以比较的纪念性立面、巨大的柱子和精美的涡卷纹饰，这些元素有相似的近东原型。[22]近东与中国之间的大部分重要媒介似已不存，仅留下一些出自1至4世纪的极有限的建筑残迹。本章接下来将要讨论的是帕提亚人，而不是3世纪时继承他们的萨珊人。尽管萨珊建筑或许对云冈石窟所模仿的建筑产生过影响，但大部分现存的萨珊建筑遗存都建造于6世纪，因此，5世纪下半叶在云冈石窟的中国工匠不太可能以其为模仿对象。

图20 巴克斯神庙内殿侧面局部，黎巴嫩巴勒贝克，2世纪，采自Schulz and Bruno Schulz and Hermann Winnefeld, *Baalbek: Ergebnisse der Ausgrabungen und Untersuchungen in den Jahren 1898 bis 1905*, Berlin, Leipzig, 1921, plates, vol. 2, pl. 10.

帕提亚人

帕提亚人属游牧部落，他们的兴起与亚历山大后继者的命运密切相关。[23]公元前245年，帕提亚的总督反抗希腊统

图21 巴尔米拉的宏伟拱门，叙利亚，2世纪，采自Robert Wood, *The Ruins of Palmyra, otherwise Tedniβr in the Desert*, London, 1753, pl. XXVI.

治者塞琉古人。接着，前239年，巴克特里亚（Bactria）的总督叛变，里海东面的游牧部落帕尼人趁乱夺取了帕提亚的总督辖区，从此帕尼人就被称为帕提亚人。塞琉古人屡次试图夺回统治权，但始终未能消灭帕提亚人。在国王米特拉达特斯一世（Mithradates I，前171—前138）的领导下，帕提亚人不仅保住了领土，还控制了伊朗大部分地区。米特拉达特斯一世死后，帕提亚人必须面对塞琉古人的袭击和东方游牧民族的侵扰，他们的命运被米特拉达特斯二世（前124—前87）所拯救。

罗马人与帕提亚人多次卷入近东控制权的争夺。公元前55年，克拉苏（Crassus）为了与庞培和凯撒竞争，对帕提亚人发动了战争，结果遭到惨败，四万名战士中仅有一万人从伊朗回到叙利亚。帕提亚人继续与罗马人抗衡，经常插手罗马人的政治事务，挑起事端。2世纪时，帕提亚人在沃洛吉斯四世（Vologases IV）的统治下大败罗马军队于叙利亚，这是帕提亚最后一个国力昌盛的阶段。罗马人的持续侵扰耗尽了帕提亚的战斗力，这个帝国于224年被萨珊王阿达希尔（Ardashir）征服。

在很多占领区内，帕提亚人并未破坏希腊化城市。考古发掘到帕提亚地层的时候，人们很难将这一时期的建筑与早期在底格里斯河的塞琉西亚（Seleucia）、巴比伦和杜拉欧罗普斯（Dura Europos）等地的建筑区别开来。从发现于中亚尼萨（Nysa）的一座早期的帕提亚城市，我们可以拼凑出早期帕提亚人占领地的清晰面貌。其他的早期帕提亚居住地包括发现于沙尔沃米斯（Shahr-i Qumis）的赫卡姆皮洛斯（Hecammpylos）古城遗址和伊斯法罕（Isfahan）附近库尔哈（Khurha）的一座宫殿或圣堂的遗迹：这座建筑物上出现了爱奥尼亚式柱头的地方样式【图22】。在扎格罗斯山脉中偏远的沙弥（Shami）遗址发现了精美的青铜雕像，说明神像雕塑在这些建筑背景中的重要性。[24]这些精美的铜像结合了伊朗和希腊华丽雕塑的特征。

在建筑中利用人像雕塑宣传宗教或王朝理想的做法也可见于尼萨的"圆屋"和"方屋"。尽管人们常认为"方屋"遗迹曾在公元1世纪被重建，它们可能同"圆屋"一样反映出公元前2世纪的建筑结构。"方屋"由四根巨大的角柱支撑屋顶，其高度创造了足够的空间，于是墙壁可以用两层壁柱来装饰。下层使用多利克柱式，而上层是科林斯柱式。上层壁龛中有巨大的泥塑人像，可能象征了祖先，这表现出近似于莫索拉斯墓的帝王肖像或罗马奥古斯都广场的传统。[25]

伊旺是一种典型的帕提亚建筑形式，在早期阶段可能由庭院的三面构成，屋顶大概是由柱子支撑横梁搭成。在尼萨和阿姆河流域的希腊化城市阿伊哈努姆以北的萨克萨纳克（Saksanakhyr）存在相对简单的早期实例。亚述古城（Assur）的晚期帕提亚居住地和同一时期阿拉伯贸易城市哈特拉（Hatra）的建筑遗址则清晰地表现出这一结构的发展。亚述古城在亚述时期被遗弃，公元前1世纪由帕提亚人重建，那里有一座雄伟的宫殿，其主要庭院的四面都有巨大

图22 库尔哈神殿的局部重构，伊朗，前1世纪，采自Ernst E. Herzfeld, *Iran in the Ancient Near East, Archaeological Studies presented in the Lowell lectures at Boston*, London, New York, 1941, fig. 383.

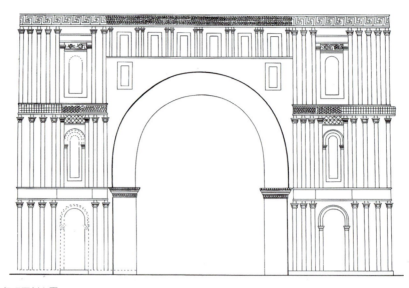

图23 亚述十字形庭院伊旺西侧立面
的复原图,伊拉克,1世纪,采自Walter
Andrae and Heinz Lenzen, *Die
Partherstadt Assur, Ausgrabungen
der Deutschen Orient- Gesellschaft
in Assur VIII*, Leipzig, 1933, pl. 14.

的带筒状拱的伊旺。图23是立面的复原图。在中心处,伊旺
的主门贯通至立面第三层,底层的两侧各有一个小门,上方
有假窗或开口形的壁龛。其余空间由壁柱填满,柱头是通俗
化的多利克和爱奥尼亚样式。在各层假窗之间有灰泥饰带。
虽然如上所示,这一立面似乎深受希腊化和罗马建筑立面体
系的影响,这种相似性可能部分归因于一个事实:此类建筑
结合了美索不达米亚的传统元素。[26]因此,帕提亚人的立面
建筑传统的力量可能源于古代西亚建筑形式与东地中海据此
发展而来的各种样式的融合。

在哈特拉发现的一座伊旺遗迹中可以看到类似情况,该
遗址距亚述古城约50公里。这座建筑没有使用泥砖和灰泥,
而是以细石灰岩块建成。太阳神庙立面由一个巨大的伊旺门
洞组成,带有科林斯柱头的壁柱将其与两边的小门洞分开。
哈特拉也以出土生动的肖像雕塑而著称。那些大型的圆雕人
像身着帕提亚人的短袍和宽松的裤子。衣袍装饰通常十分华
丽,包括几何图案和风格化的莨苕、葡萄藤以及花卉涡卷
纹。其中一座人像头戴一顶尖形高帽或头盔,这是中亚游牧
民族的特征,可见于印度马图拉(Mathura)用于表现塞种
人或贵霜人的形象上,以及中亚达尔维津遗址(Dalverzin-

tepe）的人像上。[27]

贵霜人

在讨论对希腊化、美索不达米亚和伊朗建筑传统的借鉴时，贵霜人的佛教建筑具有关键意义。贵霜人逐渐控制了一些中亚部落，这些部落和被西方称为萨卡拉瓦克（Sacaraucae）的塞种人（斯基泰人的一支）一同推翻了希腊化巴克特里亚（Graeco-Bactrian，亦称大夏）王国（公元前3世纪时，巴克特里亚人脱离了塞琉古帝国）。中国官修史书中清楚地记载了贵霜人和塞种人的流动：《汉书》卷九十六描述了匈奴首领袭击月氏人（汉朝对包括贵霜人在内的部落联盟的称呼）并将其向西驱赶至巴克特里亚的过程。[28]当月氏人抵达伊犁地区时，他们与中国文献中称为"塞"的塞种人有了接触。大约公元前160年，月氏人和塞种人在希腊化巴克特里亚王国的边境上活动频繁。[29]

塞种人向西到达锡斯坦（Seistan），而后又进入旁遮普，时间比月氏人早了一个多世纪。他们在这一地区的统治被称为印度—斯基泰或印度—塞迦王朝。该区域的纪年并不明确，但可以确定的是，阿兹斯一世（Azes I）统治下的所谓维克拉姆帝亚时代（Vikramaera）始于公元前57年。一支帕提亚人毁灭了塞种人并接替其统治，于前1世纪初建立了印度—帕提亚王朝。印度—帕提亚的统治者贡达法勒斯（Gondophares）在位的第26年正好是维克拉姆帝亚时代的第103年，即公元46年。这个年代对讨论贵霜的纪年颇为重要。

同时，贵霜人正逐渐越过兴都库什山脉并于公元1世纪左右控制了旁遮普平原。中国的文献史料充实了由钱币学证据勾勒的历史梗概。《后汉书·西域传》卷八十八中有详细的记述：

初，月氏为匈奴所灭，遂迁于大夏，分其国为
休密、双靡、贵霜、肸顿、都密，凡五部翕侯。后百
余岁，贵霜翕侯丘就却攻灭四翕侯，自立为王，国号
贵霜。侵安息，取高附地。又灭濮达、罽宾，悉有其
国。丘就却年八十余死，子阎膏珍代为王。[30]

丘就却被认为是Kujula Kadphises，是贵霜帝国的创建
者，而阎膏珍，即Vima Kadphises，是他的儿子。关于帝国
建立的时间有很大争议，但贵霜最著名的统治者迦腻色伽
（Kanishka）有可能生活在公元2世纪上半叶。3世纪中期以
前，贵霜成为萨珊王朝的附庸。本文接下来将要描述的建筑
和雕塑有可能出自贵霜最繁荣的时期。

迦腻色伽一世因为与佛教的关系而闻名，[31]尽管佛教
文献称其为信徒，在今天阿富汗的苏尔赫克塔尔（Surkh
Kotal）兴建的皇家寺庙表明，他也许支持过更为古老的宗
教活动，这些活动反映出贵霜和伊朗的祖先崇拜和拜火教信
仰。但是，据说迦腻色伽宫廷中也有佛教徒，而且他也曾为
佛教提供了重要的皇家赞助。佛教发展的证据可见于迦腻色
伽时期钱币上的佛教形象，以及一只出自窣堵波的刻有他名
字的佛教舍利函，一般认为这座窣堵波是由他下令建造的。
另外，在克什米尔（Kashmir）召集的佛教第四次无遮大会
也与迦腻色伽有关。

中亚和阿富汗都有贵霜遗迹，最多的遗存分布在巴基
斯坦的白沙瓦山谷，又称犍陀罗（Gandhara）。这三个地区
的雕塑和建筑风格略有区别，但有些建筑样式以及许多装
饰细节都是共有的。西方古典风格的影响在各处建筑和雕
塑中彰显无遗，但学者们在建筑设计和母题来源的问题上
并未完全达成一致。目前，对阿姆河流域阿伊哈努姆的希
腊化巴克特里亚城市的发掘已证明，曾经存在一种涉及市
镇规划、建筑和雕塑的流行的希腊化地方风格，一定为贵

霜建筑奠定了基础。但我们也能看出后来的罗马元素，当然，这些借鉴来的古典因素和早期印度风格以及某些伊朗特色进行了充分的融合。

在乌兹别克斯坦哈尔恰扬（Khalchayan）和达尔维津遗址的贵霜遗址中发掘出大型的建筑物，在卡拉—特佩遗址（Kara-tepe）则发现了一处石窟寺。[32]哈尔恰扬的建筑和卡拉—特佩遗址的石窟寺前的柱廊会让人想到希腊化和伊朗建筑，比如尼萨帕提亚陵墓的立面。哈尔恰扬和达尔维津遗址的圣堂也类似于苏尔赫克塔尔的皇家寺庙。建筑中的神龛装饰有壁柱，柱子中部呈锯齿状，柱头是科林斯式的，部分壁龛中有人像。这些建筑的其他装饰也是古典式的，包括萨梯（Satyr）和厄洛特斯（Erotes）手握花环的形象。

然而，贵霜建筑最明显的特征在于它是展示雕塑的载体，这些雕塑包括肖像、佛像、菩萨像以及描绘佛陀生平的叙事场景。早在贵霜人出现之前，印度已使用了相关的人物雕塑，[33]但后来的希腊化样本为这一早期发展带来了新的启示。贵霜人像表现出早期印度雕塑和后来古典人像的混合特征，可见于近东和中亚雕塑的地方样式。这些不同风格的结合表现在贵霜的肖像雕塑中。苏尔赫克塔尔的皇家肖像与在印度亚穆纳河边的马图拉发现的一件刻有迦腻色伽名字的无头人像以及上述的哈特拉雕像都有相似之处。尽管更早的时候在印度中部和北部就有佛像和佛传故事的雕刻，这些内容在贵霜建筑中有了新的风格和背景。贵霜雕塑的贴身衣褶直接源自希腊化人像，而叙事场景中柱子和拱门构成的框架以及对建筑的表现则深受近东样式的影响。

佛像、菩萨像和叙事场景被安置于宗教建筑和窣堵波中，层次分明，与希腊化、帕提亚或罗马建筑立面上的人物安排相呼应。开伯尔山口（Khyber Pass）阿里马斯吉德（Ali Masjid）的5号窣堵波上的灰泥雕塑位于一排排壁龛中，并被安放在饰有线脚的底座上【图24】。在插图中，

图24 阿里马斯吉德一座窣堵波龛内的灰泥塑像，开伯尔山口，2世纪—3世纪。

窣堵波上层由托架或飞檐托支撑，下两层间有一排狮子。早在公元前三千年，美索不达米亚人就用狮子作为守卫神兽，并且受美索不达米亚和伊朗的影响，狮子在希腊化建筑中得到广泛应用。下两层的壁柱用了科林斯式柱头，这种柱式在希腊化和贵霜遗址中十分流行。上层柱头则由两只野兽组成，重现了波斯波利斯的阿契美尼德人所运用的装饰手法。哈萨克斯坦的苏丹—乌伊斯—达格（Sultan-Uis-Dag）遗址和卡拉里—吉尔（Kalaly-Gyr）宫殿的柱头展示了同样的伊朗样式。[34]中国人应该知道这种贵霜样式，因为云冈石窟第12窟内发现了类似的柱头。[35]

窣堵波上的壁龛则表现出两种不同来源的影响。圆形的壁龛边框在顶部相交，接近于字母S的形状。这种形状的边框被称为支提拱（chaitya），在印度至少从公元前3世纪开始便用于装饰石窟开口。[36]在窣堵波上，这样的拱架在两个小叶瓣上，表明此为开口处，冥想的佛像端坐其中。一部分浮雕和舍利函上的尖拱还与壁柱相结合【图25、图26】。

在阿里马斯吉德的窣堵波上，尖拱之间还设计了其他壁龛，这些龛有呈八字形的柱子和边缘向相反方向倾斜的微型檐部。这一细节与流行于兴都库什山脉以西的建筑类型有关。伊朗地区也有檐部呈八字形的巨大门洞，位于西边更远处的埃及也发现了类似的建筑。但我们并不清楚贵霜人接触到这类建筑形式的具体过程。

门洞式壁龛有助于说明犍陀罗建筑的不同来源，但再往东走，这种形式就不多见了。被称为横梁式龛的棱角形壁龛在犍陀罗艺术中十分常见，这种壁龛对中亚和中国佛教建筑的发展更为重要。浮雕带的一小段描绘了佛本生故事中的难

图25　毕马兰舍利函(Bimran reliquary)，黄金镶嵌红宝石，犍陀罗，1世纪，高6.5厘米，大英博物馆收藏，底部莲纹，见图112。

陀皈依【图27】，表现了框架中的一组人物，框架由两根柱子支撑横梁构成，呈等腰梯形（其中一根柱子现已断裂）。[37] 这种形式有些奇特，如果要寻找其原型，那么希腊化和罗马壁画是一种可能。庞贝壁画上的一处小局部绘有一只鸟站在有围栏的花园中的喷泉上方。围栏的描绘使用了透视法，其消失点高于观者的视线【图28】，由此形成一个等腰梯形。

图26 支提拱下饰有佛像与菩萨像的石板，外缘饰有半棕叶涡卷，犍陀罗，2世纪—3世纪，高18.1厘米，大英博物馆收藏。

图27 在横梁式框架内描绘佛本生故事难陀皈依的石板，犍陀罗哈达（Hadda），2世纪—3世纪，高30厘米，大英博物馆收藏。

同样的，在犍陀罗的小型浮雕带上，横梁式框架可以理解为限定了人物所在的长方形空间的顶部【图27】。当然，并不是说犍陀罗浮雕与庞贝壁画之间存在直接关联，这样比较是为了指出正是透视法绘画向贵霜人提供了这种视觉形式。

很久以后，龟兹附近的克孜尔佛教石窟壁画也提供了几个类似的例子：轮廓线缩进以表现容纳人物场景的空间或场地【图29】。虽然其中呈现的细节远远晚于犍陀罗浮雕，西方透视法在塔里木盆地的传播表明，在更早的时期贵霜人占领区可能对这种方法也已经有所了解。[38]乌兹别克斯坦的哈尔恰扬和托普拉克—卡拉（Toprak-kala）的壁画大体上证明了贵霜人对壁画的兴趣。[39]

这件有横梁式框架的小浮雕也表明了折中式边饰设计在

贵霜建筑中的普遍性【图27】。顶边是一排锯齿状的装饰，以希腊式的叶编桂冠为原型。横梁式拱上的小锯齿形及左侧佛陀上方的横梁可以在更早的阿契美尼德雕塑中见到，而镂空的格子框甚至可能源于罗马的用砖块砌成网状的"格子窗"（*opus reticulatum*）。场景左边的门洞饰有茂盛的叶状涡卷纹，其源头是莨苕纹。

在仔细研究这一叶状图案之前，我们还要提到另一种由莲瓣围绕圆花饰组成的边饰，这可以用来说明地中海装饰在中亚的广泛应用。图30中的例子出自于犍陀罗地区发现的石质残片，图30b则是这一边饰的早期形式，取自大英博物馆收藏的一只公元前4世纪的意大利花瓶。

这类形式在南意大利与犍陀罗之间的区域相对少见，但在以弗所发现的一座2世纪至3世纪的石棺残片上带有同样的图案，只不过用了新的诠释手法：成对的莲花被处理成一束莨苕叶，中央用细带连接【图30c】。古老图案的新形式说明，东地中海地区对于这一图案应该比较熟悉，才能做出如此创新。因此，犍陀罗和以弗所的例子可能拥有共同的起源。

这种图案在亚洲腹地应该也十分流行，因为工匠们用它装饰塔里木盆地绿洲中的木建筑物的横梁。大英博物馆有一块出自东部绿洲楼兰的残片，上面的装饰也是早期图案调整

图28 花园中的喷泉，出自庞贝壁画，意大利那不勒斯附近，1世纪，采自*Pompeii AD 79*, exh. cat. Royal Academy of Arts, London, 20 Nov. 1976–27 Feb. 1977, no. 93.

图29 克孜尔壁画局部，图中人物所处的空间为横梁式框架，塔里木盆地，可能制作于5世纪，采自Albert Grünwedel, *Altbuddhistische Kultstätten in Chinesischen-Turkistan*, fig. 117.

图30 圆形花饰与莲花带
a：出自石质浮雕，犍陀罗，2世纪—3世纪，大英博物馆收藏。
b：出自意大利南部的陶瓶，前4世纪，大英博物馆收藏。
c：出自石棺残片，可能出土于以弗所，2世纪—3世纪，大英博物馆收藏。
d：出自木质建筑残片，出土于楼兰，3世纪—4世纪，大英博物馆收藏。

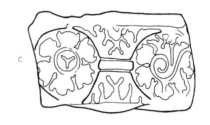

图31 牙雕莨苕和花卉涡卷纹，阿富汗贝格拉姆，2世纪—3世纪，采自 J. Hackin et al., *Nouvelles recherches archéologiques à Bégram (ancienne Kâpici) 1939 40*, figs 550, 539.

的结果【图30d】。与一些希腊陶瓶上的莲花和棕叶饰【图201g】发展过程相似的是，这里的工匠似乎全然不顾莲花的外形，将其替换为环绕圆花饰的镶边。平摺和单独的垂直线仍被保留，这是源自犍陀罗建筑中更为写实的图案。

叶饰曾与莲纹同样流行：图27描绘佛陀生平场景的浮雕带中就有微型的波浪形涡卷纹；而在表现佛像立于支提拱下的局部装饰的左侧，有一个类似的垂直图案【图26】。犍陀罗涡卷纹一般包括单独的大叶片，侧着生长在波浪形的茎上。这就是将在中亚和中国产生深远影响的半棕叶涡卷纹【图40c】。如上所述，半棕叶涡卷纹似乎并非简单地由棕叶的一半和茎构成，在西方，它们大概是由莨苕的通俗化形式发展而来，例如叙利亚卡纳瓦特神庙上的装饰【图13c】。

然而，本章开篇提到的这种通俗化的晚期莨苕涡卷纹似乎不可能是这些犍陀罗浮雕上半棕叶边饰的直接来源。比如说，我们不可能追溯卡纳瓦特的涡卷纹经伊朗传播到中亚的过程。倒是存在这样的可能：半棕叶饰在中亚被重新设计，其基础是莨苕纹和葡萄藤涡卷纹，因为有充分证据可以证明，这两种图案源自西方。

　　莨苕与相关花卉涡卷纹的例子在阿富汗贝格拉姆（Begram）一处窖藏的出土物上表现得很明确。学者们认为，该窖藏是在公元3世纪萨珊人入侵时被掩埋的，其中藏有许多来自东地中海的器物，包括受希腊化风格影响的叙利亚玻璃及金属制品。[40]精美的牙雕结合了印度和古典元素：图31中的两条边饰就出自这类雕刻。上图是有动物图案的莨苕涡卷纹的一小部分，茎部弯曲度很大，长着简化的莨苕叶，还有些叶子朝向内部空间，包围着一只小鸟和一朵花。这种装饰图案的框架类似于阿弗洛狄西亚的涡卷纹【图13b】，也像后者一样，源于希腊化的莨苕涡卷纹。但这里的叶片不太写实，接近于可能受其影响的犍陀罗浮雕带上的半棕叶轮廓。第二幅细节图【图31】表现了一条涡卷纹，可能是莲花。有趣的是，图案左边是写实的花，而右边的花较富于想象性。这朵星形的花与贝尔神庙浮雕带上方边饰中的叶子花基本一致【图13a】。

　　贝格拉姆牙雕上的这两种装饰都近似于1世纪时南印度阿马拉瓦蒂（Amaravati）佛教遗迹上的装饰。贝格拉姆出土的物品不仅反映出希腊化晚期或罗马的装饰风格，而且可能包含更早的印度风格元素。然而，即便是这种南印度装饰也依赖希腊化图案获得灵感。因此，贝格拉姆牙雕上的莨苕涡卷纹可能直接源于近东，或是模仿了印度装饰，而后者稍早地借鉴了希腊化时期的西方图案。

　　此外，葡萄藤涡卷纹似乎有助于创造简化的涡卷叶饰。浮雕带的一个局部表现了一种典型的犍陀罗葡萄藤纹样【图32】。贝尔神庙的葡萄藤纹上有棱角的葡萄叶【图13a】在这里变成了简化的叶片，其中不少仿照莨苕纹，呈对折状。

图32 石质浮雕，表现了葡萄藤涡卷中
的人物，犍陀罗，2世纪—3世纪，高14
厘米，大英博物馆收藏。

实际上，中亚的这种葡萄藤似乎带有简化的莨苕纹的特征，
当地对葡萄藤涡卷纹的关注可能确立了以对折叶片为主的图
案传统。因此，犍陀罗佛教建筑中的边饰图案【图26、图
27】的轮廓和普遍性似乎同通俗化的莨苕纹和葡萄藤涡卷纹
有关。建筑中运用这种中亚叶饰直接影响了塔里木盆地和云
冈石窟建筑的叶饰，佛教寺院尤其如此。

塔里木盆地和云冈石窟

　　塔里木盆地位于北部天山山脉和南部环绕青藏高原的
昆仑山脉之间。源自这些山脉的河流使山脚下的绿洲焕发生
机，而后流入中部塔克拉玛干沙漠中，消失无踪。沙漠两边
各有一条商贸路线经过这些绿洲，将帕提亚和贵霜与中原连
接起来。穿越喀什以北帕米尔高原的商人和旅行者可以向北
或向南行进。向北将经过克孜尔石窟【图29】所在的龟兹、
焉耆、吐鲁番和楼兰，然后进入玉门关；向南则要穿过莎
车、于阗，还有约特干（Yotkan）古遗址、尼雅、且末和米
兰，最后到达敦煌莫高窟。[41]

　　20世纪初，英国、德国、法国和日本探险家已经对这
些遗址做了调查，但此后并未进行系统发掘，该地区还有很

多工作要做。在约特干、尼雅、拉瓦克（Rawak）、米兰和楼兰都发现了早期居址的考古层，与中国人借用贵霜雕塑和建筑模式在同一时期。现存的文献证据表明，尼雅于3世纪晚期被遗弃，楼兰则于4世纪初消亡。因为塔里木盆地气候极为干燥，而且几个世纪以来变得更加干旱，这些遗址中有大量木构建筑残片得以保存。图33显示的照片拍摄于斯坦因（Aurel Stein）在楼兰的一次探险时，展现了他找到的各种带有装饰的木构建筑横梁和家具残片。装饰几乎完全源于近东风格，其中包括上文中的圆花饰【图30】、叶环以及各种通俗化的茛苕或半棕叶涡卷纹。这些装饰来自近东，必定是通过西部地区传播到这一边远的东部军事驻地。

尽管最主要的艺术和宗教影响似乎来自西方，而不是中国，但这些绿洲的命运总是取决于中国与边境游牧民族之间的军事和外交关系。上文已提及将月氏人驱赶至西部的匈奴，同样让中国人头疼。汉武帝（前140—前87在位）希望与其他受匈奴侵扰的民族联合，借此对匈奴发动多方进攻。为达到这个目的，他派遣张骞出使西域与月氏人商谈，以寻求他们的帮助。

张骞出使西域耗时多年，正是从他对乌孙、月氏和塞

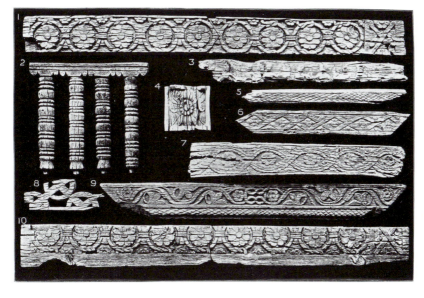

图33 木质建筑残片，斯坦因发现于楼兰，3世纪—4世纪，采自M. Aurel Stein, *Ruins of Desert Cathay*, vol. I, pl. 122.

人所处位置的叙述中，我们得以了解当时关于这些中亚游牧民族命运的信息。但张骞没能说服月氏人，他返回汉廷后，对西域的骏马和充满异国风情的商品做了引人入胜的描述。汉朝很快就卷入到与西域的一系列战争和外交活动中，并与之建立了联系。公元前106年，中国首次实现了与帕提亚商队的互访。出于与匈奴作战的需要，汉廷对西域骏马尤其感兴趣，因为中国本地出产的是矮种马，不如中亚马种强壮。因此，前104年，汉武帝派李广利将军前往张骞所描述的那些小国——现在认为应是粟特和费尔干纳（Ferghana）——抢夺马匹。在首次出师不利之后，汉武帝命令他再次前往西域，收获颇丰。

当时这一庞大帝国的军事与民用支出过大，导致国家经济极度困难，于是王莽有了可乘之机，从公元9年到23年，他篡夺了西汉帝位。在王莽统治时期，中国对塔里木盆地的控制逐渐被削弱。25年，东汉建立，中国重新控制了之前失去的领土。73年，班超奉命再次攻打匈奴并夺回了塔里木盆地。从那时起直至220年东汉覆灭，塔里木盆地都处于汉朝的有效控制之下。中国几个世纪以来的统治在这一地区建立了持久的政府官僚机构的模式，加强了贸易联系，使许多绿洲从中获利。

汉朝灭亡后，中国史书中较少记载关于这些绿洲的情况，中国与它们的政治关系可能确实疏远了。尽管正式的政治关系可能并不密切，早至汉代的佛教传入却使得僧人，或许还有工匠，通过中国与西域之间的商贸往来络绎不绝。包括4世纪的法显在内的中国朝圣者远赴西域求取真经，中国东部的寺院也极力搜求来自龟兹和吐鲁番的中亚译者，将原文佛经译成汉语。[42]

汉人统治政权的覆灭却促进了佛教这一外来宗教的发展。两个国家尤其大力推动了佛教在北方的传播，一是跨越敦煌河西走廊的小国北凉，另一个是由拓跋氏统治的领土更

为广阔的北魏。北凉王蒙逊是虔诚的佛教徒，他召集了大量
信众和工匠，专门从事与佛教相关的工作。439年，北凉为
北魏所灭，僧人和工匠随即被转移到今天位于大同附近的北
魏都城，因此，北凉在宗教和艺术上的系统技术使北魏受益
匪浅。

如《魏书·释老志》所言："太延（435—440）中，
凉州平，徙其国人于京邑，沙门佛事皆俱东。"[43]《魏书》
中记述了许多寺院和佛教图像，时常提及民众对由中亚或印
度而来的佛像的崇拜：

> 太安（455—460）初，有师子国胡沙门邪奢遗
> 多、浮陀难提等五人，奉佛像三，到京都。皆云，备
> 历西域诸国，见佛影迹及肉髻，外国诸王相承，咸遣
> 工匠，摹写其容，莫能及难提所造者，去十余步，视
> 之炳然，转近转微。又沙勒胡沙门，赴京师致佛钵并
> 画像迹。[44]

这段关于图像在远观之下愈显明亮的描写出自法显早年
对自己朝圣之旅的记述中。对早期文本的依赖表明，我们很难
依据这类文献了解关于图像及其背景的详细信息。

但另一处记载却能帮我们了解云冈石窟的开凿活动。
《魏书·释老志》记："兴光元年（454）秋，敕有司于五
级大寺内，为太祖已下五帝，铸释迦立像五，各长一丈六
尺，都用赤金二十五万斤。"[45]这五座铜像和北魏用于礼佛
的其他作品大多已不存，而云冈石窟却有可资比较的雕塑。
被认为最早的五窟各有一尊巨大的佛像，这五窟在460年至
465年间由僧人昙曜主持开凿。对照《魏书》中描述的铜
像，人们认为这些塑像也同时具有礼佛和敬拜先帝的功能。
这种结合宗教和宫廷圣所的做法与贵霜近似，苏尔赫克塔尔
的寺庙即为一例。同时，佛像的巨大尺寸也会让人联想到在

图34 云冈第10窟，窟前有立柱，5世纪晚期，作者拍摄。

中亚和近东遗址中发现的巨像。

其他石窟，包括前面提到过的第7窟【图14】，更有意思。很多石窟是成对修建的，比如第7窟和第8窟、第9窟和第10窟、第5窟和第6窟，还有第1窟和第2窟。三个一组的有第11窟、第12和第13窟。第7窟、第8窟和第9窟、第10窟尤以其中亚图像和风格上的细节著称。[46]但是，云冈石窟中所有的洞窟都表现出中亚或阿富汗的影响痕迹。第9窟和第10窟比较特殊，它们的入口处有一排柱廊，后面是凿空的窟室【图34】。这一结构让人想到卡拉－特佩遗址以及更西边的遗址中的柱廊，实际上，高大的柱子和后面装饰华丽的立面甚至与西方建筑有些类似，例如巴勒贝克的巴克斯神庙【图20】。这两个石窟的塑像都置于排列极为规范的壁龛中，分为上下两层。每个壁龛两边都有柱子支撑门拱，所用的两种柱式尤其引人联想，第9窟和第10窟中爱奥尼亚柱头的地方样式【图35】一眼就可以辨认出来。柱子是多面的，饰有精细的浮雕涡卷纹，顶部则有两个大型的涡卷。前文已提及帕提亚人统治下的伊朗使用了爱奥尼亚柱式【图22】：斯坦因在楼兰发现了一个样式简单的木质柱头，这是云冈和伊朗之间的一个过渡性实例【图36】。通俗化的爱奥尼亚式柱头在中亚应用十分广泛，在尼萨、哈尔恰扬和米兰等地均有发现。[47]

同样，科林斯柱头也在云冈石窟留下了痕迹。图37c是第7窟内室入口处一根角柱的线图。角柱被锯齿状的小边饰分为三层，这种边饰早在阿契美尼德和犍陀罗雕塑中就已经出现。柱身每层都刻有小型浮雕像，表现了一种东地中海传统，这种手法广泛应用于犍陀罗浮雕中，正如一根角柱所示

图37 仿科林斯式柱头

图35 云冈第9窟佛龛，表现了简化的爱奥尼亚柱头和饰有简化莨苕涡卷纹的多面立柱，5世纪晚期，采自水野清一、长广敏雄：《雲冈石窟》，卷6，图14。

a：表现勒达与天鹅，可能源自希腊，3世纪，大英博物馆收藏。

b：莨苕叶间的女性形象，伊拉克哈特拉，2世纪，采自Fuad Safar and Muhammad Ali Mustafa, *Hatra the City of the Sun God*, p. 114.

图36 简化的爱奥尼亚木柱头，发现于楼兰，3世纪—4世纪，长84厘米，大英博物馆收藏。

【图38】。云冈角柱的顶部有一尊小佛像，出现在两片大叶中间，这种样式可以理解为简化的莨苕纹。

　　公元前1世纪，饰有人或动物形象的科林斯柱头已经出现在东地中海。图37a中的角柱柱头就是一个例子，这个柱头据说来自希腊，上面的莨苕叶丛中有勒达与天鹅的雕像。帕提亚遗址中也有大量发现。[48]在瓦卡（Warka）发现了相关的陶器，线图描绘的是来自哈特拉的一件大型装饰，一名女性人物浮现于呈弧形排列的莨苕叶中【图37b】。为了满足佛教的新需求，在贵霜建筑中的壁柱柱头上，这些女像被替换为小型佛像【图39】。图12中的柱头很有意思，它结合了莨苕叶中的小花和科林斯柱头，前者再现了希腊化莨苕涡卷纹中的小花图案。

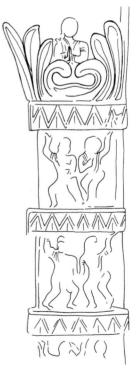

c：柱顶的莨苕叶间有佛像，柱身饰有伎乐和锯齿形装饰，出自云冈第7窟后室拱门，5世纪，采自水野清一、长广敏雄：《雲冈石窟》，卷6，图版18。

图39 科林斯式石柱柱头，犍陀罗，2世纪—3世纪，宽33厘米，大英博物馆收藏。

第7窟中的角柱【图37c】可能会让人觉得有些奇特，因为它的图式被迅速地调整了：首先，层数增多，使人像趋于平面化，更富于装饰性；其次，独立的舞蹈人像被小佛像取代，先是成排的，后被置于壁龛中，由此使西方模型符合石窟寺装饰的要求。由这些角柱或壁柱支撑的三角楣或门拱参考了犍陀罗的两种形式：尖拱以支提拱为原型，其他的框架则是横梁式。这两种拱形与受希腊化柱式影响的柱头的结合清晰地证实了云冈石窟的装饰依赖于希腊化建筑的中亚样式。实际上，这些西方建筑特征的广泛运用表明立面的整体布局都是借鉴而来，内容不仅包括人像、角柱、壁柱和壁龛，还有装饰性的边饰。

所有早期石窟中都有装饰性边饰。图14中的窟壁展示出这些边饰将各层壁龛规则地分开，并装饰了部分角柱。类似的边饰也用于窟门周围，还用来装饰底座和壁龛框架。边饰中的母题包括锯齿形、花瓣、叶子和葡萄藤涡卷纹。我们在犍陀罗雕塑上也注意到这种似乎源自伊朗的锯齿形状。花瓣则常被视为是莲花瓣。⁴⁹但尖形的轮廓中分两瓣并不符合花的形状，将其描述为用于枭混线脚上的一种东方浓缩版本也许最合适。形状相似的花瓣被用来表现支撑佛像的环形底座的轮廓，因为这种设计更接近一朵花的轮廓，我们就容易不

图38 小型科林斯石柱，四面有人像，犍陀罗，2世纪—3世纪，高29.8厘米，大英博物馆收藏。

图40 简化茛苕或半棕叶涡卷纹图样

a：出自石质浮雕，犍陀罗，2世纪—3世纪，巴基斯坦拉合尔博物馆，采自Harald Ingholt, *Gandharan Art in Pakistan*, New York, 1957, fig. 408.

b：出自建筑木构残片，发现于楼兰，3世纪—4世纪，大英博物馆收藏。

c：出自云冈石窟第8窟，北魏，5世纪晚期，采自水野清一、长广敏雄：《雲冈石窟》，卷5，图版41。

加质疑地接受它，认为它是莲花图案。饰有人或动物形象的涡卷纹、葡萄藤涡卷纹和厄洛特斯手持花环的形象与枭混一样，借鉴了犍陀罗和近东的建筑装饰。[50]

　　所有早期石窟中都发现了各种形式的半棕叶饰。比较典型的茎叶布局包括简单的波浪形的茎和分瓣的窄叶片。图40的一组图案证实了中国装饰中的犍陀罗或中亚影响。最上方的边饰出自巴基斯坦的浮雕，现收藏于拉合尔博物馆（Lahore Museum）；中间是斯坦因在楼兰发现的木横梁上的装饰（同一横梁的照片见图33）；下方是云冈第8窟的一种边饰。导言中使用了第9窟的装饰图案，描绘了半棕叶饰的许多变体【图11】。最上方是一条简单的半棕叶涡卷纹，下方是半棕叶边饰，没有连接叶片的茎。在接下来的两个例子中，茎被设计为环状，包围着中间由两个半棕叶饰组成的母题。中国人只需要这几种涡卷纹，就能创造出精美的花卉图案。

【1】棕叶饰是一种风格化的植物图案。附录中提到它由对纸莎草的描绘发展而来，也提到另一种来源，即百合与莲花图案的结合。

【2】有关迪迪马阿波罗神庙的年代和建造，参见Margaret Lyttelton, *Baroque Architecture in Classical Antiquity,* London, 1974, p. 34.

【3】关于巴尔米拉的装饰的评论，见Malcolm A. R. Colledge, *The Art of Palmyra,* London, 1976, pp. 209-212.

【4】人像涡卷纹饰的历史，参见J. M. C. Toynbee and J. B. Ward Perkins, "Peopled Scrolls: a Hellenistic Motif in Imperial Art," *Papers of the British School at Rome,* XVIII, N.S.,V, London, 1950, pp.1-43.

【5】关于叙利亚哈乌兰地区寺庙的讨论，见Howard Crosby Butler, *Architecture and Other Arts, Part II of the Publication of an American Archaeological Expedition to Syria in 1899–1900,* New York, 1903, pp. 351-361.

【6】几乎没有证据表明是棕叶，而不是简化的莨苕或葡萄叶传播到了中国。但是，在中国公元5世纪的建筑装饰中有许多叶饰似乎隐约指向棕叶，且必须假设棕叶在中国也已为人所知，见图41。另见Jessica Rawson, "The Ornament on Chinese Silver of the Tang Dynasty (AD 618–906)," *British Museum Occasional Papers,* 40, London, 1982, fig. 29. 《文物》1980年第1期，第2页，图3为典型例证，是河南龙门石窟涡卷纹上的一片棕叶。另见龙门文物保管所编著：《龙门石窟》，北京：文物出版社，1980年，图69中长棍上的一片棕叶。

【7】在文中讨论的这一阶段之前，汉朝与西方的早期交流将简单的半棕叶涡卷纹引入中国，见陕西历史博物馆等编：《陕北东汉画像石刻选集》，图版10、26、38；A. Gutkind Bulling, "The Decoration of Mirrors of the Han Period, A Chronology," pls 35, 41. 这些简单的图案似乎被持续使用，它们需要来自西方的进一步刺激才会再次被启用。

【8】John Summerson, *Heavenly Mansions and Other Essays on Architecture,* London, 1949, pp.1-28.

【9】云冈西侧的石窟，参见水野清一、长广敏雄：《雲岡石窟：西曆五世紀における仏教寺院の考古学の調査報告(昭和13–20年)》，京都：京都大学人文科学研究所，1951年，卷15图版；龙门石窟的资料，可见龙门文物保管所编著：《龙门石窟》，图70。在6世纪的石窟中，主要的壁龛和佛像是中心，而规整的立面相对次要。

【10】水野清一、长广敏雄：《雲岡石窟》，卷3图版。图版29是第6窟中的塔；关于窟顶见卷6图版51。这类窟顶重现了更早时出现于敦煌的传统，《中國石窟·敦煌莫高窟》，东京：平凡社，1980年，卷1，图18、图23。

【11】关于莲花藻井，见水野清一、长广敏雄：《雲岡石窟》卷6，图版30，卷9，图版32；有关单朵莲花，见龙门文物保管所编著：《龙门石窟》，图68。

【12】参见水野清一、长广敏雄：《雲岡石窟》，卷9，图版19、24。比较Madeleine Hallade, Simóne Gaulier, Liliane Courtois, *Douldour-âqour et Soubachi, Mission Paul Pelliot IV*, text, Paris, 1982, pp. 316-317.

【13】有学者就希腊化影响对中亚的意义提出了不同观点，参见Paul Bernard, "Ai Khanum on the Oxus: A Hellenistic City in Central Asia," *Proceedings of the British Academy,* LIII, 1967, pp. 71-95; Paul Bernard, "An Ancient Greek City in Central Asia," *Scientific American,* 246, 1(Jan. 1982), pp.148-159; J. B. Ward Perkins, "The Roman West and the Parthian East," *Proceedings of the British Academy,* vol. 51, 1965, pp. 175-199.本章讨论的装饰母题表明，罗马和帕提亚艺术无疑提供了重要启发。另见N. J. Seeley and P. J. Turner, "Metallurgical Investigations of Three early Indian Coinages: Implications for Metal Trading and Dynastic Coinages," in Bridget Allchin ed., *South Asian Archaeology 1981,* Cambridge, 1984.

【14】在这一窖藏中发现了与铜杯共存的其他源自中亚的器皿，详见《文物》1972年第1期，第83—84页。

【15】关于对亚述浮雕的讨论，见Julian Reade, *Assyrian Sculpture,* London, 1983.

【16】G. B. Waywell, *The Freestanding Sculptures of the Mausoleum at Halicarnassus in the British Museum,* London, 1978, p. 77.

【17】Susan Walker and Andrew Burnett, *The Image of Augustus,* London, 1981, pp. 29-35.

【18】Malcolm A. R. Colledge, *The Art of Palmyra,* figs 28, 30. 巴尔米拉古典风格的墓石也描绘了建筑中的人像，见Colledge, *The Art of Palmyra,* pls 147, 149, 150.

【19】Margaret Lyttelton, *Baroque Architecture in Classical Antiquity,* pp. 40-83; Jean Charbonneaux, Roland Martin, and Francois Villard, *Hellenistic Art 330–50 BC,* trans. Peter Green, London, 1973, pl. 51.

【20】Roman Ghirshman, *Iran. Parthians and Sassantians,* trans. Stuart Gilbert and James Emmons, London, 1962, pl. 3 38.

【21】Colledge, *The Art of Palmyra,* pp. 209-210.

【22】接下来的讨论主要关注希腊化、帕提亚和贵霜风格的发展。但云冈的复杂装饰表明，如果现存实物更完整一些，我们可能会发现萨珊王朝统治下相关的后期发展情况。比如，见Deborah Thompson, *Stucco from Chal Tarkhan-Eshqabad near Rayy,* Colt Archaeological Institute publications, Warminster, Wiltshire, 1976.

【23】关于帕提亚人活动的历史及其物质遗存的描述，见Malcolm A. R. Colledge, *The Parthians,* London, 1967; Malcolm A. R. Colledge, *Parthian Art,* London, 1977; *The Cambridge History of Iran,* vol. 3, *The Seleucid, Parthian and Sasanian Periods,* Ehsan Yarshater ed., Cambridge, 1983, pp. 21-97.

【24】对帕提亚时期遗址的描述，见Grégoire Frumkin, *Archaeology in Soviet Central Asia,* Leiden, Cologne, 1970, pp.142-144; Malcolm A. R. Colledge, *Parthian Art,* pp. 21-79, 80-121; Georgina Herrmann, *The Iranian Revival,* Oxford, 1977, pp. 34-72.

【25】Georgina Herrmann, *The Iranian Revival,* pp. 34-35; Malcolm A. R. Colledge, *Parthian Art,* fig. 33.

【26】Daniel Schlumberger, *L'Orient Hellénisé, l'Art Grec et ses Héritiers dans l'Asie non Méditerranéenne,* Paris, 1970, pp. 118-119.

【27】Fuad Safar and Muhammad Ali Mustafa, *Hatra the City of the Sun God,* Baghdad, 1974, p. 210; *Les Trésors de Dalverzine-tépé,* Leningrad, 1978, figs 24, 25; John M. Rosenfield, *The Dynastic Arts of the Kushans,* Berkeley, Los Angeles, London, 1967, fig.136.

【28】[汉]班固：《汉书》卷九十六，北京：中华书局，1962年，第3891页。

【29】*The Cambridge History of Iran,* vol. 3, pp.181-231.

【30】[刘宋]范晔：《后汉书》卷八十八，北京：中华书局，2000年，第2921页。

【31】John M. Rosenfield, The *Dynastic Arts of the Kushans;* Wladimir Zwalf, *The Shrines of Gandhara,* London, 1979.

【32】关于乌兹别克斯坦的作品概述，见Rekha Morris, "Some Observations on recent Soviet Excavations in Soviet Central Asia and the problem of Gandhara Art," *Journal of the American Oriental Society,* 103, 3 (July–Sept. 1983), pp. 557-567. 有学者描述了卡拉—特佩遗址、哈尔恰扬城址、达尔维津遗址，分别见Grégoire Frumkin, *Archaeology in Soviet Central Asia,* pp. 110-113, 113-115, 115; *Les Trésors de Dalverzine-tépé.*

【33】有学者讨论了贵霜人到来之前佛陀形象的发展，见J. E. Van Lohuizen-de Leeuw, "New Evidence with Regard to the Origin of the Buddha Image," in Herbert Härtel ed., *South Asian Archaeology,* Berlin, 1979, pp. 377-400.

【34】Boris Stawiski, *Mittelasien, Kunst der Kuschan,* Leipzig, 1979, p.196.

【35】关于12号窟中的动物柱头和阶梯状城垛，见水野清一、长广敏雄：《雲冈石窟》，卷9，图19。

【36】Benjamin Rowland, *The Art and Architecture of India, Buddhist, Hindu, Jain,* Harmondsworth, 1953, pl. 28.

【37】横梁式拱有时被称为不完整的山墙，见A. Foucher, *L'Art Gréco-Bouddhique du Gandhara, étude sur les origines de l'influence classique dans l'art Bouddhique de l'Inde et de l'Extrême-Orient,* vol. I, Publications de l'Ecole Frammise d'Extrème-Orient, vol. 5, Paris, 1905, pp. 132-145. 其他庞贝壁画，见Karl Schefold, *Vergessenes Pompeji: Unveröffentlichte Bilder Römischer Wanddekorationen in Geschichtlicher Folge herausgegeben,* Berne, Munich, 1962, pls 136-137. 另有学者也提到这一壁龛轮廓是因为对透视细节的误解所致，见E. R. Knauer, "The Fifth Century A.D. Buddhist Cave Temples at Yun-kang North China, A Look at Their Western Connections," *Expedition,* 25, 4 (1983), pp. 27-47. 她举出的例子在时间上比本文讨论的贵霜时期的例证更晚。

【38】克孜尔壁画中有丰富的细节，表现出对古典透视传统的欣赏，见Albert Grünwedel, *Altbuddhistische Kultstätten in Chinesischen- Turkistan, Bericht über archäologische Arbeiten von 1906 bis 1907 bei Kuća, Qaraśahr und in der Oase Turfan,* Berlin, 1912; *Along the Ancient Silk Routes, Central Asian Art from West Berlin State Museums,* exh. cat., Metropolitan Museum of Art, New York, 3 April - 20 June 1982, nos 16, 18, 26, 28（fig. j）.

【39】Boris Stawiski, *Mittelasien, Kunst der Kuschan,* pl. 148.

【40】J. Hackin et al., *Nouvelles recherches archéologiques à Bégram (ancienne Kâpicí) 1939–40,* Mémoires de la Délégation Archéologique Française en Afghanistan, XI, Paris, 1954.

【41】M. Aurel Stein, *Ruins of Desert Cathay, Personal Narrative of Explorations in Central Asia and Westernmost China,* London, 1912; *On Central Asian Tracks, Brief Narrative of Three Expeditions in Innermost Asia and Northwestern China,* reprinted from the original edn of 1933, Jeannette Mirsky ed., Chicago, London, 1964.

【42】H. A. Giles, *The Travels of Fa-Hsien (399–414 A.D.) or Record of the Buddhist Kingdoms,* London, 1923; Kenneth K. S. Ch'en, *Buddhism in China, a Historical Survey,* Princeton, 1964, pp. 79, 81, 88.

【43】[北齐]魏收：《魏书》卷一百一十四，北京：中华书局，1997年，第3032页。

【44】《魏书》卷一百一十四，第3036—3037页。

【45】《魏书》卷一百一十四，第3036页。相关讨论另见水野清一、长广敏雄：《雲冈石窟》，卷16，第61、72、71页。根据传统计量方法，一"丈"等于十"尺"，一"尺"等于十"寸"。

【46】从拓跋魏皇室赞助的角度对云冈石窟的讨论，见Alexander Soper, "South Chinese Influences on Buddhist Art of the Six Dynasties period," *Bulletin of the Museum of Far Eastern Antiquities,* 32 (1960), pp. 47-112; 另见《考古学报》1978年第1期，第25—38页。

【47】Madeleine Hallade, Simóne Gaulier, Liliane Courtois, *Douldour-âqour et Soubachi, Mission Paul Pelliot IV,* text, pp. 272-274.

【48】Deborah Thompson, "Parthian Stucco from Warka in the British Museum: Quantitative analysis and the bust motif in Parthian and Sasanian stucco," *Akten des VII Internationalen Kongresses für Iranische Kunst und Archäologie,* Munich, 7–10 Sept. 1976,

Berlin, 1979, pp. 294-308.

【49】罗樾（Max Loehr）首先提出这些花瓣图案源自一种西方建筑母题，见Max Loehr, "The Fate of Ornament in Chinese Art," *Archives of Asian Art,* XXL (1967–1968), pp. 8-19.

【50】除云冈第7窟和第8窟以外，第9窟和第10窟有极为丰富的反映西方影响的细节，见水野清一、长广敏雄：《雲冈石窟》，卷6—7。

第二章
缠枝莲花与牡丹纹

建筑

中国工匠起初将单线条环环相扣或垂直排列的涡卷叶纹塑造为莲花边饰，后来又设计出牡丹花边饰。利用中亚元素创造缠枝花纹的历史说明传统形式的生命力极强。几个世纪以来，简化的莨苕或半棕叶涡卷纹在使用中变化很小。但当出于宗教或社会目的而需要特定母题时，这些固定图案会经过重新阐释，变为代表真实花卉的图案，纵使它们不一定再现真花的形状。以半棕叶涡卷纹转变为莲花图案的做法是出于佛教的需要，而工匠对牡丹花的兴趣则与7、8世纪唐代社会中风靡一时的赏花时尚相伴而生。

涡卷叶纹传入中国时是用于装饰佛教建筑，它们似乎始终与建筑、佛像及佛事用具的装饰密切相关。尚需经过若干个世纪，类似图案才广泛应用于金属或陶瓷的世俗器皿之上。本章先讨论石窟寺和墓葬建筑中的装饰，然后再考察装饰艺术。

5至7世纪的木结构寺院和宫殿几乎已湮灭无存，因此，那些规模宏大、由绘画和雕刻装饰的佛教石窟寺就成了该时期的珍贵遗存。同样地，带有石质内部陈设的墓葬得以保留，而它们所模仿的真实建筑和陈设却已不复存在。通过比较云冈第9窟的叶状边饰【图11】和司马金龙（卒于484）墓中出土的石帐座的边饰，我们会发现石窟寺和墓葬建筑，甚至也包括木构建筑，常会共用一些元素。[1]图108表现了其中一个石帐座，图41则是石帐座边饰的拓片。图中上方两条边饰由环状茎围绕半棕叶，与云冈第9窟的一些复杂边饰颇为相近【图11】。在每对叶子中间要么刻有小型人像，要么表现对称的分瓣冠。这些对称的冠在下方两条边饰之间再次出现，它们与波浪形的茎连在一起，代替了更为常见的半棕叶或简化了的莨苕叶纹。这种小型的对称分瓣冠后来会成为下文图49中简单花卉图案的来源。

云冈石窟中也发现了人像与对称分瓣冠的类似结合。[2]在本书考察的公元400年至1400年间，石窟寺和墓葬的装饰均可用作此类比较。墓葬建筑为我们的研究提供了十分有用的例证，因为相关墓葬一般都有确切的纪年。此外，陕西和河南墓葬中用于制作外棺、墓志和棺床的黑石质地细腻，适用于精细的图案雕刻。大部分装饰都像精美的线描，而不像石刻。

尽管本书始终强调既定形式的传承，但也一直关注工匠和建筑师改变原有母题，或在旧有的框架上创造新图案的高

图41 司马金龙墓中石帐座边饰拓片，山西大同，北魏，采自《文物》1972年第3期，第25页，图6。

超技艺。如同在西方一样，在中国，半棕叶饰为新母题带来了丰富灵感。比如，云冈第5窟菩萨像的背光就以半棕叶饰装点【图42】。然而，因为这一环形装饰原本是表达光环的概念（这一概念源自伊朗），用植物形式似乎并不适合。因此，人们常用火焰图案填满半棕叶饰的轮廓。又如，图42b中这尊6世纪初的小型鎏金铜佛像被光环围绕，其中叶子的轮廓即为火焰的边界：每一簇跳动的火焰都是一边轮廓平直、一边分瓣的半棕叶饰。以半棕叶饰装饰背光的做法也因此确定了火焰的图案模式。实际上，半棕叶和波浪涡卷纹之所以被长期沿用，大概是因为它们不具有明确的指示性并且易于修改：叶子可以被重新诠释为火焰或花，涡卷纹中可以填上花或云朵。

许多半棕叶边饰都被修改为与佛教相关的莲花图案。在6世纪响堂山石窟寺的一条垂直边饰中，大型的半棕叶和一种由两个对称的半棕叶构成的"假"花交替出现，这种形式在花中心的小豆荚上再次重复【图43左】。这样，用叶饰的现成元素就可以构成花朵。[3]叶子和花都丝毫不像莲属植物。而云冈或敦煌许多石窟顶部中心处的莲花图案则较为写实，由一圈花瓣组成。[4]莫高窟第397窟的一个例子出自隋代，中央绘有大朵莲花，周围是花叶边饰，边饰中有同样的莲花出现在半棕叶涡卷纹中【图47a】。尽管这里的花冠比响堂山的版本更接近莲花，茎和叶仍一如既往地模仿了半棕叶的形状。

响堂山石窟的另一条垂直边饰中描绘了一个怪兽的头部，上方抽象的卷曲图形中有小龙环绕着交缠的线条【图43右】。这些镶边的图案是中国古代传统的云纹，云纹母题所包含的一些细节可与叶饰有效结合，改变半棕叶涡卷纹。汉代以来，云纹被用来装饰建筑、青铜器和漆器。公元前2世纪的长沙马王堆轪侯夫人漆棺出土时保存完好，棺上绘满精美的云纹和动物母题。漆棺其中一侧【图44上】表现了

图42 佛像背光纹饰

a：出自云冈第5窟菩萨像，北魏，5世纪，采自水野清一、长广敏雄：《雲冈石窟》，卷16，拓片6。

b：出自一尊铜鎏金佛像，北魏，6世纪，采自大阪市立美术馆编：《六朝の美術》，东京：平凡社，1976年，图版68。

图43 出自响堂山石窟寺的边饰, 河北邯郸, 6世纪, 采自关野贞、常盘大定:《支那佛教史蹟》, 东京: 佛教史迹研究会, 1926年–1928年, 卷3, 图79。

龙和其他神话动物被镶边的云纹包围, 而在另一侧【图44下】, 代表流云的卷纹使抽象的、接近几何式的轮廓更为灵动。这种几何式布局传承自先秦的镶嵌装饰。加入云纹暗示着升天和永生, 这是汉朝人追求的死后世界。[5]棺上的图案为木底漆绘。漆是一种自然树脂, 因为漆液容易流动, 有棱角的几何纹饰逐渐变成了流畅的线条, 翻卷的云纹与这些线条融为一体。这种图案最初可能源自西方的涡卷纹, 被引入中国后进一步发展。

响堂山边饰说明, 中国的云纹和龙纹边饰在西方半棕叶饰传入后继续存在【图43】。有了这两种图案, 一些刻工就会将二者结合起来。因此, 穆绍（卒于531）墓志上的一条边饰刻满了云纹【图45b】。小的卷云接近于汉代棺椁上的图案, 但这里的云纹并未与先秦的传统几何图案结合, 也没有后来汉代纹饰中的长斜线。它们被流行的波浪形茎围绕着, 这种图式源自半棕叶涡卷纹。其实, 云纹依附在茎上, 就像叶子的一部分。[6]

6、7世纪时中国工匠已经在使用云纹和涡卷叶饰, 这两种图案的繁密组合可能也受到来自印度笈多王朝（320—

图44 马王堆轪侯夫人墓中层漆棺侧面纹饰, 湖南长沙, 前2世纪, 采自湖南省博物馆等编:《长沙马王堆一号汉墓》, 北京: 文物出版社, 1973年, 图25、26。

图45 半棕叶饰与涡卷云纹结合的边饰
a: 云冈第8窟的半棕叶边饰，北魏，5世纪晚期，采自水野清一、长广敏雄：《雲岡石窟》，卷5，图版41。
b: 北魏穆绍墓志边饰，531年，采自赵万里：《汉魏南北朝墓志集释》，台北: 鼎文书局，1972年，图版280。
c: 垂直边饰，出自《雁塔圣教序碑》，653年，陕西省碑林博物馆，采自西川宁、青山杉雨编：《西安碑林》，东京: 讲谈社，1966年，图版55。

550）的装饰影响。尽管在人像雕塑的新风格方面能够证明当时中国与印度之间存在接触的证据十分有限，这种有褶边的叶饰显然表现出笈多王朝作品的某些特征。[7]这种特征在7世纪的装饰中尤为显著，比如653年《雁塔圣教序》碑上的垂直边饰【图45c】。穆绍墓志边饰中的疑问在此得以明确：图案为叶饰而非云纹。现在，茎部的每个起伏中都有一片多褶边的叶子，叶边向后卷起。原来的半棕叶在连接茎叶的细小根颈处仍清晰可见，这种根颈在响堂山的缠枝纹中也曾出现过。虽然叶饰和云纹的组合最初可能是为了再现一种奇特的异域装饰，但长远来看，这些创造很有效地展现了真正的叶和花。

　　响堂山自由发挥的缠枝莲纹【图43】不过是个特例，说明人们广泛使用成对的半棕叶来表示花。云冈石窟常见的一种标准边饰则是大量图案变体的基础【图46a】。[8]位于中脊两边的成对叶片被围绕在椭圆形空间中。这类边饰似乎同古希腊和希腊化时期的装饰有间接联系，后者将莲花瓣简化为围绕棕叶的线条【图201g】。近东和中亚有一些晚期的例子，尽管它们在时间上晚于云冈石窟，但应该可以假设西方古典元素是这种棕叶饰的源头。中脊两边有成对棕叶的图案是主体部分，最初是为填充环状茎的空间，却很快脱离了这

图46 图案为茎部环绕成对半棕叶的边
a：出自云冈第9窟，北魏，5世纪晚期，采
自水野清一、长广敏雄：《雲岡石窟》，卷
6，图28。
b：出自一尊鎏金铜佛像，北魏，5世纪—6
世纪，采自大阪市立美术馆编：《六朝の美
術》，图版62。
c：出自云冈第13窟，北魏，5世纪晚期，采
自水野清一、长广敏雄：《雲岡石窟》，卷
10，图9。
d：北魏侯刚墓志盖板上的边饰，526年，
采自西北历史博物馆编：《古代装饰花纹
选集》，图33。

个框架，与其他各种的茎干图案结合在一起。在一尊5世纪的小型鎏金铜像上，棕叶生长在S形柄上，托着叶间的尖形小冠【图46b】。另一方面，在云冈第13窟中，工匠更有创造性地运用同样的基本元素表示花朵【图46c】。茎部是常见的形式，由中点向两边起伏，环内是比图46a中的半棕叶图案更为复杂的变体。在较大的环中，花冠是通过中脊的装饰表现的，它被刻画得像一根雄蕊的顶部。对称的半棕叶被包裹在茎上，掩盖了它们的真面目。工匠们参照了许多古代范例，在环形茎的空隙间也加入了更多的花冠。

这种图式持续流行了一百多年，在侯刚（卒于526）墓志志盖的边饰【图46d】上可以看到一个颇为雅致的版本。[9]尽管这个图案被某些专家认为是忍冬，但它既不像忍冬，也不像更早的希腊装饰中具有类似名称的图案。它以波浪式

的茎形成框架，用对称的棕叶表现花冠。每对叶片的中心处都有一根细小的茎托着几片花瓣。虽然与之前看到的例子一样，花仍由流行的棕叶图案组成，但布局稍有差异。

7世纪下半叶，这种由成对叶子环绕着中脊或尖端的构图形成了一种新的花冠，这是随佛教石窟装饰的改变而出现的。在6世纪和7世纪的大部分时间里，许多石窟的装饰，尤其是敦煌莫高窟，都使用了棕叶和涡卷纹围绕中心处一朵莲花的图式【图47a】。在7世纪的某个时期，这个图式被取代，中央的莲花在新图式中表现为由柄与节的复杂交错所构成的轮廓线。同时，外部边缘出现了一种新的连续涡卷纹。在莫高窟第372窟等初唐开凿的洞窟中见到的涡卷纹是缠枝

左：图47 敦煌莫高窟窟顶莲花图案
a：397窟，窟顶中央饰一朵大莲花，其外为环绕小莲花的半棕叶涡卷，隋代，采自《中國石窟·敦煌莫高窟》，卷2，图版153。
b：372窟，棕叶饰局部构成了一朵莲花，初唐，7世纪—8世纪，采自《中國石窟·敦煌莫高窟》，卷3，图版57。

右：图48a、b 新罗瓦当上的圆形莲花饰，出自庆州雁鸭池，7世纪，首尔韩国国家博物馆，采自Roger Goepper and Roderick Whitfield, *Treasures from Korea*, nos 100c, 106.

a

b

a

b

图49 用半棕叶饰和棕叶饰局部虚构的花朵图案

a: 图46b边饰局部。

b: 图48a新罗瓦当上的纹饰局部。

c: 图48b新罗瓦当上的纹饰局部。

d: 各种花卉图案：

　　i: 图41边饰中的一片棕叶。

　　ii: 由棕叶演变而来的花冠，出自王感墓志志盖边饰【图50a】。

　　iii: 由棕叶构成的花，出自甘肃泾川舍利石函【图50b】。

　　iv: 由圆形花饰局部构成的花冠，出自甘肃泾川舍利石函【图50b】。

牡丹纹的基础，后者将在中国装饰艺术中占据主要地位【图47b】。

这一构图包括新式的中心莲花和周围的连续涡卷纹，其中的关键因素是由中脊分开的一对棕叶。7世纪末新罗瓦当上的装饰与敦煌莫高窟的窟顶装饰相类似，我们由此得以考察工匠们用传统元素构成新图案的方法。[10]图48a的瓦当出土于新罗的雁鸭池，中间饰有狮子的正面形象，周围是联珠纹。联珠纹外用成对的棕叶构成框架，中间是小朵的花，两片叶子中心托着尖形的花冠。另一件瓦当也出土于同一地点，它的细节展示了相同图案的更复杂版本【图48b】。在这里，我们会立刻注意到圆花饰的椭圆形花瓣以及其中的小花，而最初的构图单元，即成对棕叶支撑着尖形花冠的图案则被忽视了：这些尖形花冠被留在大花冠的边缘之外。[11]

这两个瓦当的图案细节更详细地解释了这一顺序。图49a是基本元素，即中脊两边的成对棕叶，出自一尊5世纪佛像的底座。图49b的花瓣都出自时期较早的新罗瓦当。左侧是环形纹饰的一个单元，可以证明它与早期图案非常相似。中间是两个重复的单元，表明它们连在一起时，叶片组成椭圆的空间，里面放置一朵小花。在右侧的图案中，两对叶片朝外的叶子被省略了，这就表明如何用每组半棕叶的一片叶子创造新纹样：莲花（圆花饰）的一瓣。

接下来，图49c出自第二件新罗瓦当，表现了一系列相应的细节，但更为复杂。这里也用成对的叶片表现莲花瓣，只是外部叶片和花瓣形空间中的花朵都在同一根茎上，形成

古老的拱廊式布局。在这件瓦当上，椭圆形空间内的花冠由
一组花瓣构成，下面是两个逗号形的花萼。这个形状有可能
是将散见于5世纪晚期涡卷纹中的小棕叶理解为花所致，此
前讨论司马金龙墓中石帐座上的纹饰时一并分析过这种小棕
叶【图41、图49d】。当这种棕叶图案的中间部分被放大，
两个逗号又成了支撑，似乎被描绘为花萼。

　　有两种新的元素在7世纪末已经出现：一是两个逗号形
萼片上顶着的蓬松花冠，一是同样的花冠被环抱在两个半棕
叶饰中。两种花都独立于瓦当和窟顶中心的圆花饰，且被用
于装饰连续涡卷纹。在王感（卒于693）墓志的志盖上，花
冠的形式十分简单，都表现为两个逗号形花萼上加一个分瓣
的花冠【图49d、图50a】。[12]此后不久，这种分瓣花冠同由
玫瑰花瓣演变而来的其他花饰组合起来，比如甘肃泾川大云
寺出土的一只石匣上的纹样【图50b】。匣盖周围的边饰沿
中心划分。中心点由一对半棕叶标识出来，然后两边各有两
朵花，用简单的分瓣花冠来表现，近似于王感墓志志盖边饰
上的图案。向外的角落处还刻有花饰，由一对花瓣围着分瓣
花冠组成【图49d、图50b】。这些花冠其实不过是圆花饰的
一瓣，比如新罗瓦当【图48】或莫高窟窟顶【图47b】的例

a

b

图50 边饰，内有由棕叶和圆形花饰局部
构成的花朵图案
a：唐代王感墓志志盖板饰，693年，陕西
省碑林博物馆，采自西川宁、青山杉雨编：
《西安碑林》，图175。
b：大云寺出土唐代舍利石函上的两条边
饰，甘肃泾川，7世纪末—8世纪初，采自
《文物》1966年第3期，第10页，图3、4。

子，二者都有一对棕叶环抱分瓣花冠的图案。[13]这条边饰和石匣侧面的纹饰都有花与叶的搭配，这些叶片与上文讨论过的分瓣花冠有些类似，但呈翻卷状，像是被风吹过的样子。在这一点上，它们像上文中提到的《雁塔圣教序》碑上的叶片【图45c】。工匠们从未试图描绘真实的花，他们只要将西方棕叶饰稍做调整就能创造出可信的植物形象。

8世纪初，这些花饰的基本轮廓增加了一些细节，能够较为准确地传达出真实花朵的气息。8世纪上半叶的墓葬装饰中就有大量的花卉纹饰，上述的两种形式在其中都起到了重要作用。图51a展示了懿德太子墓和永泰公主墓（下葬于706）中纹饰的细节，图51b是杨执一墓（卒于736）门额上的一串花纹（完整的半月形门额见图52）。图51a左侧出自懿德太子墓，表现花萼托着一朵花，中心处为较大的圆形，上方还有花瓣。这朵花正是我们熟悉的分瓣花冠，加上了表示花蕊和花瓣的细节，还可以通过花冠倾斜、花瓣卷曲来改变基本轮廓。这些花瓣形式的构成手法最早见于叶饰与云纹的组合。实际上，中国花卉图案中风吹叶卷的形象可能借鉴了古代的云纹。

图51b的三个图案出自杨执一墓的门额，基本形式是一朵花，分瓣花冠由一对花瓣或叶片承托（出现于双凤羽翼间）。在第一个图例中，分瓣花冠和支撑的涡卷形非常清晰。在后两个图例中，这种潜在的框架就不那么明显了：分

图51 唐代墓葬建筑中的牡丹花，8世纪初
a：懿德太子墓中纹饰局部，706年，采自《文物》1972年第7期，第27页，图2；永泰公主墓中纹饰局部，706年，采自西川宁、青山杉雨编：《西安碑林》，图210。
b：唐代杨执一墓半圆形门额的局部，736年。（见图52）

a

b

瓣花冠被花的中心部分取代，一对花瓣或叶片的尖形轮廓也变成了一圈更完整的花瓣。杨执一墓门额的图案十分复杂，花卉主体周围有无数从属的花冠和叶片【图52】。同样的基本元素再次被巧妙地用来表示真实的花与叶。

8世纪是这些华丽花纹发展的鼎盛时期。[14]崔祐甫 (721−780)奢华的墓志志盖上的边饰是最为精美的例子之一【图53】。志盖尺寸很大，四侧斜面都刻满了图案，以一朵硕大的牡丹为中心。牡丹下方的两根茎一直延伸到顶部角落处，茎上的花朵看不到正面。下方角落处又刻出两朵花的侧面图案，以填满这个框架的尖角，中央花冠两边的空间用小花蕾填充。构图一如既往地基于半棕叶涡卷纹的波浪形茎，围绕中心点展开。艺术家出色地运用了他所继承的潜在图式和形式。花瓣和叶片像云朵一般扭曲翻卷，布满了空间，使我们以为这些纹饰是照着真

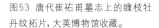

图52　唐代杨执一墓门额上的牡丹和凤凰纹拓片，736年，陕西省碑林博物馆，采自西北历史博物馆编：《古代装饰花纹选集》，图57。

图53　唐代崔祐甫墓志上的缠枝牡丹纹拓片，大英博物馆收藏。

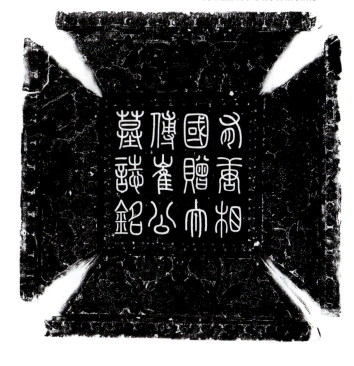

的牡丹描绘而成的。[15]

将古老的棕叶茎和分瓣花冠转变为逼真的牡丹图案可以视为一个剧变。如果说，模糊的图案长久以来已能满足人们的需要，为什么此时会发生这么明显的改变，变得像真花了呢？为什么牡丹比莲花更受喜爱呢？答案似乎是7世纪下半叶到8世纪初牡丹的突然流行。李树桐曾详细论及牡丹在唐代社会中的风靡，并认为这种情况最早出现在唐高宗（650—684在位）及武则天（685—704在位）时期。武则天在高宗死后铲除了其他继承人，篡权夺位，当上了名副其实的女皇。她不仅命人在都城长安和洛阳宫中种植牡丹，而且有观点认为"牡丹"这一名称正是在她统治的时期出现并沿用至今的。统治者对牡丹的喜爱使朝廷上下种植牡丹成风。李树桐认为，激起这一风潮的事件是高宗某次在宴会上让朝臣观赏牡丹，之后也曾有人记载过此事。[16]

因为官员绞尽脑汁地搜寻名贵的牡丹以求加官进爵，导致牡丹价格飞涨，农民可以不再种庄稼，转而靠种植牡丹发财。著名唐代诗人白居易（772—846）的一首新乐府诗辛辣地讽刺了政府的失职，其中就提到时人狂热追捧牡丹所造成的破坏。诗中对花的描写可以理解为对美人顾盼生姿的比喻。的确，牡丹受人喜爱也许不仅因为象征了富足，也因为它被赋予了性色彩。

尽管本文对带有涡卷纹的石碑和石窟装饰不再做进一步讨论，值得一提的是，政治动荡和王朝更迭都没有影响唐以

图54 辽庆陵的牡丹图案，辽宁巴林右旗，11世纪，采自田村实造、小林行雄：《慶陵 東モンゴリヤにおける遼代帝王陵とその壁画に関する考古学の調査報告》，图219: 1。

后的统治者对缠枝牡丹纹的钟爱，但艺术家对牡丹的描绘却不一定更准确。事实上，辽代庆东陵中发现的11世纪的墓志边饰上就有这样的例子：牡丹的图案与这种植物的真实形态毫无关系。主要的花冠上有层叠的花瓣，茎上缠绕着奇异的卷曲叶片【图54】。[17]在接下来的几个世纪中，缠枝牡丹和莲花的图案一直是建筑装饰中的主要元素。像西方为装饰建筑而创造和发展出来的莨苕涡卷纹一样，中国装饰艺术中这些历史最悠久的花卉图案最初用于建筑，而且长期存在于建筑领域。[18]

银器、漆器和陶瓷

从植物图案自西方传入中国用于装饰佛教建筑，到它们被用于陶瓷等日常器物，这中间又经历了好几百年。举个例子，唐代佛教和墓葬建筑上精美的植物装饰并未出现在同时期的陶瓷装饰上。只有极少数唐以前和唐代的白釉陶或绿釉陶片上出现了半棕叶饰。直到10世纪和11世纪，瓷器上才开始广泛使用花卉图案，之后二者之间就产生了紧密的联系。

唯一例外的是与莲瓣纹一起刻在陶瓷上的少数涡卷纹和半棕叶饰。佛教兴起后，莲瓣的装饰顺理成章地被用在器皿上。此外，饰有人物和棕叶贴花的中亚陶器似乎启发了中国陶瓷的一种最为华丽的风格。[19]上了绿釉的陶罐上布满了细小的贴花，模仿佛教石窟内雕刻的纹饰。阿什莫林博物馆的一只陶罐上饰有多层瓣状，模仿云冈石窟花瓣边饰的局部【图55】。这些瓣状纹大概是要暗示一朵莲花。在最大的一层瓣状纹中，每两个单元间都有一条圆形小珠串，下面垂着一片棕叶。在瓶颈处，四只环

图55 青釉罐，北齐，6世纪，高50.5厘米，圈足经过修复，阿什莫林博物馆收藏，作者拍摄。

形把手上方有假莲纹：这些近似于花的图案中有两片棕叶环绕着小花冠，代表莲花。实际上，贴花装饰流行的时间并不长。初唐时，用于丧葬的陶器也会使用人物、动物和植物贴花装饰，[20]但这一工艺在755年安史之乱后逐渐衰落，此后似乎再无人继续制作这种西方装饰风格的陶瓷。

除佛教需要之外，没有其他原因能有力地说明陶工为何采用佛教石窟中那些源自西方的装饰母题。其实，相较而言，陶瓷领域在此后几百年中仍旧甚少受到建筑装饰变革的影响。但纺织领域的情况不同，纺织细密、印花精美的中国丝织品在西方备受青睐，因此一度常饰以西方母题，大概是为了迎合中亚和西方的顾客。这些织物中有少数带有已用于建筑的涡卷形纹饰。然而，由于织物装饰的设计受经纱所限，似乎决定了更常见的是重复的圆形纹样，而不是水平或垂直的长涡卷纹。因此，尽管圆形莲纹以及相关母题在当时十分流行，早期织物中仍很少出现这些较早的棕叶、莲花或牡丹图案。[21]

建筑装饰中的动物图案也会用于织物上，但家具、箱匣和器皿上，常与这些图案相伴出现的分瓣叶状框架，却很少出现在织花或印花织物上，即便可能曾见于部分绣花图案中。这种建筑装饰在宋元明时期被广泛应用于陶瓷上，我们或许不能将织物视为这一转化过程中的主要媒介。联结建筑装饰与装饰艺术图案的一环是金银器。

7世纪末8世纪初金银器的流行在此前中国的历史上还未曾出现过。但是，金银器在地中海地区和伊朗一直倍受青睐。5世纪时，中亚和近东习俗产生了广泛的影响，中国进口了少量的银器和鎏金铜器，第一章的插图中饰有葡萄藤涡卷纹的酒杯即为一例【图15】。[22]尽管陶瓷器借用了部分西方器形，这些器物却并未催生出本土的银器制造业。初唐时，中国巩固了对塔里木盆地的统治，宫廷大量进口奢侈品，接受西域风尚，与中亚和伊朗的交流获得了新的重要

图56 银制瓣状高足杯，7世纪末—8世纪初，直径6.8厘米，大英博物馆收藏。

性。中亚音乐和舞姬、异国蔬果、宝石、叙利亚玻璃和伊朗银器都供不应求。这些罕见的器物往往十分精美，有的还保存在日本奈良东大寺的宝库，即正仓院中。根据收藏记录，许多藏品出自8世纪至10世纪，也有不少藏品有助于本文的讨论，特别是木质和漆制家具及器皿上，这些材料制成的器物得以保存实属万幸。[23]

进口银器似乎无法满足当时的需要，于是中国人开始自己制作银杯、银碗和银盘。因为在那以前金银的使用相对较少，还不存在成熟的银器制造业，也尚未确立自身传统。杯、碗、盘、壶借用了源自中国以西地区的器形。[24]装饰图案的来源则更加多样：山峦层叠中细致的狩猎场景出自中国画、漆器花纹和墓葬装饰，而突出的动物浮雕（见第三章）则模仿了西方样式。此外，在大英博物馆收藏的一只小杯上【图56】饰有花朵呈分瓣花冠形的缠枝花纹，这种纹样源自7世纪末8世纪初的石刻纹饰。[25]

银匠借用建筑装饰不仅是因为这一新兴行业赋予他们选择图案的自由，也因为加工贵金属的工匠已借用了石刻中发展而来的缠枝花纹。在制作佛教器物，尤其是舍利函时，这两个行业技术似乎已结合在一起。珍贵的圣物常盛放在玻璃瓶中，外套金属小函，最贵重的以黄金制作，也有些为不太奢华的鎏金铜器。这些金属函又经常放在石函中。意料之中的是，石函上饰有花叶缠枝纹，类似于佛教石窟内和墓志上的纹饰。实际上，它们有可能出自同一批石匠之手。金属内函的装饰纹样与外函相配，比如甘肃泾川大云寺出土的一只舍利石函，上文已讨论过它的边饰，并附有插图【图50b】。石函内有一只鎏金小铜函，刻有类似的连续涡卷形叶饰。[26]装饰纹样由此从石头转移到金属上。类似的宝函多有发现，和泾川石函一样，它们也采用了佛教石窟中发展出来的图案母题。

从甘肃泾川的舍利石函和大英博物馆的小杯都能看出，在8世纪上半叶的精美花纹发展完备之前，缠枝花纹已常用于银器。许多银器上饰有连贯的缠枝纹，环绕着小型的分瓣花冠，而不是更明确的花朵纹样。我们或许可以推测，大量的银器制作于7世纪末，唐高宗和武则天统治的时期。如果是这样的话，上文提到的爱好牡丹的风尚可能也刺激了银匠对缠枝花纹的兴趣，尽管当时的花朵图案并不明确。

图57 贴银镀金八菱镜，唐代，8世纪，直径40.7厘米，正仓院收藏，日本奈良，采自*The Imperial Household, Toyei Shuko, An Illustrated Catalogue of the Ancient Imperial Treasurey called Shosoin*, Tokyo, 1910, pl. 24.

图58 绘有金银图案的皮匣，8世纪—9世纪，可能制作于日本，宽19.6厘米，正仓院收藏，日本奈良，采自*The Imperial Household, Toyeishuko, An Illustrated Catalogue of the Ancient Imperial Treasury called Shosoin*, pl. 29.

　　包括正仓院所藏的一面镜子在内的几件银器上展示了8世纪初发展而来的复杂花纹【图57】。在这面镜子上，花冠和叶片与杨执一墓门额上的纹饰【图52】相似。现存银器中只有少数几件饰有如此复杂的缠枝花纹，而且8世纪下半叶的银匠们似乎更加青睐由花簇组成的纹饰，而不是缠枝纹【图104】。9世纪至10世纪时，出现了更为混杂的缠枝图案【图85】。[27]

　　然而，正仓院铜镜以及类似器物上优雅的图案将对装饰纹样产生持久的影响——起初是漆器，然后是陶瓷，因为银器造价昂贵，其纹饰在更廉价的材料上被广泛采用。银器与漆器的制作关系相当密切。漆器的色彩常选择深棕色，而嵌银能在这种深色背景上展现出纹饰的反差。正仓院收藏的唐代漆匣上既有宽薄的银片，也有精美的掐丝。[28]例如正仓院所藏的一件瓣状镜匣上有圆形花饰，这种图案最早见于佛教语境中，象征莲花，后来被银器装饰采用。正仓院漆匣上的精致图案几乎是原样复制了银盘上细致的花饰。

　　比起图案镶嵌，绘画的方法耗费相对低廉，也更省时。

正仓院还有一只八边形小匣，但可能制作于日本而不是中国，匣上的装饰仿照了中国银器的图案【图58】。好几件唐代银器上都有类似的双鸟图案（位于匣中央的一朵莲花上），环抱中心花朵的花饰则基于唐镜上的连拱形图案。细小的点构成了花鸟的背景，明确地显示出整个构图是取自银器的。这些小点由银器上的鱼子纹转化而来，目的是从背景中突出缠枝花纹。在银器上，如果简单的缠枝花纹线条纤细，背景朴素，就会有看不清的危险，因为用以区别未经装饰的杯子表面和光滑的花瓣与叶片的不同纹理已不复存在。精细的鱼子纹彰显了这种区分。漆器则不需要用小点来区分背景和母题：单凭色彩就能提供足够的清晰度，实际上，小点倒会混淆图案。[29]

在接下来的几个世纪中，漆器装饰又发展出更多的技巧，既用银，更主要的是用金。有一种"戗金"工艺，是将金施于阴刻图案的表面。嵌入阴刻线条中的金银会反射光线，产生闪烁的装饰效果。戗金技法可能始于宋代，即便在发明了这一技法之后，偶尔仍有用小点暗示鱼子纹的情况，比如江苏武进出土的一组漆盒。因此，几个世纪以来，漆器装饰都在借用最初源自银器上的图案。

图59 铅釉陶枕，仿银器的点状背景上饰有半棕叶涡卷纹，唐代，8世纪—9世纪，长16.8厘米，大英博物馆收藏。

图60：磁州窑罐上的缠枝花纹，模仿银器的鱼子纹背景中有瓣状花冠，北宋，11世纪—12世纪，大英博物馆收藏。

陶工对银器图案的采用则经过了几个阶段。唐代模仿银器的大批量制品是作为明器使用的铅釉陶器。这些器皿为昂贵金属器的廉价替代品。通常情况下，原样模仿的只是器形，并不包括图案。然而，许多铅釉陶器的确套用了适合于银器装饰的点状背景。这种小点装饰出现在大英博物馆收藏的一件陶枕上，衬托以半棕叶饰的分瓣叶形为基础的涡卷纹【图59】。

银器器形和装饰的类似影响还可见于辽代的铅釉陶明器。在中原的中央集权衰落之后，辽统治了中国北部的部分地区。河北、河南两省的陶瓷延续了可能形成于辽代的粗犷的装饰传统，史称磁州窑。宋初有一类产品数量众多，饰有花卉和其他母题，其背景的鱼子纹源自银器。大英博物馆收藏的一件磁州窑瓷罐上的缠枝纹【图60】是这些直接借用银器纹饰的例子之一。

在这个缠枝纹中，首先要注意两朵呈侧面的花。花冠由一对逗号形状支撑的瓣状冠组成，正如王感墓志志盖上的花纹【图50a】，上面再加三片花瓣，与中央的瓣状冠类似，这遵循了唐代银器上的模式。接下来，陶工也许决定这朵侧面的花要以正面的形态出现，于是设计了一个新的角度，描绘出椭圆形的中心，由组成侧面花冠的花瓣环绕。所有的花瓣边缘处都表现出小弧形，这是源自金属工艺的做法。茎上尖形的叶片也是从银器纹饰中发展而来的，比如大英博物馆所藏高足杯上的纹饰即是如此【图56】。这些叶片与花冠可以一同追溯至最初石刻上的图案。

有学者认为，中国北方这类极富装饰性的陶瓷上的花卉图案直接促进了中国最著名的元代青花瓷上缠枝花纹的发展。有些专家提出14世纪制瓷业之所以兴起，创造出装饰精美的瓷器，是受陶工由北部瓷窑南迁至江西景德镇瓷窑从业所推动的。[30]然而，通过比较磁州窑上粗疏的花卉图案【图61a】和元代青花瓷上牡丹纹中的精美细节【图61b】，我们会发现这个观点并不可靠。磁州窑陶瓷上的缠枝花纹定位不准确，刻画也较为粗糙，而元代瓷器上的图案与空间的配合颇具匠心，两个图例中花与叶的细节也有显著区别。

因此，元代瓷器装饰的来源并不能直接追溯到借鉴了唐代银器纹饰的粗犷的北方陶瓷图案，而应该考虑到当时还存在高温细白瓷和青瓷的传统。银器对这些通称为瓷器之器物

图61 比较磁州窑上的缠枝花纹与江西景德镇元青花上的纹饰：
a: 磁州窑瓷瓶上的缠枝纹，北宋，11世纪—12世纪，大英博物馆收藏。
b: 元代青花瓷上的缠枝牡丹纹，14世纪，大英博物馆收藏。

的影响跟贵金属对明器和磁州窑的影响一样大，甚至还超过
了后者。与明器一样，瓷器对银器的模仿最初见于器形。唐
代和辽代的北方白瓷、南方越窑青瓷，以及浙江墓葬中出土
的几件精美白瓷上都表现出金属器形的影响：带折边或呈瓣
状和括号状轮廓的碗模仿了银器上的形状，带有窄流、阶梯
状把手和严密盖子的注壶也是如此。[31]

在北宋（960—1127）和南宋时期（1127—1279），白
瓷的历史主要涉及两种类型：河北的定窑和南方的"青白
瓷"或"影青"。南方瓷器主要出自江西瓷都景德镇，此
地自14世纪起就开始烧制青花瓷。宋初的定窑瓷器延续了唐
代和辽代确立的传统。此外，佛教仪式专用器物的生产也常
借鉴金属器形，以鎏金铜器最为普遍，而这也启发了瓷器制
作。皇室的订单或许鼓励了定窑不断模仿材质昂贵的器皿。
冯先铭指出，根据《吴越备史》中的记载，"王进朝谢于崇
敬殿，复上金装定器二千事"[32]。因此，有些定窑白瓷肯定
是镶金的，这是直接模仿一种广泛应用于银器、突出装饰母
题的技术。

在金朝的统治下，定窑瓷器表现出银器的新一轮影
响。[33]12世纪以来，定窑瓷器中借用金属器形的倾向更加明
显，尤其是平口浅盘。同时，瓷器上饰有极为复杂的图案，
堪比银器和相关的漆器装饰。至此，陶瓷装饰才获得了石刻
和银器早期装饰中所特有的细节与流畅线条。[34]在其他材质
上，这些图案早就出现，而这一运用本身就说明，陶工一定
是从银器和漆器中获得了新的灵感。大英博物馆所藏的一
件定窑瓷盘上的缠枝牡丹纹【图63a】与一件制瓷模具【图
62】都表现出这种日益精细的装饰风格的影响。两件瓷器上
的牡丹花冠都很大，显得沉甸甸的。更重要的是，二者都有
尖形的长叶，直接源自于石刻和银器上的图案。形状如此独
特的叶片不可能独立于前文提及的主要传统。

在讨论叶片形式的发展之前，我们有必要提到南方景德

图62 带有凹槽的制瓷模具（盒或碗），其中饰有花鸟，12世纪—13世纪，直径13.7厘米，大英博物馆收藏。

镇瓷窑的生产。在北宋时期，这个地区远离海岸线和朝廷，瓷器制造业发展缓慢。10世纪以来，这里出产的瓷器同样显示出受金属器影响的痕迹，包括碗的卷唇、杯和执壶的叶饰和瓜棱腹，以及几种器形上的高圈足。随着金人占领北方，宋室南渡，定都杭州，景德镇窑开始迅速发展。定窑已不在宋朝的控制之下，而景德镇生产的精致瓷器却数量日增。与定窑瓷器类似，景德镇生产的部分瓷器也模仿了银器的折沿特征，并发展出极为复杂的装饰。这些装饰主题也借鉴了银器和漆器。在定窑瓷器中，对银器的借鉴在缠枝叶饰的小点状背景中表现得尤为明显。瓷器与银器间的这种相关性在景德镇的早期生产和13世纪的制瓷业中都很突出。[35]

通过对景德镇湖田窑的发掘，人们发现了格外精致的图案。这种装饰预示了蒙古统治下的元代青花图案的特征。这里必须提及牡丹纹样的发展，这一发展促进了元代青花瓷器上牡丹图案【图61b】的形成。图63中12世纪晚期定窑盘上的牡丹图案出现在较晚出土于湖田窑青白瓷残片的牡丹枝上，从叶片形状可见二者的重要差异：定窑瓷器上的牡丹叶片尖长带卷，而景德镇瓷片上的叶子更生动逼真。这一变化是上述元代青花瓷上的短锯齿状叶片图案【图61b】的重要先导。定窑瓷器上的叶片形状结合了653年的《雁塔圣教序》碑上的云纹【图45c】和流行于7世纪的棕叶轮廓【图50a】。图64呈现出这一极具影响力的形式的发展，它不同于湖田窑出土的青白瓷残片和元青花上的叶片图案。

　　这一系列图案始于《雁塔圣教序》碑上边缘叶饰的一部分【图64a】。半棕叶上添加了云纹的细节，形式有所改变，有可能受到了印度笈多王朝边饰的影响。下一个细节取自泾川大云寺舍利石函上的一条边饰【图64b】。边饰中的叶片由小叶状冠组成，司马金龙墓的石帐座边饰上【图41】和王感墓志志盖上【图50】也有这种纹样。因此，叶片是由两个逗号形构成，尾部向内勾，卷曲的样子像《雁塔圣教序》碑上的叶纹【图64a】。在杨执一墓门额的纹饰中，这种叶饰跟牡丹花混在一起：图64c的底部即为一例。类似的叶饰也出现在银器上【图56、图57】，而后又转移到陶瓷上。图64d和64e的细节图出自大英博物馆收藏的一件南方瓷器[36]以及图63a中的定窑瓷盘。此后，这种叶饰不再用于牡丹纹样。接下来的两个例子【图64f、图64g】则出自14和15世纪的缠枝莲纹，从两个逗号形中长出的尖叶仍用于缠枝莲纹中。实际上，在14世纪，许多饰有动物图案的瓷盘上的莲纹仍有类似叶饰【图100】，制作于1400年前后的青花瓷碗的卷莲纹中也有这种情况【图65、图66】。因此，最初用于缠枝牡丹纹的叶饰得以延续，用在卷莲纹中【图67】。

　　尖叶为什么不再继续用于牡丹纹？湖田陶工又是从哪儿找到可以运用的新形式？这些问题的答案会在不同材质的镶嵌工艺品中找到。例如，从银器鎏金装饰上的宽叶纹就可以看出，这类纹饰源自漆器或木器上的螺钿工艺。因

图63 定窑瓷盘和江西景德镇湖田窑
影青瓷片上的牡丹纹
a: 定窑瓷盘的纹饰,宋金时期,12世
纪,直径24.2厘米,大英博物馆收藏。
b: 湖田窑瓷片上的纹饰,13世纪,采自
Liu Xinyuan, "The Unique Decorative
Patterns of Yuan Blue and White,"
fig. 6.

为图案必须从贝壳中切割出来,工匠避免采用细线条和尖叶,而发展了花簇、大花冠和宽叶。[37]这类螺钿装饰仅有少数保留下来,但正仓院所藏的镜、匣和乐器证实这一技术得到了广泛应用。此外,江苏苏州瑞光塔出土了一只纹饰类似的经匣,制作于931至1017年之间,意味着这种纹样至少沿用至宋代,尤其多见于景德镇周边的华东地区。[38]因此,新式花纹有可能源自漆器上的镶嵌纹饰,它们提供了较为写实的花纹,而这些花纹为景德镇陶工所了解并启发了他们的创作。[39]

大英博物馆收藏的一件元代瓷瓶上的精致花纹沿续了流传千年的装饰语汇【图61b】。从西方借鉴而来的波浪形涡卷纹提供了框架,一直流行于元代瓷器中。最初由分瓣冠组成的花朵是由西方半棕叶饰的局部拼凑而成。当牡丹和莲花在中国园林中盛开时,工匠们并未仔细观察,而是继续运用

图64 以下图样表现出缠枝花纹中尖叶的
发展,其顶峰为元明时期瓷器上卷莲纹中
的叶片
a: 边饰,唐代,653年。(见图45c)
b: 泾川舍利石函上的叶纹,7世纪—8世
纪。(见图50b)
c: 杨执一墓门额的花叶图案,736年。(见
图52)
d: 凤头壶上的叶纹,宋代,11世纪—12世
纪,大英博物馆收藏。
e: 定窑瓷盘上的叶纹,宋金时期,12世
纪。(见图63a)
f: 瓷盘上的叶纹,元代,14世纪。(见图100)
g: 瓷瓶上的叶纹,明代,15世纪初,大英
博物馆收藏。

祖辈传授的既定程式。只有在时尚、宗教或技术要求新形式的情况下，这些限制性的惯例才会改变。随着武则天时期兴起的牡丹风尚，叶状冠开始变为牡丹花。然而，花卉图案中仍保留了棕叶形叶片，这种纹样一直存在于唐代银器和后来辽、宋、金代陶瓷上的缠枝牡丹和莲花纹中。这些持续出现的细节证明，所有的花卉图案都属于同一传统，也说明银匠和陶工都不关注真实的花草。在宋代后期，牡丹花簇和缠枝纹中增加了更写实的叶片，有可能借鉴了镶嵌装饰的一种特征。但是，元代瓷器上的缠枝花纹却无法找到原型——这些纹样似乎是不同传统发展的产物。

缠枝花纹在中国的早期历史提供了应用于其他装饰多元发展的例证。首先，插图中的图案次序证明，工匠很有可能沿用了前人的做法，而不热衷于寻求新形式，尤其不会直接根据真实的花卉来设计纹样。然而，社会或宗教的需求可能会使他们改变现有的形式。当牡丹流行时，棕叶形变为半写实的花，但仍依附在由半棕叶发展而来的曲茎上。它们本来就不是为了表现长在地里或插在花瓶中的真实植物。

第二，花卉图案与建筑之间关系密切，因此，借用这类图案装饰其他材质的器物，尤其是日用的金属或陶瓷器皿，

图65 青花瓷碗，饰有涡卷莲纹，明初，约1400年，直径41.2厘米，大英博物馆收藏。不同角度的图片，见图7、图66。

图66 青花瓷碗，内部饰有缠枝莲纹，明初，约1400年，大英博物馆收藏，全图见图65。

经过了缓慢发展的阶段。比如，唐墓中精美的花卉纹样与同时期中国陶瓷上的一系列图案并不吻合。事实上，尽管少数陶瓷模仿了石刻或瓦作上的纹饰细节，建筑与陶瓷之间似乎存在着很大的差别。木石上的纹样用于世俗器物装饰首先是从金银器纹饰开始的。随后，这些图案用于其他材质的器物上，作为昂贵器物的替代品，因为金银在唐代是最为珍贵的材料。[40]在接下来的几百年中，银料短缺可能鼓励了以漆器和陶瓷仿制银器的做法。值得注意的是，许多12、13世纪的瓷器模仿了银器的器形和纹饰，定窑瓷器中的实例种类最为齐全。

要讨论装饰纹样发展的后续情况，尤其是陶瓷器上的发展，我们必须考虑到银器与漆器始终保持的重要地位，以及和北方都城的沦陷。宋室南渡后，定窑便远不可及，因此，瓷器转而在江西景德镇生产。元代的大型瓷器延续了这一传统，瓷器的釉下青花图案也受到漆器装饰的影响（见第三章）。如果要进一步思考材料等级的问题，我们也可以将饰有中国图案的欧洲陶瓷器皿的生产理解为以廉价材料仿制昂贵器物这一过程的后期阶段。

本书在第三章和第四章中也涉及类似的发展。禽鸟和动物的纹饰最初用于建筑，直到唐代才被用来装饰器皿。同样地，边框与饰带一开始出现在石窟和寺庙中，几个世纪后才发展为家具、银器、漆器和陶瓷装饰。

图67 掐丝珐琅瓶，饰有缠枝莲纹，明代，15世纪，高27.5厘米，大英博物馆收藏。

【1】墓葬发掘简报可见《文物》1972年第3期，第20-33页。关于墓葬中有装饰的木雕的图例，见出土文物展览工作组编：《"文化大革命"期间出土文物（第一辑）》，北京：文物出版社，1972年，第145页。有趣的是，此处讨论的边饰类似于半棕叶涡卷在西方的应用。棺床上的装饰似乎尚未发表。除一条中间装饰人像的涡卷纹以外，边饰局限在基于古典波浪纹的深涡卷纹中。

【2】将此窟与第10窟作比较，见水野清一、长广敏雄：《雲岡石窟》，卷7，图版24、41、44。

【3】将这些边饰视为莲花边饰有一部分是出于猜测。另一方面，也许在较晚的时期，花朵有时会被一种极小的莲花替换掉，也支持了文中看法。

【4】正如第一章中所说，藻井上的花卉图案似乎借鉴了西方的做法。在龙门莲花洞这类石窟中，横梁组成的网格变为一朵莲花（龙门文物保管所编著：《龙门石窟》，图67）。到了隋代，敦煌窟顶装饰的布局已定格为在凹陷的中心方块内由各种植物纹样环绕一朵莲花的图案（图47a）。这种布局就像是佛像头部上方的华盖。

【5】关于对永生的崇拜，见Michael Loewe, *Ways to Paradise, the Chinese Quest for Immortality,* London and Sydney, 1979, pp.1-16.

【6】关于与响堂山碑刻相关的龙的母题，见C. T. Loo, *An Exhibition of Chinese Stone Sculptures,* New York, 1940, pl. XXVII; 其他结合云纹与半棕叶涡卷的边饰，见Jessica Rawson, "The Ornament on Chinese Silver of the Tang Dynasty," fig. 5; 《考古》1978年第3期，第168-178页，图2、9、10；西北历史博物馆编：《古代装饰花纹选集》，西安：西北人民出版社，1953年，图40、60、61。

【7】关于笈多王朝对中国人像风格的影响，见Alexander Soper, "South Chinese Influences on Buddhist Art of the Six Dynasties period," *Bulletin of the Museum of Far Eastern Antiquities,* 32(1960), pp. 47-112.

【8】如附录所示（图201g），这类边饰有明确的西方原型。其早期向东方的传播难以探究，因为这类边饰似乎并未出现在犍陀罗艺术中。但在稍晚的时期，在中亚发现了相关的边饰。参见Madeleine Hallade, Simóne Gaulier, Liliane Courtois, *Douldour-âqour et Soubachi, Mission Paul Pelliot IV,* text, pp. 310-311.

【9】其他基于棕叶饰的6世纪早期的花卉图案，见Susan Bush, "Thunder Monsters, Auspicious Animals and Floral Ornament in Early Sixth-Century China," *Ars Orientalis,* X (1975), pp.19-33; Annette Juliano, "Teng-hsien, an Important Six Dynasties Tomb," *Artibus Asiae,* Supplementum XXXVIII, Ascona, 1980. 但两位作者都没有考虑这些图案的西方源头，而是注重讨论中国南北方使用这些图案的平衡性。

【10】通常会将新罗瓦当视为新的圆形花饰出现的证据，因为开凿雁鸭池的时间是674年，而湖中出土了其中一块瓦当的残片，纪年为公元680年，见Roger Goepper and Roderick Whitfield, *Treasures from Korea,* exh. cat., British Museum, London, 1984, pp.104-109. 这一时期的新罗和中国纹饰有许多共同特征，包括建筑装饰中棕叶的广泛使用。与新罗瓦当纹饰相仿的图案，可见《考古学报》1984年第1期，第121-136页，图3-6。

【11】这块瓦当上的纹饰布满拱形茎，点缀有不同样式的花冠。这种图案是基于一种地中海纹样，后者将拱形茎上的莲花花冠与花苞连成圆环状，这种图式在远东极为流行，如下图所示的镶银漆匣上的图案（图114）；然而，其东向的传播不易查证，因此这里不做详述。比较故宫博物院陈列设计组绘：《唐代图案集》，北京：人民美术出版社，1982年，第21-25、28-29、95-96页；西北历史博物馆编：《古代装饰花纹选集》，西安：西北人民出版社，1953年，图48。在大多数图案中，圆形花饰的花瓣布局模糊了其下拱形茎上的母题。

【12】可将其与672年牛弘满墓志上的边饰图案相比较，见《文物资料丛刊·第一辑》，1977年，第199-201页。

【13】所引及图示的墓志上装饰，以及新罗雁鸭池出土的证据都表明，这些简单的牡丹图案形成于7世纪下半叶，主要是最后25年间。这一发展与唐高宗统治时期相吻合。因为据记载，热衷牡丹的风气兴起于其配偶，武则天时期，就实物和文献证据而言，这个断代似乎是可靠的。但是，莫高窟第220窟中类似牡丹的边饰引出了一些问题。这些图案似乎要比7世纪晚期的边饰更成熟，然而，根据题记通常将它们断为642年，参见《中国石窟·敦煌莫高窟》，卷3，图版24-27。因此，题记与墓座石窟装饰的相关性可能需要重新确定。

【14】比较西北历史博物馆编：《古代装饰花纹选集》，图53-57、59、64、65；西川宁、青山杉雨编：《西安碑林》，图177-250。另见大阪市立美术馆编：《隋唐の美術》，东京：平凡社，1978年，第257-263页的讨论和插图。

【15】谢谢麦大维（David McMullan）博士帮助大英博物馆购买崔祐甫墓志志石及志盖拓片。另外，我也非常感谢麦大维博士使我注意到关于崔氏家族活动的相关资料，参见Patricia Buckley Ebrey, *The Aristocratic Families of Early Imperial China, A Case Study of the Po-ling Ts'ui Family,* London, New York, Sydney, 1978.

【16】1983年初与麦大维多次讨论过后，我对7世纪末8世纪初的牡丹热产生了兴趣，感谢他向我提到了李树桐的文章，参见李树桐：《唐人喜爱牡丹考》，《大陆杂志》1969年第39期，第1、2期合刊，第42-66页。

【17】田村实造、小林行雄：《慶陵 東モンゴリヤにおける遼代帝王陵とその壁画に関する考古学的調査報

告》，京都：京都大学文学部，座右宝刊行会印刷，1952年，第210-211页。

【18】[宋]李诫：《营造法式》卷三十三，景印文渊阁四库全书，第637册，台北：台湾商务印书馆，1983年。

【19】饰有浮雕人像和棕叶的陶器似乎与在贵霜（Boris Stawiski, *Mittelasien, Kunst der Kuschan,* pls 121-123）和约特干（M. Aurel Stein, *Ancient Khotan, Detailed Report of Archaeological Explorations in Chinese Turkestan, carried out and described under the orders of H.M. Indian Government,* Oxford, 1907, pls XLV-XLVII）的遗址上发现的小型陶像有关。

【20】唐代明器上的贴花常与同时期瓦当上的纹饰相似。关于贴花风格的早期历史及其与中国佛教装饰的关系，见Hin-cheung Lovell, "Some Northern Chinese Ceramic Wares of the Sixth and Seventh Centuries," *Oriental Art*, XXL, 4 (Winter 1975), pp. 328-342. 另外，可比较山西太原娄叡墓中出土的陶瓷，《文物》1983年第10期，第1-23页。

【21】织物上的涡卷图案十分少见，但在北魏时期的一件绣品残片上有近似于建筑装饰的图案，《文物》1972年第2期，第54-60页，图6。另见出土于宁夏的漆器残片，《文物》1984年第6期，第46-56页，图34-38。出自新疆的一系列织物，参见新疆维吾尔自治区博物馆等编：《丝绸之路——汉唐织物》，北京：文物出版社，1973年。刺绣使更加流畅的图案成为可能，一些银质与陶瓷装饰显然同时存在于刺绣织物上，见福建省博物馆编：《福州南宋黄升墓》，北京：文物出版社，1982年。银器、漆器、织物以及绘有常用的釉下青花图案的陶瓷都用对比强烈的色彩描绘母题，而漆器、丝绸和陶瓷用深色底突出图案。然而，连续涡卷纹和瓣状边框在漆器与银器中比在织物上更常见，这说明陶瓷纹饰的原型应该出自这些材质的器物中。

【22】关于中亚风格的银器和鎏金铜器，见《文物》1972年第1期，第83-84页，图28；出土文物展览工作组编：《"文化大革命"期间出土文物（第一辑）》，第149-152页；《文物资料丛刊·第一辑》，1977年，第149-162页，图版13；《考古》1978年第2期，第117-118页，图2；《文物》1983年第8期，第1-7页，图版1。

【23】参见：《正倉院御物圖錄》，东京：帝室博物馆，1928年；《正倉院寶物》，东京：朝日新闻社，1960年；Ryoichi Hayashi, *The Silk Road and the Shosoin,* trans. Robert Ricketts, Tokyo, 1975.

【24】关于器形的讨论，见Bo Gyllensvärd, "T'ang Gold and Silver." 从西方进口的玻璃可能对一些器形产生了影响，《正倉院寶物》，中部，图版1-6。除正仓院的玻璃器皿外，朝鲜半岛也发现了西方的玻璃器，见Roger Goepper and Roderick Whitfield, *Treasures from Korea,* nos 82, 84. 另外，可比较《文物》1973年第3期，第2-32页，彩图1；《考古学集刊·第三辑》，1983年，第168-195页，图版33：1、3。

【25】Jessica Rawson, "The Ornament on Chinese Silver of the Tang Dynasty," figs 1, 22.

【26】《文物》1966年第3期，第8-15页、47页，图11。比较朝鲜半岛发现的实物和一件纪年为公元603年的舍利函或盒，见《中華人民共和國出土文物展》，东京：中日新闻社，1978年，图 203；Roger Goepper and Roderick Whitfield, *Treasures from Korea,* no.116.

【27】Jessica Rawson, "The Ornament on Chinese Silver of the Tang Dynasty," pp. 4-5；《考古》1980年第6期，第536-541页、543页。

【28】有关正仓院的漆器，见正仓院事务所编：《正倉院の漆工》，东京：平凡社，1975年。

【29】《文物》1979年第3期，第46-48页，图版2、3；比较《文物》1973年第1期，第48-58页，下图是此处出土的一只匣子（图116）；《文物》1979年第2期，第21-31页，图版4：2。关于早期漆器的讨论，见George Kuwayama, "Recently Discovered Sung Lacquer," in William Watson ed., *Lacquerwork in Asia and Beyond, Colloquies on Art and Archaeology in Asia*, II, London, 1982, pp. 40-69; George Kuwayama, *Far Eastern Lacquer,* Los Angeles County Museum of Art, Los Angeles, 1982.

【30】图61a和b的全图，见Yutaka Mino, *Freedom of Clay and Brush through Seven Centuries in Northern China: Tzu-chou Type Wares 960-1600 AD,* exh. cat. Indianapolis Museum of Art, Indianapolis, 17 Nov. 1980-18 Jan. 1981, fig. 100; Sherman E. Lee and Wai-kam Ho, *Chinese Art under the Mongols: The Yuan Dynasty (1279-1368),* exh. cat., Cleveland Museum of Art, Cleveland, 1968, no.157. 另外，佐藤氏引用了冯先铭的观点，见Masahiko Sato, *Chinese Ceramics, a short history,* New York, Tokyo, 1981, p.15. 也有观点认为，江西吉州窑的陶瓷影响了景德镇釉下青花图案的发展。尽管吉州的生产可能引起了景德镇的竞争，后者却并未完全复制前者所用的母题。二者共用了波浪纹和古典涡卷纹，但吉州窑陶瓷上有一种极为独特的莲花图案，如第五章图174所示。这种图案与景德镇瓷器上的莲花不同，后者用尖形棕叶片和写实的圆叶片表示。对瓷器装饰而言，这是一种十分特殊的莲花母题，如果景德镇瓷窑直接复制了吉州窑的话，那景德镇的瓷器一定也会用这种图案。

【31】《世界陶磁全集13 遼·金·元》，东京：小学馆，1976年，图版113、116、119、120；《考古学报》1959年第3期，第107-120页；《文物》1973年第5期，第30-40页；《浙江省文物考古所学刊》，1981年，第94-104页；《文物》1983年第8期，第25-34页；《考古学集刊·第三辑》，1983年，第168-195页，图版32：1-6。

【32】《文物》1973年第7期，第20-29页、14页。

【33】定窑瓷器与其金属器原型之间的关系在制造过程中各有不同。早期的定窑瓷器常被用作佛教用具，因此使用了最早出现在鎏金铜器上的器形。尤其是12至13世纪的定窑瓷呈现出银器的器形以及适用于金属器皿的复杂装饰，见Jessica Rawson, "Song Silver and its connexions with Ceramics," *Apollo,* July 1984, pp. 18-23; Jan Wirgin, "Sung Ceramic Designs," *Bulletin of the Museum of Far Eastern Antiquities,* 42 (1970), pp. 1-272, pls 61, 71-76, 84, 87, 88, 96. 冯先铭指出，越窑对定窑产生过很大影响，《文物》1973年第7期，第20-29页。然而，这两种瓷器的相似性也可能是以类似的银器为原型的结果。

【34】也有观点认为，定窑瓷上有些更为复杂的图案是以绘画为底本，见Jan Wirgin, "Sung Ceramic Designs and their Relation to Painting," in Margaret Medley ed., *Chinese Painting and the Decorative Style, Colloquies on Art and Archaeology in Asia,* 5, London, 1976. 对于这种图绘性明显的母题的发展顺序，我有如下观点：漆器工匠使用的固定器形与图案起初借鉴自银器，他们发现用笔可以达到某些图绘效果，于是就借用了装饰绘画中也会出现的母题，如江苏武进发现的漆器所示（《文物》1979年第3期，第46-48页）。也许，银器和细瓷器都受了漆器中这种潮流的影响。

【35】盘子的边缘扁平是宋代银器的特征，相关讨论见Jessica Rawson, "Song Silver and its connexions with Ceramics"；《文物》1974年第4期，第78页；《文物资料丛刊·第八辑》，1983年，第116-120页，图版8：4。定窑也广泛借用，而这在宋代南方瓷器中不太常见。我们有一些影青的实例，例如见Christie's auction catalogue, 20/21 June 1984, lot 171. 许多影青瓷器上有源自银器纹饰的小点，参见Jan Wirgin, "Sung Ceramic Designs," pls 13-15. 关于出土的湖田窑瓷片，见《文物》1980年第11期，第39-49页，图10，图版3；Liu Xinyuan, "The Unique Decorative Patterns of Yuan Blue and White, the Fouliang Porcelain Bureau and the Huaju Bureau of Jindezhen," *Trade Ceramic Studies,* 3 (1983), pp. 1-12, pl. 2.

【36】关于带有这一图案的凤头壶，见Jessica Rawson, "The Ornament on Chinese Silver of the Tang Dynasty (AD 618–906)," fig. 56; Margaret Medley, *The Chinese Potter, A Practical History of Chinese Ceramics,* Oxford, 1976, fig. 70.

【37】这种装饰类型的讨论，见Jessica Rawson,"The Ornament on Chinese Silver of the Tang Dynasty (AD 618–906)." 朝鲜半岛发现的青瓷泥釉内镶嵌的牡丹图案证实了镶嵌工艺是牡丹宽叶的一个重要来源，见Roger Goepper and Roderick Whitfield, *Treasures from Korea,* no. 156. 镶嵌工艺在朝鲜半岛有深厚传统，至少在中国东南部，这种传统似乎也存在。因此，朝鲜半岛高丽青瓷上的宽叶有可能也用在中国南方和朝鲜半岛的贝雕上。关于通用开光形状，另见第四章；G. St G. M. Gompertz, "Korean Inlaid Lacquer of the Koryo Period," *Transactions of the Oriental Ceramic Society,* 43 (1978-9), pl. 2. 在后期的定窑瓷上，牡丹图案中也用了写实的叶片（Jan Wirgin, "Sung Ceramic Designs," pl. 74, pl. 102b），也可以比较织物，福建省博物馆编：《福州南宋黄升墓》，图43-45。

【38】George Kuwayama, *Far Eastern Lacquer,* fig. 11.

【39】漆器遗存有限，但保存下来的这类匣子延续了唐代的传统，见福建省博物馆编：《福州南宋黄升墓》，第90页；《文物》1982年第7期，第54-59页，图版5：2；还需要注意图版5：4中带括号形口的银碗。

【40】在世界其他地区的其他文化中也出现了类似的潮流。有关伊斯兰世界的讨论，见James Allan and Julian Raby, "Metalwork," in Yanni Petsopoulos ed., *Tulips, Arabesques and Turbans, Decorative Arts from the Ottoman Empire,* London, 1982, pp. 17-48; Julian Raby and Ünsal Yücel, "Blue and White, Celadon and Whiteware: Iznik's Debt to China," *Oriental Art,* XXIX, 1 (Spring 1983), pp. 38-48. 关于古希腊的发展，见Michael Vickers, "Les vases peints: Image ou Mirage?" in F. Lissarrague and F. Thelamon eds., *Image et céramique grècque, Actes du Colloque de Rouen 1982,* Rouen, 1983, pp. 29-42.

第三章
动物纹

　　动物形象首先出现在建筑上，然后又被穿插在银器和陶瓷上的缠枝花纹中。例如，杨执一墓门额上的牡丹丛中有两只凤凰【图52】。导言中提到的中国瓷器和欧洲仿制品则将比较普通的鸟置于环形内，周围以花朵围绕【图2—图5】。

　　有五种应用广泛的鸟兽形象几乎不与其他动物形象同时出现，即龙、鸟（尤其是凤凰）、鹿、狮和鱼。我们将在下文中详细讨论这些动物纹样各自的来源。狮和鱼的纹样与佛教有关，而其余三种在中国的历史要长得多。在此有必要提到赋予前三种动物以特殊意义，并确保其形象常常同时出现的汉代信仰。

　　汉代早期的文献、棺椁及墓葬装饰都涉及两组略有差异的动物，每组有四种。第一组中的四种动物包括龙、虎、凤和鹿，被描绘在轪侯夫人（卒于前168）的内棺上。棺木的前挡上绘有两只鹿【图69】，其他动物则出现在左右帮的位置：两龙与一虎、一凤交缠在一起【图44】。这些动物在汉代及之后几百年间备受尊崇，但另一组动物也开始流行起来，特别是在汉武帝在位时期。它们代表四个方向，被称为"四神"：东方的青龙、西方的白虎、南方的朱雀和北方的玄武，后者表现为龟蛇相缠的形象。[1]【图68】

　　四神的概念在中国历史悠久，商代甲骨上就已提及，但当时似乎并未将四方神与动物联系在一起。其实，在中国历史上，代表方位的神和象征四方的动物大概始终不是同一个概念。最早将动物和方位相联系的迹象可见于公元前7世

图68 北魏元晖墓志纹饰拓片，表现了四神与鹿，有可能为"天禄"，520年，陕西省碑林博物馆，采自西北历史博物馆编：《古代装饰花纹选集》，图32。

纪的一面铜镜，该镜出土于河南上村岭的墓葬，镜上饰二虎一鹿一鸟。因为镜子常被用来表示宇宙，这类纹饰可能代表一个体系，动物在其中象征着天空的各部分。这在一件前5世纪下半叶的漆匣上表现得更为明确。匣上髹漆，绘有星相图，虎在西，龙在东。该图说明，用动物来象征方位的做法远在汉代以前就存在了。[2]

接下来要谈到的动物象征着"阴阳五行"的观念。"阴"和"阳"被视为宇宙间最重要的力量："阴"存在于黑暗和水、月之中，是女性的；"阳"蕴含在太阳、光线和男性的力量中。阴阳平衡时就达到和谐。"阴阳"二元对立背后的观念非常古老，但邹衍（约前305—前240）将其发展为对宇宙进行系统性论述的一部分，后又为董仲舒（约前175—前105）所用。这种论述用有关"五行"，即土、木、金、火、水五种元素来解释宇宙与人类社会的关系，并用五种元素和相应的黄、绿、白、红、黑五种颜色来代表历朝各代。

图69 马王堆轪侯夫人朱地彩绘漆棺上的鹿，湖南长沙，前2世纪（另见图44），采自湖南省博物馆等编：《长沙马王堆一号汉墓》，图23。

汉朝以前的秦朝遵循了这一象征体系，自称尊水德，尚黑色，以表示名正言顺地继承了周朝的火德与红色，因为

水克火。汉也崇尚黑色，表示获得了秦的权威。公元前130年，汉武帝在都城长安建神坛供奉太一，于是这些古老观念中又增加了新的神祇。太一有五神相助，代表以颜色命名、对应各种元素和方位的神圣帝王。汉武帝不满于现状，于前105或前104年正式采用了黄色，尊土德。黄色代表中心，红色是南方，黑色是北方，绿色是东方，白色是西方。自此，五种元素、四季、方位和象征它们的动物之间的对应性大致确立。在祭祀太一的仪式上唱诵的诗赋中，代表方位的动物出现在太一神的左右：

> 灵之车，结玄云，驾飞龙，羽旄纷。灵之下，若风马，左仓龙，右白虎。[3]

根据当时的铜镜铭文，我们也能了解四种动物在维持宇宙和谐中起到的作用："新有善铜出丹阳，炼冶银锡清而明……左龙右虎辟不羊（祥），朱鸟玄武顺阴阳。"[4]

秦汉宫室遗址和墓葬中都发现了饰有四方神兽的砖瓦。最早的饰有四神的大型墓砖也恰好出土于汉武帝的茂陵。[5]其他许多公元前1世纪的墓葬也证明了这四种动物在丧葬建筑中的流行。就像缠枝花纹一样，四神的早期图像与地上地下建筑装饰有密切关系。

所以，这些象征性的动物在汉代未被用于装饰日用器皿并不奇怪。其实，即便在汉以后，动物纹样也极少用于金属或陶瓷器皿的装饰。因此，西安附近何家村出土的大量在中心区域装饰动物浮雕的唐代银盘代表着一个全新的开端【图70】。[6]饰有单独动物形象的精致盘盏突然出现，只能解释为一种模仿西方样式的新风尚。在萨珊银器中可以找到这类银盘的原型。比方说，大英博物馆所藏的一件银碗上饰有一只鸟，图案巧妙地置于中心圆形内【图71】。我们知道，伊朗地区的这种碗或其边地仿制品曾出口远东。例如，内蒙

图70 饰有动物图案的唐代银盘，出土于西安附近何家村，7世纪—8世纪，采自故宫博物院陈列设计组编绘：《唐代图案集》，第34页。

图71 饰有鸟形图案的银碗，伊朗，萨珊王朝或更晚的时期，4世纪—6世纪，直径16.9厘米，大英博物馆收藏。

古敖汉旗李家营子辽墓中出土的银盘正中饰有猫科动物的形象，似狮似虎，应为中亚或地方性的伊朗器物【图72】。这类盘碗可能影响了何家村出土器物的装饰，然而，凸起的动物纹饰并不太适合中国人的趣味，空白处似乎也需要填充，工匠先是用花卉，后来用了暗示着风景的纹饰。[7]

从这些唐代银盘开始，动物纹样被用于装饰饮食器和其他器皿。下文将逐个讨论主要的动物母题并探究银器对漆器和陶瓷的影响。

图72 银盘，出土于内蒙古敖汉旗李家营子，有可能来自伊朗东部或中亚，约6世纪—7世纪，直径18厘米，采自《考古》1978年第2期，第118页，图3。

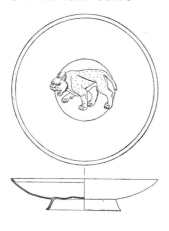

龙

在所有动物中，唯独龙代表了中国。商代初期（约前1400）用于盛放食物与美酒的早期青铜礼器上出现了怪兽形象，现代学者有时会将那些头部突出的侧面纹饰称为龙，但我们无从知晓商代人的看法。其实，这类母题可能只是装饰手段，它们在青铜器纹饰之外似乎极少出现。同样出现在青铜器纹饰中的鸟和其他动物还会被制成独立的小件玉雕，而这些怪兽似乎仅限于青铜器纹饰。

商代后期的青铜器上出现了一种动物，身体长而扭曲，身上有菱形纹样，大头，一对角又短又圆，将其称为"龙"
比较恰当。这种动物不仅出现在青铜礼器的纹饰中【图
73a】，还会被制成玉雕小件【图73b】。称其为龙是因为
它的主要特征在汉字"龙"上得到体现。图73c取自一件商
代青铜器的铭文，龙头硕大，呈侧面，头上有短角，被称为
"瓶状角"，身体细长盘曲。在铭文中，"供"字由两个代
表手的分叉部分托起一条龙组成，右边是"子"字。在更早
的用于占卜的甲骨文里，龙的形象时常单独出现。[8]

因为这些形象与"龙"字的象形文字近似，人们或许
可以认为带有长长的身体、大头和瓶状角的怪兽就是龙，但
我们必须考虑到商代人最初是如何确定龙的形象的。无论语
言或是图绘，要表现一个想象中的动物始终是个难题。许多
故事采用了解决这一困难的一种主要方法，即直接列举神异
动物的特征，逐一与另一种动物做比较。于是，据说有一个

图73 表现中国龙纹起源的图形

a: 长有瓶状角的蛇形龙，出自一件出土于
安徽阜南的商代的尊，约前14世纪，采自
Terukazu Akiyama *et al.*, *Arts of China*,
fig. 43.

b: 长有瓶状角的玉龙，出土于商王武丁之
妻妇好墓，前13世纪—前12世纪，宽7厘
米，采自中国社会科学院考古研究所编
著：《殷墟妇好墓》，北京：文物出版社，
1980年，彩图27。

c: 一件商尊上的"供"字铭文，其中有龙
的形象，前12世纪—前11世纪，弗利尔美
术馆收藏。

d: 西周青铜盉的龙形把手，带瓶状角，出
土于陕西扶风，前10世纪—前9世纪，采
自陕西省考古研究所、陕西省文物管理
委员会、陕西省博物馆编：《陕西出土商
周青铜器》（第2册），北京：文物出版社，
1980年，图108。

e: 带冠龙形把手，河南新郑，前6世纪，采
自孙海波编：《新郑彝器》，北京：河南通
志馆，1937年，2.108。

f: 龙形把手，前5世纪—前4世纪，大英博
物馆收藏。

g: 虎形挽具饰牌，鄂尔多斯地区，前2世
纪—前1世纪，大英博物馆收藏。

怪兽长着像某种动物的角、另一种动物的鬃毛、第三种动物的腿等等。换言之，对怪兽的描绘通常会由已知动物的局部组成，中国的龙也是如此。蛇在更早的商代陶器上就已经出现，我们可以从蛇纹与龙纹的类似布局中推断，蛇的轮廓可能是最早的龙纹的前身。此外，在许多早期案例中，龙的上颌部分都有一个心形小尖，这最早出现在对蛇的描绘中。常见于龙的早期形象中的菱纹似乎也可能借用了蛇的图案，甚至是真蛇的特征。其他爬行动物则有可能提供了瓶状角的形象。另一方面，龙凶猛的颌部则借用了另一种非同寻常的怪兽形象，后来的学者称其为"饕餮"。

商代龙的形象有的有一对足，有的有两对，瓶状角变为尖细的突出物，甚至变成羽毛状。当器皿的把手被铸成龙形时，龙足就巧妙地连接着长长的龙身与容器。图73d中描绘的一条龙的形象，仍保留着原来的瓶状角。公元前7世纪至前4世纪，青铜器、玉器上的抽象纹饰和复杂的交织图案取代了许多古老的龙和怪兽纹样，但传统的龙形轮廓在青铜器把手和玉坠的装饰模式中得以保存。早期龙纹中的瓶状角被颇为精致的冠和羽饰所取代【图73e】。大部分青铜器上的龙都有足和爪，而玉器上的龙常常只有鳍。少数情况下，龙有双翼，与公元前3世纪的诗歌中所描绘的神兽相吻合：生双翼的骏马拉着车，载着通晓方术之人去往遥远的昆仑山【图73f】。

在图73d、图73e、图73f中的三个把手上，龙都是扭头回望的形象，这种图式十分流行。对居住在中国边疆的游牧民族而言，龙的母题是外来的，龙在他们的信仰中不一定扮演着特殊的地位。但真正的动物，特别是虎、雄鹿和马对他们的生活具有重大意义，这些动物经常被描绘在青铜马具装饰上。身体修长弯曲，有足和爪，回头张望的龙的图式被游牧民族借鉴并作为描绘虎的一种手法【图73g】。[9]由此，龙和虎就有了不少共同特征。虎具有龙的一些特点，龙也获得

图74 汉武帝茂陵龙纹画像砖拓片，前1世纪，长75.6厘米，大英博物馆收藏。

了猫科动物的局部形态。[10]在汉代及其后的几百年间，这两种动物的轮廓始终颇为相似。

汉武帝茂陵出土的画像砖上有一条形象生动的龙【图74】，还保留着许多小型青铜龙的S形轮廓。这种传统姿态有其优势，龙似乎在扭头张望，目光锐利。在墓葬里的四神图案中，龙和虎都面朝前方，好像在天空中飞驰。描绘汉代动物的灵动线条延续了几个世纪，又在元晖（卒于520）墓志上重现【图68】。龙虎轮廓的相似性在这里就显而易见了，二者都有猫科动物的体型和长足。为了对称，四个部分的动物都成对出现，也都被云纹环绕。在汉代以来的铜镜上也能见到类似的形象。

到了唐代，西方的白虎和北方的玄武这两种动物的主要地位逐渐被青龙与朱雀替代。这一转变并不是说明四方神兽的形象不再有意义，而是由于青龙和朱雀被赋予了更特殊的象征意义。二者皆为祥瑞：龙代表"阳"的力量和创造力，掌管天宫和雨水；朱雀象征最为吉祥的方位，即南方——各种建筑都依南北向修建，坐北朝南。这类祥瑞动物被理所当

图75 唐高宗与武则天乾陵中一块石板上所刻的龙纹，7世纪—8世纪，采自《考古与文物》1983年第1期，第29页，图1。

然地用来装饰建筑、家具以及帝王和官员的袍服。在特定时期，龙逐渐开始象征帝王。这一象征的历史尚需研究，但至少应从汉代起，已有文献将二者相提并论。然而，这一象征并不具有排他性，龙的形象可以用在与帝王毫不相干的建筑、服装和器物中。无独有偶，朱雀，或后来的凤凰渐渐开始代表皇后。同样，饰有华丽鸟纹的建筑或纺织品、瓷器也不一定专属于或代表皇后。

尽管如此，帝王宫室，特别是陵墓装饰中，一定会有龙。以下图例出自两座最为著名的陵墓。第一例是从西安附近唐高宗及武则天所葬乾陵出土的一件石刻【图75】。茂陵中发现的早期呈S形姿态的龙【图74】在这里又再次出现，但乾陵石刻构图极为巧妙，所以传统图式的局限并不明显。龙的头部放大了不少，长着长角和凶猛的尖舌。四足中有两足离地，弱化了上文提及的猫科动物的特征，让人觉得它能在空中蜷曲身体并扭转回头，天空则由小朵祥云暗示出来。龙身上的火焰或泡沫状边缘出现在汉代以后，成为神话动物的常用表现形式并沿用至今。这种带有尖角的火焰边比双翼更加流行，而后者大概是从近东传入中国的。当这些火焰和泡沫状边缘与伊斯兰细密画和抄本插图中描绘的动物结合起来时，它们就成为了中国元素影响的证据。

在方形或圆形（非长方形）边框中，龙经常两两相对，腾云而起。将龙布局在圆形中，使其互相追逐的图式，显然更为适合，比如辽庆陵中的龙纹图案【图76】。[11]这一环形布局与两两相对的形式不同，它的适应性很强，顺序无所谓正确或错误，因此适用于复杂的建筑装饰中的许多位置。而且，这类装饰的形状可方可圆，也可呈菱形。在这种新的布局中，艺术家巧妙地运用龙脊背的线条来传达龙在空中的灵动姿态，辽庆陵中龙的形象比唐墓中的要温和一些。

随着中国引入饰有錾花动物纹饰的西方银杯和银碗，包括龙在内的动物主题从建筑转移到了器物上，先是银器，而

后是其他材质。当然，龙并未出现在外来的银器上。当中国
工匠制作外来银器的本土版本时，他们加上了自己特别感兴
趣的动物。他们用来描绘龙的图式不一定直接取自建筑上的
图案，铜镜倒可能提供了易于调整、便于使用的范例。祥瑞
动物自汉代起就出现在铜镜上，甚至还可能更早。唐代铜镜
纹饰中则几乎都是龙、鸟或凤的形象。如图77所示，铜镜瓣
状边框中有一龙一鸟，这种轮廓与同时期的银盘一致。为适
应这个圆形区域，汉代与六朝时身体细长的龙被进一步扭曲
了，脚也腾入空中。江苏省丹徒县丁卯桥出土的8世纪晚期
银盘上的一条飞龙也如出一辙。[12]

　　唐宋时期制作的龙纹盘或其他器物存世极少，银器和漆
器也都很少见。鉴于有凤纹器物保存下来【图85】，我们
可以推断，包括龙在内的其他动物母题也用于银器和漆器装
饰。后来的瓷器也提供了证据。宋代定窑瓷器刻划精细，似
乎直接以银器为原型，因为这种细白瓷的器形和纹饰在唐、

图76 双龙图案，出自辽庆陵，11世纪，采自
田村实造、小林行雄：《庆陵》，图214.1。

图77 两枚唐代铜镜,分别饰有龙凤图案,8世纪,直径15.8和16厘米,大英博物馆收藏。

图78 定窑瓷盘上的龙纹,北宋,11世纪—12世纪,直径30厘米,Carl Kempe收藏,采自Jan Wirgin, "Sung Ceramic Designs," pl. 68.

五代时期的银器上就出现了。图78是一件定窑瓷盘上的图案,盘中央飞腾起一条姿态优雅的龙,可能是为了与另一只用料更昂贵的碗盘中的纹饰相称。

元代景德镇瓷器上绘制的青花图案也许受了定窑瓷器纹饰的启发,但并非直接模仿定窑瓷器或银器。托普卡帕博物馆收藏了一只瓷盘【图79】,盘中央有一条白龙,背景是深蓝色的天空。这种蓝地白花描绘龙的做法十分少见。工匠用深色颜料作画时,更自然的做法是留白底,把龙涂成蓝色,这也是后来陶工们的常规做法。白龙似乎是为了在深色底上表现银器或金器的图案。这种转换色彩的做法有可能源自金线绣花的织金锦,但似乎更可能是受了用金银绘制图案或戗金漆器的影响。前文已提到,从唐代到元代,漆器作为银器和陶瓷的中介始终具有重要意义,现存许多饰有花卉和动物母题的大件瓷盘也突出了漆器这一角色。至于凤凰图案,有一些早于青花瓷的描金漆器可作为实例。该时期的龙纹漆器无一存世,但一些出土于明初墓葬中的漆匣上在暗色底上绘浅色描金的龙和云,表现出同样的色彩对比。几乎可以肯定的是,这类漆匣属于历史悠久的具有类似纹样的漆器传统,可能早至唐代。[13]

图79 瓷盘，饰蓝底白龙，元代，14世纪，直径48厘米，伊斯坦布尔托普卡帕宫收藏，作者拍摄。

图80 梅瓶上的龙纹，元代，14世纪，大英博物馆收藏。

图81 瓷盘，饰青花五彩双龙戏珠纹，明代，有"隆庆"（1567—1572）年款，直径33厘米，大英博物馆收藏。

瓷器的釉下青花纹饰很快就流行开来，而它们的银器和漆器原型最终被放弃了。此后，龙和其他动物的形象开始表现为白地蓝花【图80】。随着施彩技术的发展，更多生动的组合方式也逐渐出现【图81】。

朱雀或凤凰

中国墓葬石刻和铜镜上羽毛华丽的鸟常被西方人称为"凤凰"（phoenix），这种说法也许会有误导性，因为古代中国人当然不会知道西方的凤凰从灰烬中重生的传说。英语的凤凰这个词在中国指的是两种鸟：南方的"朱雀"和神话中的"凤凰"。后者羽毛华美，后来与龙成对出现。只有在四方神兽都出现时，才能确定鸟的形象是指"朱雀"还是"凤凰"。工匠似乎没有任何区分二者的图绘惯例：它们的造型相似。可能二者之间的确不存在固定的区分标准，而是可以互换的。

像龙一样，鸟的形象早在商代礼器纹饰中就出现了。公元前1000年前后，西周早期的青铜器上也有十分优美的鸟纹图案。从前7世纪起，羽翼舒展的鸟出现在青铜酒器的器盖上，到前4世纪时，鸟攻击蛇的形象成了青铜礼器上的装饰母题。楚墓中出土了一些造型奇特的镇墓兽，它们立在棺木前，鹿角做羽翼，有时脚下缠绕着蛇，似乎正在守卫着墓主。[14]这些镇墓兽也许为汉代象征南方的朱雀提供了原型。朱雀可能还与红色的鸟代表吉兆的观点有联系。

神话中的鸟与龙都表明了同样的问题，即没人知道它们真正的模样。因此，对朱雀的描绘借用了其他鸟类的一些特征。比如，茂陵出土画像砖上的鸟，羽毛尖端呈水滴形，暗示孔雀尾部羽毛上的眼状花纹【图82】。大概因为这类细节的确是在表现孔雀，其他许多鸟的形象都有较简化的尾部，布局中最突出的是翅膀，元晖墓志上的纹饰正是如此【图68】。在建筑中，尤其是朝南的门上方，与杨执一墓的门额

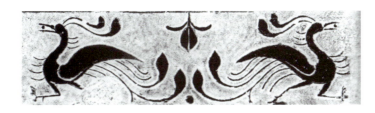

图82 汉武帝茂陵画像砖拓片中的朱雀，前1世纪，长1.6米，大英博物馆收藏。

一样，我们可以推测鸟在此表示方位【图52】。如果同样的鸟单独出现在铜镜上，我们很难判断它到底是"朱雀"还是"凤凰"。

　　与龙一样，神话中的鸟在唐代以后少了几分肃穆，更富于装饰性。在11世纪辽庆陵石棺上雕刻的圆形图案中【图83】，有两只华丽的鸟相互追逐，中央有火焰纹圆盘。这些圆盘是佛教象征物的晚期变体，比如莲花或宝珠，它们在更早期的墓志志盖上常出现于两两相对的动物中间。[15]剩下的空间则布满小朵祥云。这些鸟的尾部很宽，羽翼丰满。元代时，双鸟图案中出现了两种差异很大的鸟尾。在元大都出土的浮雕上，有一块瓣状嵌板饰有双鸟纹样：一只尾部有长羽毛，边缘呈锯齿状，另一只鸟则拖着更多钩状的羽毛，这种轮廓可以追溯到棕叶形的叶片及其他叶饰【图84】。双鸟的母题最早可能出于对称以及装饰布局中填充中心图案的需要。双鸟的图案得以明确后，图像表现中又加入了某种叙事性的因素。于是工匠，无疑还有他们的雇主，将这两只鸟视为一对，一雄一雌。在明清艺术中，凤凰通常是雌雄配对的，但也有单独的凤鸟与龙相对，这两种动物分别代表皇后和皇帝。

　　在讨论原来只在建筑中具有象征意义的凤凰如何被用来装饰金属和陶瓷器皿时，前文对龙和凤的图案顺序的讨论与此相关【图77】。事实证明，墓葬装饰中成对的鸟纹易于制作，那么两只动物的图案也经常能有效地填充银盘上的特定区域。有时双鸟是面对面的，但更多情况下它们被表现为相互追逐的样子。大英博物馆收藏了一件菱形的小银盘，制作时间与辽墓装饰图案大致相同，刻有二鸟环绕的图案【图85】。鸟的

图83 棺上的双凤和花卉图案，辽代，1018年，图例出自田村实造、小林行雄：《庆陵》，图118。

图84 石质浮雕,出土于北京元大都,元代,宽1.05米,采自出土文物展览
工作组编:《"文化大革命"期间出土文物(第一辑)》,第82页。

图85 银盘,据说出自西安附
近,10世纪,长21.5厘米,大英
博物馆收藏。

形体较小，但大体轮廓近似于凤凰，翅膀同样伸展开，几乎呈三角形，但尾部羽毛有些细小。圆形的喙暗示它们可能是鹦鹉，但这些体形娇小的双鸟图案只是大量复制凤凰形象的结果。因为太小——几乎被淹没在较大的菱形区域内——余下的空间被不确定的缠枝叶纹填满；中国人似乎不喜欢在装饰布局中留白。[16]在更大的表面上，例如元青花之上，缠枝纹不断复杂化，变得更为突出。而伊斯坦布尔托普卡帕宫所藏的元代青花大盘反转了原来的白地蓝花形式，蓝底之上表现白色的花鸟图案，再次表明了瓷器对漆器或金银器的模仿【图86】。

　　从一只时代较晚的瓣状漆匣上可以看出银器和漆器之间更为紧密的关系，匣上也饰有一对凤凰【图87】。立体的叶饰尤其适于用银这类柔软金属的制作，唐代以来用于银匣上，后来也用在漆器上。漆盒上的凤凰被花卉和枝叶所环绕。漆器常被用来制作繁复雕刻的例子，正如图88a和b中所展示的两件漆盘。其中黑漆盘以大胆的雕刻表现了写实的莲花与莲叶间的禽鸟。大片的

图88 漆盘

a: 黑漆盘，缠枝莲纹间饰双鸟，元代，14
世纪，直径30厘米，大英博物馆收藏。

b: 红漆盘，缠枝牡丹纹间饰一对雄孔雀，
14世纪—15世纪，直径32.6厘米，大英博
物馆收藏。

莲叶通过高超的雕刻技术被表现出几近立体的效果，非常不同于图65中瓷碗上的细长莲叶。这种具有写实叶片的图案与缠枝莲纹同时期存在，也出现在如图155中的青花瓷盘上。后面的这种形式是许多土耳其陶瓷装饰上的主要来源【图167】。时代稍晚的红漆盘【图88b】上表现了牡丹花间的禽鸟。艺术家对雕刻工艺的出色掌握使他们可以较深地刻入漆层之中，这也使得花卉与禽鸟紧密排布甚至交叠在一起。龙凤图案在纺织品中十分常见，但一般来说不会带有银器及之后漆器所特有的边框。

借鉴了银盘轮廓的瓣状或尖形边框便于限定凤凰在盘中心的具体位置。而在瓶身上安排凤凰或其他鸟纹时，就会出现问题：龙身细长蜿蜒，可任意延长以填满既定空间【图80】，凤凰、孔雀或其他鸟的形象就没有这么灵活。当然，可以用云或花卉的图案填满额外的空间，这种方法应用广泛。此外，还有在瓶或罐上用瓣状装饰环绕凤凰的做法，但并不成功。放弃这种似乎需要明确空间的鸟纹能够解决这个问题。如果双鸟可以并排立于繁花之中，就可以设计出多种布局。定窑瓷器会在环形或瓣状区域内表现园中禽鸟的场景。[17]这类场景也可以用在长方形水平图案中，如图89、图90所示，图中纹饰源自大英博物馆的一件14世纪的瓷罐，借助摄影将其展开为平面。当这种花纹出现在瓷盘圆框中时，通常缠绕在禽鸟中间，但在这里却被置于简略的风景中。矗立的两块巨石后长着牡丹花，就像图61b中缠枝纹中的牡丹一样。岩石、蕉叶和几竿修竹勾勒出地面轮廓。这种布局由陶瓷的常用装饰母题组成，并不比缠枝牡丹纹更写实。这类想象的风景提供了一种装饰图式，以双鸟为中心，可以填满罐上的整个水平空间。

在导言中提及的维多利亚和艾伯特博物馆所藏的大瓷盘上，盘中心的岩石和花卉被重组为新的环形构图【图2】。鸟的图案也有所不同，由雉鸡取代了孔雀，但就其他方面而言，图案则非常相似。雉鸡立在两块几乎水平的岩石上，说明这一新图式可能源自图89中瓷罐上的纹饰。此处的岩石与罐身上的竖直岩石完全一样，只是作横向放置。假如这种图案出于对自然的观察或借鉴了绘画或版画，大概就不会出现如此不合常理的布局。但因为图案设计出自现有的图像库，也由于瓷盘空间有限，稍显奇特的折衷也是可以接受的。尽管植物和树木像岩石一样，也由常用元素组合而成，它们表现出叶片交错的样子，在狭小的空间中成功地表现出具有纵

图89 瓷罐，饰有花卉环绕的一雄一雌两只孔雀，元代，14世纪，高31厘米，大英博物馆收藏，纹饰局部另见图90。

图90 瓷罐上的雌雄孔雀、岩石和植物图案，元代，14世纪，高31厘米，大英博物馆收藏，全图见图89。

深感的风景。

瓷器上庭园小景与鸟的图案发展得并不平衡。15世纪早期，成对的龙凤图案仍在流行，而鸟和岩石的组合却远不及花卉与蔬果的图案那么突出。园中禽鸟在16世纪再度流行。

14世纪大件青花瓷盘的出口似乎在海外培养了一种欣赏鸟、狮、鹿和鱼等瓷器纹样的审美趣味。景德镇生产的许多外销瓷器改变了早期的装饰主题，图案奔放有余但往往细致不足【图92】。此外，其他地方的陶工似乎也利用了这一需求。安南的陶工就仿制了中国主题，后来福建陶工在粗瓷上绘制了同样的主题，这种瓷器现在被称为"汕头器"【图91】。[18]实际上，这些带有中国传统母题的晚期瓷盘的大量生产只能解释为16世纪海外需求量的增加，景德镇无法或不愿满足这一需求的结果。

明代后期，动物母题在景德镇瓷器上的使用日益广泛，但也主要是外销瓷器。万历年间（1573—1619），一件销往欧洲的盘上表现出某种变化。石上立鸟当然不及元代的孔雀和雉鸡那么雅致，但风景更加复杂【图3】。背景中高耸的巨石源自山水画或以山水画为原型的木刻版画。陶工们并未完全理解这类风景中的透视关系，对植物、岩石、流水、山崖和白云的表现不够可信。

在陶工的图案库中，不同版本的石上立鸟母题占据了重要地位。这类图案的持续使用或许也在海内外的顾客群中强化了这种趣味，所以它们仍流行于整个清代。欧洲的仿制品以不同时期的原作为样本，为该图案提供了一系列不同的阐释。

这组石上禽鸟的图案与后面三节中要讲到的鹿、狮和鱼等母题的情况相似。鉴于其他这几种动物纹样后来发展至瓷器的过程与石上立鸟图案的演变同时，下文将不会单独讨论或列出图例，而主要关注这些母题的早期发展。

图91 瓷盘,饰有石上立鸟,明代,16世纪—17世纪,直径37厘米,私人收藏。

图92 瓷盘,饰有形式简略的石上立鸟,明代,约1500年,直径32厘米,私人收藏。

鹿

至迟从汉代起,鹿已被中国人视为一种强大有力的动物。它与其他祥瑞动物一同出现在轪侯夫人的棺木上【图69】和元晖墓志上【图68】。然而,与龙和鸟不同的是,鹿在中国古代装饰图案中的出现很不稳定。只有几件商代晚期和西周早期的青铜器上明确地表现了有角的鹿。鹿在同时期流行的小件玉质护身符上较为常见，[19]但它在中国北部边境的游牧民族制作的青铜器上却具有更为突出的地位。当鹿的形象被用来装饰公元前5世纪晚期至前4世纪晚期的中国青铜礼器时，这一母题有可能是在与游牧民族的接触中重新传入中国的。

然而，鹿的形象虽然不总是出现在青铜器或其他材质的器物上，它们却被用来祭祀。在祭祀坑中发现了鹿和其他动物的遗骨，汉代文献也进一步证明了鹿在祭祀中的重要性。在祭祀太一的仪式上，人们杀鹿来献祭。汉代皇帝也会有礼仪式的猎鹿活动。[20]对神鹿的兴趣还见于命名那些被认为具有神力之鹿的专门词汇。"麒麟""天禄"和"辟邪"就是主要的几种近似于鹿的神兽。[21]

就像所有神异动物一样，这些动物都是组合而成的，它们的外表和神力现在几乎无从确定。汉代诗歌中曾提到过"麒麟"：

> 王车驾千乘……列卒满泽，罘罔弥山，掩菟辚鹿，射麋格麟。[22]

这里的"麟"指的是一对神话动物中的雌兽，雌雄合称"麒麟"。传说"麒麟"有一只角。

《汉书·西域传》有一条注提到了"天禄"和"辟邪"，说有一种吉祥物"似鹿……一角者或为天鹿，两角者或为辟邪"。[23]那么，天禄就是神鹿，它的独角形象甚至可能只是图像表现上的无心之失。以侧面出现时，看起来会像只有一只鹿角。现在如果看到独角鹿的形象，我们没法确定它是"天禄"还是"麒麟"。

在引文中，另一个词"辟邪"似乎指的是鹿的神力而不是它的名称。但在接下来的几个世纪中，这个词成为神兽的名称，对"辟邪"的不同描述也出现了。人们一般认为，"辟邪"是一种强大的、长角的猫科动物，而不是鹿。成书于5世纪的《后汉书》中提到，"天禄"和"辟邪"都会与其他神兽一同排列在通往陵墓的神道上。[24]尽管难以确定现存的镇墓图像所表现的对象，但有许多长角的健壮动物更像狮子，而不是鹿。因此，被称为"辟邪"的鹿的原本形象迅速消失了。对这类神话动物的晚期表现都是混合体。奇特的狮身、鬃毛与鹿角、蹄结合在一起。独角动物大概是"天禄"或"麒麟"，两只角的神兽可能是"辟邪"。[25]

出土于北京元大都遗址的一块石板（上文已附其双凤纹饰的插图）上刻有两只跃过波浪的神话动物【图84】。左边的没有角，也许是狮子；右边的长了一只角，应该是"麒麟"。同一遗址中的另一块石板上饰有双鹿，虽然更加写实，但仍是神兽的形象【图128】。当鹿跃出灵芝（见第四章），观者意识到它们也具有神力。

像前文中讨论过的其他动物一样，从唐代起，鹿也出现

图93 唐代银盘图样，饰有鎏金的鹿和花卉，内蒙古喀喇沁旗，796年，直径46.6厘米，采自《考古》1977年第5期，第332页，图8。

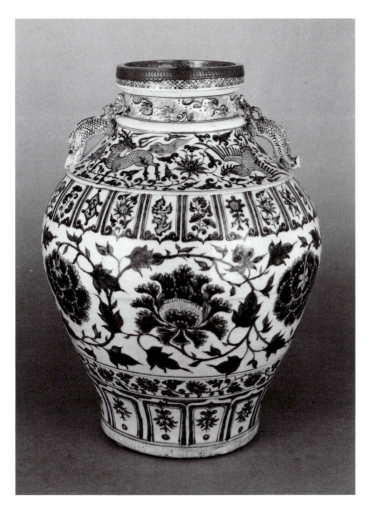

图94 青花瓷罐图案中的鹿，元代，14世纪，大英博物馆收藏，同一出处的缠枝牡丹纹见图8。

在了银器上。正仓院所藏的一件著名的银盘，盘中央表现了一只正在踱步的鹿。[26]在内蒙古喀喇沁旗地区出土的一件银盘上也有一只鹿卧在花丛中。银盘的纪年相当于796年【图93】。鹿在银器上的流行可能是受萨珊王朝以及伊朗地方银器影响的结果，后者的纹饰中多见狮与鹿的形象。[27]

这种银器图案的影响也出现在几类陶瓷中。宋金时期的陶瓷器上都有鹿的母题，它们由模仿银器鱼子纹的圆形或凸起小点围绕着。维多利亚和艾伯特博物馆收藏了一件模制的定窑瓷盘，图案繁密，表现两头鹿在茂盛的花叶丛中，好似正在跃过奇异的丛林。盘周是莲科植物，背景中有鱼子纹，模仿了银器纹饰的背景。类似的鱼子纹出现在一件模具上，可能用于制作定窑瓷器，现收藏于华盛顿弗利尔美术馆。[28]

定窑瓷盘上活泼的鹿与沉闷的神话动物形成了反差，结合了守卫陵墓神道的神鹿的特征。仅有少数瓷器上的鹿的母题保留了镇墓兽的凶猛姿态。在一件14世纪的瓷罐（也饰有突出的缠枝牡丹纹，图61b）上，鹿的母题表现出了这种神兽的力量。图中有一只长角的野兽回身凶狠地怒视着观者【图94】。然而，与沉闷的"麒麟"或"辟邪"石雕不同的是，这头鹿腿部修长，似乎正在瓷罐表面上轻盈地跳跃。

狮

在由西方传入中国的动物主题中，狮是一个突出的例子。中国没有狮子，所以艺术家也没有机会对照真实的狮子写生，甚至没听过这个名字。但狮子在近东和美索不达米亚广为人知，被视为力量和权威的象征，或是神圣建筑的卫士。公元前3000年美索不达米亚的滚筒印章上就描绘了孔武有力的英雄们徒手擒双狮的形象。很久以后，猎狮成了亚述国王的荣耀。石头或泥塑的狮子被放在圣殿前作为护佑，这一传统同样延续了相当长的时间。人们在巴比伦附近特尔赫摩（Tell Harmal）遗址的神庙入口处发现了泥塑的狮子，断代为公元前第二个千年之间。[29]在接下来的三千年中，近东许多地方的建筑都用狮子的形象来守卫。在本书讨论的这一时期，作为护卫的狮子也出现在哈特拉的哈利卡纳苏斯（Halicarnassus）陵墓和贵霜王朝的窣堵波上【图24】。[30]

蹲伏或踱步的狮子形象似乎是在东周和汉代随着丧葬习俗的改变而传入中国的。有观点认为，中国人采用了草原游牧民族的做法，在墓穴上堆筑巨大的封土堆。[31]同样的，他们有可能也借用了近东或伊朗的镇墓兽形象。在四川地区的几座2世纪左右的墓葬发现了镇墓石兽，这一时期的中国人还借用了其他的异域手法。有时，要辨认出石刻中的动物并不容易，它们通常带有神话色彩，都不太像狮子。但硕大、健壮的猫科动物加上暗示性的鬃毛，可能是表现狮子的形象。

随着汉朝覆灭和朝廷对佛教的大力支持，狮子的图案出现在新的语境中。在美索不达米亚和伊朗，狮子长久以来都是现世权力的象征，而它在印度和更北方的贵霜人的领地被用来代表宗教力量。公元前3世纪，阿育王（Aśoka）为在印度传播佛教立起了石柱，柱顶的动物就包括佛教语境中的狮子形象，这是较早的突出例子。[32]这些狮子足踏莲座，立在高高的石柱顶上，柱子的轮廓就像波斯波利斯那些饰有动物柱头的巨大石柱。虔诚的中国信徒一定已经通过文献或朝圣的记述对这类石柱有所了解，因为5到6世纪时，统治着中国东南部的梁朝皇帝，在自己的陵墓旁树立起了高大的柱子。柱子的各面都很朴素，像多立克柱式，柱顶是踏着莲花瓣的小狮子。[33]这些墓还有巨大的石兽护卫，尽管这些动物常生有双翼，它们强壮有力的头部和身体类似于柱上的动物，因此，可以推测它应该是狮子。在同一地区的墓中出土的模制砖上，狮子的形象更具装饰性。画像砖上的纹饰将南朝石狮的结实形体转变为曲线的平面构图【图95】。[34]

中国北方大型石窟寺中的佛像遵循了贵霜王朝的惯例，通常端坐于宝座上，左右各有一头狮子【图35】。佛像旁边有小狮护卫的做法就源自这一传统。敦煌出土的大幅刺绣绢画上描绘了佛在灵鹫山上说法的场景，他脚下立

图95 江苏金王陈南齐失名陵中，砖刻浮雕上镇墓的狮子图案，6世纪，采自姚迁、古兵编：《六朝艺术》，图201。

图96 表现释迦牟尼佛灵
鹫山说法的唐代刺绣局
部，描绘守卫佛陀的狮子，
甘肃敦煌，8世纪，大英博
物馆收藏。

图97 唐代银盘，饰有鎏
金图案，内蒙古喀喇沁
旗，8世纪晚期，直径46.6
厘米，采自《考古》1977年
第5期，第330页，图5。

图98 王建墓出土匣盖银饰面图样，描绘双狮追逐火珠，四川，五代，采自冯汉骥：《前蜀王建墓发掘报告》，北京：文物出版社，1964年，图37。

着的狮子个头很小却十分凶猛。【图96】狮子也是文殊菩萨的坐骑，这时它们通常被表现为大步行走的样子，采用了镇墓石兽的样式。

　　与迄今讨论过的其他动物一样，唐代以前，不论材质贵贱，狮子从未用于装饰器皿。后来，它们同其他动物一起被置于大盘中央。出现在这类模仿伊朗风格器物上的最早实例是刻有单狮或双狮的银盘，中央再无其他装饰。但不到一百年以后，即便是狮子的图案也都被花卉所环绕，比如喀喇沁旗窖藏出土的一件银盘上就饰有狮与花卉，它与前文提及的鹿纹大盘同时出土【图97】。尽管这头狮子十分凶猛，[35] 但不久就出现了更加温和的形象。王建（卒于918）墓中出土了一块镂空银饰板，上面有两头嬉戏的狮子，饰板原用于一只木匣或漆匣【图98】。在花卉组成的框架中，狮子围着一颗火球互相追逐。这两只动物颈部的毛发颇为有趣，很像今天马戏团和公共庆典中的狮子形象。

　　狮子在宋元陶瓷中似乎远不及龙凤图案流行，这大概是因为它们作为强大护卫的身份还延续了较长的时间。实

图99 明十三陵牌楼立柱柱础石刻浮雕的双狮抢珠，珠上系长带，15世纪。

际上，尽管漆器和瓷器以双狮为装饰母题，狮子在石雕和青铜雕塑中同样常见。明十三陵牌楼立柱的柱础上有两头狮子【图99】。这块饰板采用了浮雕手法，描绘双狮抢珠的场景，球上没有火焰，而是结着长带。这里，旧的母题又一次获得了新的诠释。当狮子作为守护动物出现在建筑前时，它们像凤凰一样分雌雄，雄狮前爪踏球，而雌狮爪下则是幼兽。因此，守卫皇宫庭院的狮子并未反映出中国古代的象征意义。这些狮子出现在中国纯属历史偶然，它们被驯服并被赋予新的面貌。这个例子主要体现了西亚样式，还有中国语境中的力量和保护的暗示。同时，许多中国狮子的活泼形象让人想到，它们离自己古老的家园已经十分遥远了。

摩羯（Makara）或鱼纹

鱼的图案在元代瓷盘中央的圆形空间内十分常见【图

图100 青花瓷盘, 饰有水草和鱼纹, 元代, 14世纪, 直径47.1厘米, 大英博物馆收藏。

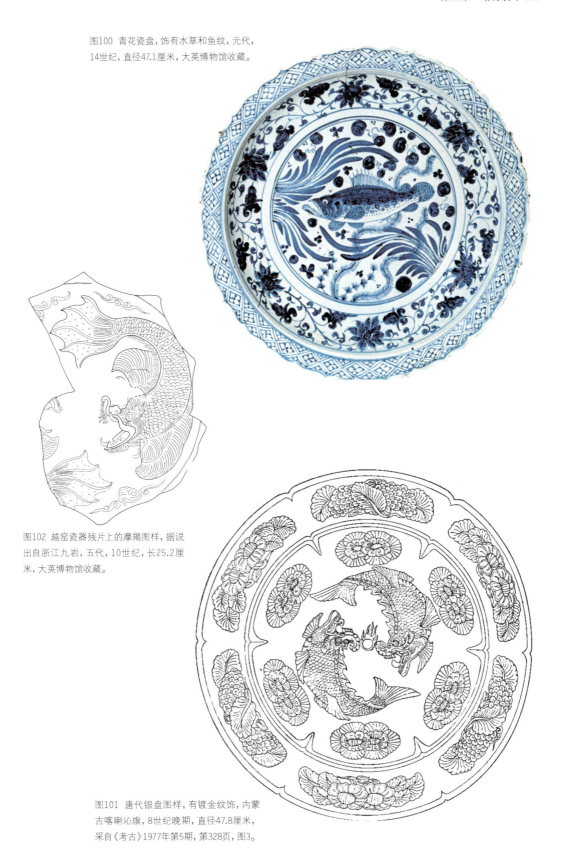

图102 越窑瓷器残片上的摩羯图样, 据说出自浙江九岩, 五代, 10世纪, 长25.2厘米, 大英博物馆收藏。

图101 唐代银盘图样, 有镀金纹饰, 内蒙古喀喇沁旗, 8世纪晚期, 直径47.8厘米, 采自《考古》1977年第5期, 第328页, 图3。

图103 白釉绿彩陶盘,中央饰有双鱼,边缘为莲花图案,辽金时期,12世纪—13世纪,内蒙古敖汉旗博物馆收藏,作者拍摄。

100】,它在中国艺术中的发展最为独特。早在汉代,双鱼图案就被用来装饰青铜器和陶盆。[36]这一母题的来源尚不清楚——也许人们只是觉得鱼纹特别适合装饰用来盛水的盆。3世纪以后,鱼的图案似乎不那么重要了,摩羯取而代之,这是一种凶猛的水怪,在印度受到普遍崇拜。

这种动物兽首尖牙,长有鱼身,它们出现在印度阿旃陀(Ajanta)的早期佛教石窟中。[37]尽管参与佛教工程的中国工匠知道摩羯的形象,而且摩羯也偶尔出现在墓葬装饰中,但最有意思的例子是在一件瓣状盘的中央:细小的摩羯跃入波浪中。[38]这件盘虽出土于大同地区的一座5世纪的窖藏,但有可能是在印度北部或中亚制作的。第一章中提到的高足杯【图15】也出土于同一地点。这种图案远不如前文所述的狮子图案常见,但中国有不少摩羯形象的例子一定已广为人知,因为现在发现的许多唐代银盘上饰有成对的、奇特的鱼。这些鱼的图案只能解释为以摩羯为原型。喀喇沁旗窖藏出土的一只银盘上饰有一对这样的凶猛动物【图101】。尽管身体非常像鱼,它们的大长牙和朝天鼻透露出图像的来源。江苏省丹徒县丁卯桥则发现了另一件图案类似的盘子。[39]

　　江苏坐落于中国东南部，该省毗邻浙江省，图102中的瓷器残片就是在浙江发现的。残片出自一件越窑的瓷器，上面刻有一条鱼，是这种奇特的双鱼之一。[40]这条鱼长着跟喀喇沁旗银盘子上的摩羯一样的牙齿、长牙和朝天鼻，而蝴蝶状的双翅也出现在丁卯桥出土的盘上。这是陶瓷借用银器图案的生动的例证。

　　在从银器到陶瓷的转移过程中，摩羯的轮廓保留了下来，但它也从世俗器皿的装饰母题中消失了。[41]也许人们不再能理解摩羯的形象，或是认为它不适合装饰此类器物。于是，普通的鱼逐渐取代了它的形象。辽金时期北方白釉绿彩盘中心的双鱼图案强调了这种生物的普通性【图103】。这里没有越窑瓷器残片上摩羯形象一跃而下的线条，也不见长牙和牙齿，而是利落、修长的、半写实的鱼的形象。一种用鱼纹装饰瓷器的新传统在此基础上建立起来。鱼出现在定窑系、磁州窑系的器皿上，尤其是在景德镇生产的瓷器上。许多双鱼图案都仅有其中一条鱼得以留存，四周围绕着茂盛的水草。【图100】在后来的瓷器上，这些鱼换成了跳跃的鲤鱼。与其他动物图案类似，这类纹饰在外销市场上十分流行，而且除了景德镇以外，其他瓷窑也生产了种类繁多的饰有鱼纹的瓷器。

图104 饰银漆碗，饰有花卉图案，9世纪—10世纪，直径11.2厘米，大英博物馆收藏。

花卉与园林植物

虽然把花卉和相关图案放在这章来谈似乎有些不合适，但这是考虑到它们引出了象征庭园的图像，并经常替代动物主题。与动物纹样不同，花卉似乎毫无古老的象征意义。出现于8世纪末和9世纪银器上的大型花卉图案是从铜镜的装饰纹样中发展而来，特别是有螺钿装饰的镜子。螺钿为图104漆杯上镶嵌的鎏金银片花叶装饰提供了样本。[42]

从带有这类纹饰的银器中产生了一整套花卉纹样，用于白瓷和陕西耀州的青瓷。[43]像在银器上一样，单枝花通常会出现在瓷盘中心，不搭配其他图案，但在一些12到13世纪的宋晚期和金代的瓷器上，花簇出现在花园里，或是插在瓶中，这是借用了绘画中的场景。[44]这些场景有时也见于元代瓷器，但花朵同样用于填充瓣状开光。一旦这类装饰不再流行，单枝花便再次出现，安排这些花卉的布局过程又开始了。其实，宋元瓷器上的花卉图案像动物纹饰一样，它们的背景经常暗示图绘，而不单是装饰性的表面【图62】。[45]

梅花尤其如此，这种图案与绘画的关系似乎十分密切。[46]江苏黄悦岭一座12世纪晚期的墓葬中出土的银器上就

图105 左：银杯，饰有一枝梅花和一弯新月，南宋，12世纪—13世纪，直径7厘米，大英博物馆收藏。

右：青瓷盘，饰有梅树、新月和蝙蝠，元代，13世纪—14世纪，直径12厘米，大英博物馆收藏。

有这类纹饰的早期范例。[47]图105中大英博物馆所藏的银杯也是一个相关实例。图案布局不对称，这意味着它可能源自绘画，而不是直接从唐代花卉纹样发展而来。梅花纹饰出现在南方的吉州窑陶瓷上的时间也大致相仿。这种图案有可能还用于螺钿漆器上，现已无实物存世。

在接下来的一个世纪中，中国北方和南方都开始用单枝的梅花装饰陶瓷，图105中青瓷盘的纹饰是极为出色的代表。[48]这一图案自14世纪下半叶开始流行，在最精美的景德镇瓷器上，许多动物主题被各种花卉图案取代了。一件14世纪晚期瓷瓶上的纹饰是一种典型的新图式：梅花与庭园中的其他植物一同出现，尤其是松和竹，这一组合后来被称为"岁寒三友"【图106】。这种组合的图式有点像动物图案背后的植物背景【图90】。植物图案逐个添加，直至整个场景像是庭园的样子，但我们并不会真的相信这是庭园。描绘同一主题的较晚的例子表现得更复杂，似乎受了绘画中类似布局的影响。在一件15世纪初的瓷瓶上饰有姿态舒展的松、竹、梅【图107】，但枝条受装饰空间格局所限。这种手法在中国的花鸟画中十分常见。这最后一个例子最接近于描绘真实世界的画作。

其实，本章谈到的所有动物和花卉主题都传达出真实场景的感觉，甚至是叙事性图绘的味道，而第二章中的缠枝花纹就不会让人产生这种印象。我们知道，动物和植物存在于描绘它们的建筑和器物装饰以外的世界，而且动物表现出的动感和植物背景让我们觉得自己只瞥见场景的一小部分，或是一个正在发生的事件，无法追踪其后续发展，但我们不应

图106 釉里红瓷瓶，饰有植物图案，包括岁寒三友：松、竹、梅，明初，14世纪晚期，高26.7厘米，大英博物馆收藏。

图107 青花瓷瓶上的松、竹、梅图案，
明代，有"宣德"（1426—1435）年款，
大英博物馆收藏。

被这种感觉欺骗。比如，瓷器上的动物和花卉图案极少有叙事意图。自唐代以来，这些母题就开始与祥瑞相关。这种关联一部分由同音词所支持，例如蝙蝠的"蝠"与"福"谐音【图105】，或者比如松树被视为长寿的象征【图107】。选择这种纹饰也是因为其悦目的效果，而且它们适用于所装饰的器物。此外，陶工们也不自觉地利用了我们想要探索和理解自己所见的愿望。动物和花卉主题的装饰效果十分突出，因为它们会让人联想到生活中的动植物。当它们出现在背景中时，这类主题就接近于叙事画，我们努力解读时便被吸引。然而，陶工在创造这类图案时既未借鉴叙事性的图画，也没有从现实生活中获取灵感。就像发明了缠枝纹的工匠主要基于现有纹饰来设计新图案一样，运用动物和庭园母题的陶工也以现有的装饰传统为基础。我们看到的并非叙事性或象征性的描绘，而是一种纹饰，它利用解读叙事性或象征性图像所引发的反应达到了装饰效果。

【1】有关四神的系统讨论，以下文献以资参考：Bernhard Karlgren, "Legends and Cults in Ancient China," *Bulletin of the Museum of Far Eastern Antiquities,* 18 (1946), pp. 199-365; Cheng Te-k'un, "Yin-yang Wu- hsing and Han art," *Harvard Journal of Asiatic Studies,* 20 (1957), pp. 162-186; Bernhard Karlgren, "Some Sacrifices in Chou China," *Bulletin of the Museum of Far Eastern Antiquities,* 40 (1968), pp. 1-31; A. Gutkind Bulling, "The Guide of the Souls Picture in the Western Han tomb in Ma-wang-tui near Ch'ang-sha," *Oriental Art,* XX, 2 (Summer 1974), pp. 158-173; Derk Bodde, *Festivals in Classical China, New Year and Other Annual Observances during the Han Dynasty (206 BC–AD 220),* Princeton, 1975; Michael Loewe, *Ways to Paradise*; Martin J. Powers, "An Archaic Bas-relief and the Chinese Moral Cosmos in the First Century AD," *Ars Orientalis,* XII (1981). pp. 25-36; Jean-Pierre Diény, "Histoire et Philologie de la Chine Classique (Programme de l'année 1977–78)," *Annuaire 1978/9, Ecole Pratique des Hautes Etudes IV, Section Sciences Historiques et Philologiques*, Paris, 1982, pp. 1045-1062; Michèle Pirazzoli-t'Serstevens, *The Han Civilisation of China, trans. Janet Seligman,* Fribourg, Switzerland, 1982.

【2】中国科学院考古研究所编：《上村岭虢国墓地》，北京：科学出版社，1959年，第27页，图21；湖北省博物馆编：《随县曾侯乙墓》，北京：文物出版社，1980年，图版89。

【3】[汉]班固：《汉书》卷二十二，第1052页。

【4】这面镜子收藏在大英博物馆；译文出自Michael Loewe, *Ways to Paradise,* p.196.

【5】《文物》1976年第7期，第51–55页。

【6】出土文物展览工作组编：《 "文化大革命"期间出土文物（第一辑）》，第44–70页；《文物》1972年第1期，第30–42页。汉代铜盆上的线刻中出现了一些动物图案，见《文物资料丛刊·第七辑》，1983年，第30–33页，图4。

【7】何家村窖藏内有多件银盘，仅以压花法饰有单个动物。这类图案不可能非常流行，因为它很快就被花卉环绕的动物主题替代，如图93、97、101所示。

【8】笔者在一篇论文中讨论过龙的母题，论文的部分内容收录于Jessica Rawson, "Eccentric Bronzes of the Early Western Zhou," *Transactions of the Oriental Ceramic Society,* 47 (1982–1983), pp. 10-31. 商早期或商以前蛇的母题见于二里头陶器，《考古》1965年第5期，第215–224页，图版3。带鸟喙的龙的轮廓与 "龙" 的发展相关性不大，见Robert W. Bagley, *Shang Ritual Bronzes from the Arthur M. Sackler Collections,* section 1.5. 然而，持续使用带鸟喙的动物侧面形象为包括 "龙" 在内的其他母题的侧面图案提供了先例。

【9】华威廉（William Watson）描述了一个类似现象，中国商代以来出现的盘龙被草原民族重新阐释为蜷曲的虎。两个例子都是将龙的外形重新用来表示虎，这是导言中提到的一种现象的有趣例证——为现有的母题形状或布局提供新解读。参见William Watson, *Cultural Frontiers in Ancient East Asia,* Edinburgh, 1971.

【10】在这一语境下，河北平山县中山王墓出土铜器上中国和游牧民族主题之间的互换十分有趣，《考古学报》1979年第2期，第147–184页；《文物》1979年第5期，第43–50页。

【11】比较其他例子，见田村实造、小林行雄：《慶陵 東モンゴリヤにおける遼代帝王陵とその壁画に関する考古学的調査報告》，图214。

【12】《文物》1982年第11期，第15–27页，图10。

【13】明代鲁荒王朱檀墓中的漆器，可参阅《文物》1980年第6期，第70–74页，图版6；比较四川一处墓葬中出土的漆匣（1410年），见《考古》1978年第5期，第306–313页，图版10：1。

【14】《考古学报》1982年第1期，第103页，图27。

【15】西北历史博物馆编《古代装饰花纹选集》中的图30展示了双凤捧珠的实例。在后期纹饰中，火焰宝珠主要与龙相关；而在早期，宝珠可以与任何中心动物搭配。

【16】有学者详细描述了这只小盒与其他同类器物，其中几件都题有纪年（1315），见John Figgess, "A Group of Decorated Lacquer Caskets of the Yuan Dynasty," *Transactions of the Oriental Ceramic Society,* 36 (1964–6), pp. 39-42.

【17】Margaret Medley, *The Chinese Potter,* fig. 75. 上文（第二章，注释32）提到定窑瓷器上的这类图像在漆器中出现得更早。

【18】Daisy Lion-Goldschmidt, *Ming Porcelain,* trans. Katherine Watson, London, 1978, pp. 258-267; Gemeentelijk Museum het Princessehof Leeuwarden, *Swatow,* Leeuwarden, 1964.

【19】在安阳出土的一件大鼎上出现了鹿首，鹿角十分突出，见Li Chi, *Anyang,* Seattle, 1977, pl. 9. 明尼阿波利斯艺术博物馆的皮尔斯白瑞（Alfred F. Pillsbury）收藏中的一件卣上饰有蹲伏的小鹿，见Bernhard Karlgren, *A Catalogue of the Chinese Bronzes in the Alfred F. Pillsbury Collection,* Minneapolis, 1952, no. 15；陕西宝鸡茹家庄出土了鹿形玉器，见《文物》1976年第4期，第34–56页，图35。

【20】Derk Bodde, *Festivals in Classical China,* pp. 327-328.

【21】铜镜铭文提及另一种长角的动物，见Michael Loewe, *Ways to Paradise*, p.198.

【22】[汉]司马迁：《史记》卷一百一十七"司马相如传"，北京：中华书局，1982年，第3003页。

【23】云南省博物馆编：《云南青铜器》，北京：文物出版社，1981年，第203页。

【24】Cheng Te-k'un, "Yin-yang Wu- hsing and Han art," p. 173.

【25】René-Yvon Lefèbre d'Argencé, "A New Approach to the Study of Medieval Jade Zoomorphs,"《中央研究院国际汉学会议论文集·艺术史组》，台北：1981年，第247–318页。

【26】《正倉院宝物》，南部，图版52、53。

【27】*Sasanian Sliver, Late Antique and Early Mediaeval, Arts of Luxury from Iran,* exh. cat., University of Michigan Museum of Art, Michigan, Aug. – Sept. 1967, nos 26-31.

【28】Yutaka Mino, *Freedom of Clay and Brush through Seven Centuries in Northern China,* p. 66; Jan Wirgin, "Sung Ceramic Designs," pl. 93.

【29】André Parrot, *Sumer,* trans. Stuart Gilbert and James Emmons, London, 1960, pls 354-356; André Parrot, *Nineveh and Babylon,* trans. Stuart Gilbert and James Emmons, London, 1961, pl. 31; Roman Ghirshman, *The Arts of Ancient Iran from its Origins to the Time of Alexander the Great,* trans. Stuart Gilbert and James Emmons, New York, 1964, pl. 269.

【30】Fuad Safar and Muhammad Ali Mustafa, *Hatra the City of the Sun God*, p.198; G. B. Waywell, *The Freestanding Sculptures*, pl. 37.

【31】Wen Fong ed., *The Great Bronze Age of China, An Exhibition From the People's Republic of China,* exh. cat., Metropolitan Museum of Art, New York, 12 April–9 July, 1980, p. 58.

【32】Benjamin Rowland, *The Art and Architecture of India, Buddhist, Hindu, Jain,* pls 8, 9, 11.

【33】姚迁、古兵编：《六朝艺术》，北京：文物出版社，1981年，图版7、82、83、88、90。

【34】近东的蹲坐与踱步的狮子图样似乎促进了中国实例中同样姿态的出现。

【35】Terukazu Akiyama *et al., Arts of China, Neolithic Cultures to the T'ang Dynasty: Recent Discoveries,* Tokyo, Palo Alto, 1968, pl. 180.

【36】Margaret Medley, *The Chinese Potter,* fig. 41.

【37】Odette Viennot, *Les Divinité's Fluviales Gangā et Yamunā aux Portes des Sanctuaires de l'Inde,* Publications du Musée Guimet, Recherches et Documents d'Art et d'Archéologie, X, Paris, 1964, pls 1-9. 出自印度鹿野苑（Sarnarth）的笈多王朝的实例，现收藏于大英博物馆，见Mildred Archer, "Banaras and British Art," in *Chhavi*, Golden Jubilee Volume, Banaras, 1971, fig. 186.

【38】福建闽侯的墓砖上出现了摩羯式的鱼，见《考古》1980年第1期，第59–65页，图3。大同出土的杯收录于出土文物展览工作组编：《"文化大革命"期间出土文物（第一辑）》，第149页。

【39】《文物》1982年第11期，第15–27页，图版3：3。另见《故宫博物院院刊》1984年第2期，第50–58页，图版7；Bo Gyllensvärd, "T'ang Gold and Silver," figs 56a, b.

【40】越窑瓷器中部分器形和许多装饰母题模仿了银器，见第二章，注31。

【41】摩羯继续出现在雕塑中，比如明代墓葬中的牌楼上，见Ann Paludan, *The Imperial Ming Tombs,* New Haven, London, 1981, fig. 6; 在玉器上也有发现，见John Ayers and Jessica Rawson, *Chinese Jade throughout the Ages,* exh. cat., Victoria and Albert Museum, 1st May–22nd June 1975, London, Oriental Ceramic Society, 1975, no. 257.

【42】Jessica Rawson, "The Ornament on Chinese Silver of the Tang Dynasty," pp. 18-20.

【43】陕西省考古研究所：《陕西铜川耀州窑》，北京：科学出版社，1965年，图21。

【44】Jan Wirgin, "Sung Ceramic Designs," pls 99, 102. 如上文（第二章，注34）所述，这种图绘效果可能借鉴了漆器装饰。

【45】Margaret Medley, *Yuan Porcelain and Stoneware,* London, 1974, pls 30-31, 89b.

【46】梅在绘画与装饰中的运用是耶鲁大学美术馆举行的展览的主题。我曾多次与作为展览策划者之一的尼尔（M. Neill）博士谈到这个问题，受益匪浅。感谢尼尔博士向我提起了一件饰有成簇梅花以及松、竹的元代瓷盘，见《考古》1972年第6期，图版9：3。

【47】《文物》1973年第4期，第59–66页，第65页，图16，第66页，图19。

【48】Jan Wirgin, "Sung Ceramic Designs," pls 13b, 38b, 84i. 图104中瓷器全图，见J. M. Addis, *Chinese Porcelain from the Addis Collection,* London, 1979, no. 10.

第四章
花卉与边框

莲纹

　　上文在讨论中国瓷器上的几种缠枝花纹时已附带提及莲纹。由尖形小花瓣组成的莲纹连接在两根长茎上，不过是缠枝牡丹纹的一种变体。但另一种来源不同的莲纹在同时期，甚至更早的时候就已经出现。自佛教传入中国以来，花瓣呈环状展开的大朵莲花被用于石窟装饰中，出现在窟顶【图47a】或作为佛教造像的底座。

　　莲座通常并不像真正的莲花。例如，山西大同司马金龙墓中出土了一件小型石帐座【图108】，与很多佛像和菩萨像的底座颇为类似，刻有一圈大花瓣，每个花瓣分为两个圆形隆起。这种花瓣与云冈石窟中水平边饰上的瓣状和尖形轮廓【图14】有联系。[1]这些边饰的形状中有西方线脚的影响，并非源自某种植物的形象。但水平长边饰上的花瓣被重新用于环状布局时，它们很容易被理解为莲花。

图108　司马金龙墓出土莲花形石帐座，山西大同，北魏，宽32厘米，作者拍摄。

图109 刻划莲瓣的青釉罐，10世纪，高11.5厘米，大英博物馆收藏。

窟顶上的莲花往往写实一些。以莲花装饰藻井的做法，还有壁龛的布置及其边框与边饰都源自西方建筑。在希腊化时期和罗马时期，模仿木制花卉平棊的装饰十分常见，巴尔米拉的寺庙中存在特别复杂的案例。这些近东建筑顶部藻井中的花朵并非模仿真正的莲花：一朵小花通常由四片花瓣和莨苕叶交替组成。中国云冈的早期石窟中有类似的装饰，窟顶是藻井的华丽变体，其中饰有莲纹。这些几何形布局似乎并不总是符合地方趣味，偶尔在窟顶上也会雕刻单独的大朵莲花。6世纪时，这种窟顶图案已颇为流行，敦煌莫高窟中的一处细节可为佐证【图47a】。这类纹饰一般有连贯的大花瓣，不受图108中石帐座上的瓣状

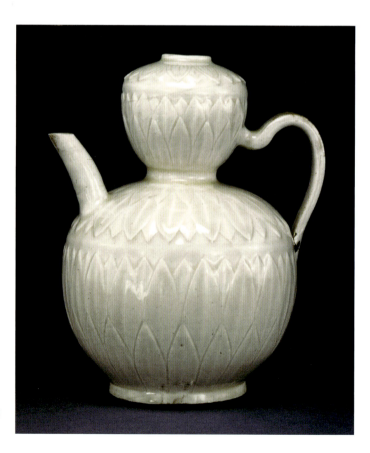

图110 刻有莲瓣的定窑瓷壶，北宋，11世纪—12世纪，高22.8厘米，大英博物馆收藏。

纹干扰。

　　单朵莲花很早就被用来装饰陶瓷，大英博物馆收藏的一只8世纪的瓷瓶就是证据【图109】。[2]瓷瓶的球形器形和两层的花瓣装饰与莲花花苞十分相似。

　　饰有莲瓣的陶瓷可能受到佛教发展的影响，在早期的越窑青瓷和后期的龙泉窑青瓷中尤为流行。龙泉窑也位于浙江，延续了南方的青瓷传统。上文曾提及一件在北方制作并带有外来风格的青釉罐【图55】。北宋瓷器，尤其是定窑瓷器上的莲瓣，反映出人们对佛教的极大关注。河北定县两座佛塔的塔基出土了一批定窑瓷器，其中一件瓷盘上题有纪年（977）。[3]这些宋代初期的定窑瓷器包括香炉、净瓶和海螺形器，皆为礼佛之用。大英博物馆收藏的另一件瓷壶也属于宋初的这一传统【图110】。该壶状若葫芦，刻有多层莲瓣。花瓣较窄，取代了佛教建筑中宽大带尖的莲花纹样，试图展现出真实的花瓣。

　　在同一时期，也许出于同样的原因，莲花的图案逐渐成了装饰。这类母题与半棕叶茎上带有尖叶的缠枝莲纹差异极大，似乎有意表现更为写实的花卉。图111中北宋定窑瓷碗

图111　刻有莲花图案的定窑瓷碗，北宋，11世纪—12世纪，直径22.8厘米，大英博物馆收藏。

上刻画的纹饰也可为佐证。

莲花图案以一朵大花为中心，花瓣呈尖形，花茎卷曲，茎上还生有一片莲叶，状如阔口浅杯，边缘处深深起伏。从侧面看时，宽大的圆形莲叶常常就是如此，正如导言中的图例所示【图9】。在莲叶用于装饰之前，它们已常见于装饰性绘画之中。这只定窑瓷碗上的其他纹饰特征可与第二章中谈及的缠枝牡丹纹进行比较，尤其是茎上生长的卷叶和右边的两组尖形花瓣。乍看之下，后一种图案似乎模仿了花冠，但将花表现为两片短花瓣与一片长花瓣、并构成直角的情况在真实的莲花中是不存在的。这种虚构的花形似乎为图64中源自棕叶饰的尖叶提供了一种新解读。两片短花瓣取代了尖叶的两个涡卷，而长花瓣替代了长叶片主要部分的位置。这两朵"三瓣花"作为莲纹的一部分保留了下来，被用于后来的陶瓷装饰。例如第五章比较伊斯兰图案时会谈到一只14世纪的青花瓷盘【图155、图167a】。该盘上饰有两株莲花，每株开两朵小花，位于装饰区域的外缘，完全不同于真实的莲花。小花皆由三片尖形花瓣组成，显然源自于尖叶近似于花的传统，这最早见于定窑瓷器上的纹饰。[4]

在北宋时期莲花图案成为瓷器装饰的中心母题，到14世纪该图案重新获得重要性的发展过程中，写实的莲花母题似乎日渐式微，瓷盘中央的图案也逐渐转换成了牡丹。13世纪莲纹出现在从属位置而非主要区域，被用来填充圆底或盘边。而后，14世纪的图案在近东地区影响极大（详见第五章）。

边框

将莲纹作为边框的装饰手法则经历了完全不同的发展。其前身出现在敦煌莫高窟的唐代佛窟窟顶【图47b】。13世纪瓷器上复杂装饰所用的边框可分为两种类型：完整的瓣状空间和独立的瓣状部分。这两种形式来源不同：完整的瓣状

图112 毕马兰舍利函底部的莲花,
犍陀罗,1世纪,大英博物馆收藏,
全图见图25。

图113 莲花形铜镜,唐代,8世纪,
直径20.2厘米,大英博物馆收藏。

图114 髹漆嵌银镜匣，在卷莲纹的瓣状边框中饰有缠枝牡丹纹，13世纪—15世纪，直径21.5厘米，大英博物馆收藏。

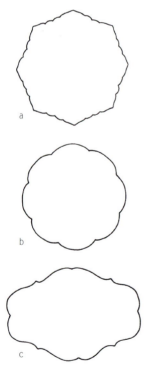

图115 瓣状轮廓
a: 唐代铜镜，大英博物馆收藏。
b: 唐代铜镜，大英博物馆收藏。
c: 银盘，据称来自西安附近，10世纪，大英博物馆收藏。

空间取自银盘、银匣与漆匣上的莲纹轮廓；独立的瓣状部分则源自开口形状，最早出现在建筑上，随后被用于装饰家具、漆器和银器。下文将逐一讨论这两种来源。云肩虽有相同的发展过程，但稍后再做讨论。

令人惊讶的是，完整的瓣状边框并不像我们根据前面的讨论所推测的那样，最早出现在银盘或陶瓷上，而是见于铜镜。尽管唐代以来，莲纹偶尔用于装饰银盘和瓷盘，[5]但应用最多的还是镜子。前文已提及汉代铜镜象征宇宙及其力量。莲花形唐镜的轮廓类似于"毕马兰舍利函"的形状【图112】，结合了这些古老铜镜的象征意义及新的宗教需求。大英博物馆所藏的一面铜镜纹饰很少，仅由一小圈瓣状花冠环绕中央镜钮来表现莲纹，莲瓣有时也被描绘为括号形【图113】。

铜镜一直以来都被视为珍贵之物，常保存在银匣或漆匣中。第二章中曾展示了一枚藏于日本正仓院的背面镀银的铜镜【图57】。这类镜子都盛放在与之形状相同的匣中，因此镜匣也都呈莲花形，有括号状的边缘。银匣和漆匣都饰有类似的图案——实际上，漆匣常常嵌银或描银以求更接近银匣【图114】。

瓣状纹和括号形还有其他几种变体。在每个括号形的任意一边添加上瓣状纹就会改变单纯的莲纹【图115a】。这种形状常用于镜子和镜匣。或者，在四角盘上的一对括号中间加入瓣状纹，而另一对不加，就可以构成菱形图案，比如前文中饰有一对小鸟的银盘【图85】。压低括号的尖端部分，扩大其瓣状纹则会产生十分不同的效果。大英博物馆收藏的一件银盘的轮廓即由四个这样的括号组成，因为括号尖端部分缩小了许多，曲线就成为了注意力的中心，因此掩盖了最初的括号形状【图115c】。与此相关的形式广泛应用于漆器的轮廓中，也会用作匣盒和托盘上的开光【图114】。它们与另一种由单纯的瓣状轮廓构成的图形十分相配，该图形见于相邻的图例【图115b】和前文述及的铜镜【图77】。这些瓣状轮廓并非源自括号形，而是借鉴了一种常见的银碗的轮廓。但瓣状却与括号形一同出现，构成动物纹和禽鸟纹的框架。

　　鸟或其他动物图案在瓣状匣与盘上反复出现，这似乎建立了括号形轮廓与动物之间的关联。瓣状与括号形开光边框甚至可能已成为动物图案中必不可少的一部分。其实，开光中发展而来的繁密布局可能促进了工匠对边框的持续使用，因为由瓣状边框限定的开光在各个角落都填满了花或云纹，以其作为动物的背景。如果这些复杂的图案没有边界，就没有可信的理由解释动物周围云纹或叶饰为何如此繁密。有些鸟纹或其他动物纹似乎需要一个框架来确定布局。在更大的装饰区域内以瓣状开光框住动物或禽鸟的做法证明了该传统的强大影响。本文附有多张图例【图85】，北京元大都出土的一块石板上也发现类似的例子【图84】。

　　当开光在同一件器物上反复出现时，吸引我们注意力的似乎是开光本身而非其中包含的图案。在很多元代瓷器上会见到这样的效果，包括托普卡帕宫收藏的一件青花瓷瓶【图116】。菱形开光在瓷瓶的中心位置，它们的复杂轮廓与瓶肩和底部的尖形开光平衡。所有的开光中都填满了复杂的小图案，背景则是密密的缠枝纹。这些开光的轮廓

图116 青花梅瓶，瓣状开光四周环绕典型缠枝纹，元代，14世纪，高40.5厘米，伊斯坦布尔托普卡帕宫收藏。

对于进一步划分几乎令人迷惑的纹饰十分关键。实际上，它们的曲线成为缺乏秩序的图案中最为稳定的因素，使观者倾向于关注瓣状轮廓远胜于单个母题的细节。

　　附属性的边框最早被用于建筑的门窗和装饰。如果要完整地叙述组成这些密集构图的各种瓣状框的来源，我们就有必要考察这类边框的早期应用。它们最早出现于佛教传入中国时，工匠开始用印度的支提拱塑造供奉佛像的壁龛。括号形的塑像框架界定出开口，而不是固定的开光【图25】。第一章中可见云冈第7窟的案例【图14】。类似的开口处由同样源自西方的S形涡卷纹装饰，并结合了6世纪底座开口处细小的括号形，这在图117a、图117b和图142b中的一系列壁龛的顶部和家具开光上均有表现。[6]

　　到唐代，括号形已成为大小底座开口上端的边界。我们在绘画中发现了一些作为座位的大型底座的例子。[7]这些座

图117 底座、器物和建筑上的瓣状边框
a: 石质底座边框，6世纪，弗利尔美术馆收藏，采自长广敏雄：《欧美藏中國美術・第三卷・雕塑》，东京：讲谈社，1972年，图版51。
b: 镀金铜佛像底座边框，隋代，593年，波士顿艺术博物馆收藏，采自长广敏雄：《欧美藏中國美術・第三卷・雕塑》，图版50。
c: 唐代家具和箱匣木质底座的边框，8世纪—9世纪，正仓院收藏，日本奈良，采自后藤四郎编：《正倉院の历史》，东京：至文堂，1978年，图22、96、108。
d: 五代王建墓石质底座边框轮廓，采自冯汉骥：《前蜀王建墓发掘报告》，图39。
e: 辽代房形小帐底座边框轮廓，辽宁法库叶茂台，10世纪晚期，采自《文物》1975年第12期，第53页，图7。
f: 金墓内仿木建筑结构的四个局部，山西稷山，12世纪晚期，采自《文物》1983年第1期，第45—63页。

位由一个平台、上方表面与下方长条形之间的一系列拱形开口组成。类似的布局也出现在小匣、箱和桌上，正仓院中的藏品中有类似的例子。图117c中表现了另外几种瓣状纹饰。开口边缘向内凹进，朝向低处固定整个结构的横杆。工匠在木头上雕刻瓣状和尖形开口要比在石头上容易，而且使用更柔软的材质能制作出更为精细的装饰。有些更加复杂的形式出现在乐器上，它们大多作为装饰性的边框。图123表现了正仓院的两个例子以及一件唐代银底座上的三叶形装饰，这类装饰纹样是12世纪木建筑门框和开光形状的前身。

晚唐至宋金之间的木制家具或木匣罕有存世，但我们从若干随葬器物可知，括号形开口的应用十分广泛。王建墓出土的石棺床模仿了大件家具的轮廓，底座上的开口构成了动物和人物的框架【图117d】。[8] 又如辽宁法库叶茂台辽墓中发现的房形小帐的底座上也采用了形状相同的开口【图117e】。[9]

在金朝的统治下，以木作装饰为基础的纹饰在中国北方12世纪至13世纪的墓葬中突然兴起。河南、山西地区墓葬中的仿木构建筑的制作已相当精细。山西稷山的一座12世纪下半叶的砖雕墓是迄今发现的装饰最为复杂的例子之一【图117f】。不仅所有的门板上都饰有图案，而且格子门的下部和仿木构元件上都表现了瓣状轮廓，布满人物。最复杂的形状是由成对拱形开口框架组成的开光。至12世纪，有关瓣状开光和开口的复杂样式被广泛地运用于家具和木构建筑中。[10]

很多用于建筑的独特装饰也出现在中国陶瓷上。瓣状开光，像木质底座上的各式开口一样，也被用作表现动物和人物图案的边框。这在北方陶瓷上尤为常见，同类陶瓷上还出

图118 慧光塔出土带贴花和描金图案的漆匣，浙江瑞安，宋代，1043年以后，高41.3厘米，采自《新中国出土文物》，北京：外文出版社，1972年，图版182。

图119 磁州窑瓷枕，金元时期，13世纪—14世纪，长41.7厘米，大英博物馆收藏。

现了水平开光中窄边为瓣状的情况【图119】。然而，陶工几乎不可能直接借鉴建筑的纹样。建筑与陶瓷之间的过渡可能是银器和漆器。

　　浙江瑞安慧光塔塔基出土的木函即为例证。虽有若干用于盛放佛经的木函得以保存，但仅有一件经函发表了清晰的照片。木函呈竖直状放置于平底座上【图118】，材质为檀香木，髹薄漆。金元墓葬中常见的镂空木雕的贴花围绕着有大量瓣状纹的开光，开光顶部和底部有尖端，中间的瓣状纹呈圆形。这个中心开光比较特别，仅两头有尖端，而不是常见的四面尖形，比如图85中饰有鸟纹的银盘。该轮廓有可能是将接近于图117a、b的壁龛开口的轮廓对接起来，构成了一个空间。[11]函盖顶部、斜边及底座上也有开光，它们以木函的直边为上下边界，通过垂直的小型瓣状纹连接各个部分。[12]上方函盖开光内有独立的细工装饰，而最下部的边框里表现了小型的动物形象。

　　图119为一件磁州窑瓷枕，枕上的瓣状开光采用了类似于瑞安慧光塔经函【图118】底座边框的形状。此开光被用来框定人物场景，描绘了一位公主出塞和亲的故事。在开光的边界之外，瓷枕表面布满了密集的线条，表示繁花。边框的瓣状轮廓以及结合人物场景与繁密花纹的装饰原则都类似

于经函装饰的平衡手法。

人物场景在宗教语境中极为普遍，类似的人像会用在寺观壁画、文本插图以及瑞安经函一类的容器上，但用人物题材装饰日用品的情况要少见得多。人物场景似乎借用了漆匣（或者有可能是建筑）的整体装饰布局，包括花卉、边框和人物，由此进入了装饰母题库。人物装饰题材可见于图119中瓷枕一类的日常器皿。在世俗器物中，宗教场景常被替换为描绘流行故事和戏剧题材的人物布局。[13]

建筑、银器和漆器还为瓷器装饰提供了另一种开光形状。比如图123c的一件银器上出现的以单个括号为基础的三叶形开口，每边偶尔表现一个瓣状纹。这种纹样模仿了莲花花瓣内的图案【图48】。相似的开口也用于建筑或是漆匣、漆盘之上。[14]道教神仙所持的节杖也使用同样形状的杖首，被称为"如意"，这得名于汉代以后的文献对一根神杖的描述。[15]瓣状和尖形纹样不可能出现得那么早。实际上，现存饰有这种纹样的节杖在时间上晚于以该纹样为装饰框架的唐代银器、宋代漆器和元代瓷器。节杖的形状源自一种应用广泛的纹饰，并因此获得一个古代的名称。节杖固然可以称为"如意杖"，但将开光称为"如意"形就具有一定的误导性，因为该名称指的是节杖的威力，而不是瓣状和尖形轮廓。[16]

云肩

托普卡帕宫所藏的一件元代青花瓷瓶【图116】颈部的瓣状和尖形开光被称为"云肩"，因为人们认为这类纹饰借鉴了一种同名服饰的轮廓。该轮廓由一条细带连接四块下垂的瓣状织料组成。图122c是清代（1644—1911）的一个实例。托普卡帕宫瓷瓶肩部开光的布局与之类似。但要在纺织品中确定这种纹饰的早期原型仍存在一定的困难。现存服饰似乎在时间上并不早于瓷纹饰，大多数还要晚得多。

云肩在清代以前的发展并不连贯，实际上很难确定它何

图120 唐代北方多闻天王绢画残片，甘肃敦煌，9世纪晚期，高47.5厘米，大英博物馆收藏。

时成为常规服饰。最晚至唐代，瓣状开光
就被纳入服饰纹样，出现在绘画和雕塑中
的佛教护法神身上。[17]一幅描绘北方多闻
天王的9世纪敦煌绢画表现了一个人物的
局部，腰间的虎皮呈云肩形【图120】。
其他佛教人物的铠甲也结合了这类装饰。
宋代以来，在侍从或武士的服饰中可见到
类似装饰，这些武士被刻成石像，在11世
纪左右的北宋皇陵中守卫神道。有些侍卫
的短袍下摆也有同一纹样。[18]12和13世纪
的佛教人物形象上也有类似形状的重叠饰
带和垂饰。[19]

　　尽管瓣状开光自唐代以来广泛应用于
服饰中，它们在绘画或雕塑中却很少组合
为云肩的形状。我们很难在服饰中找到连
续开光的确切原型。许多文本证据也存在
争议。有些西方学者指出云肩这个词出现在《金史》中，[20]
但他们的文献来源似乎比较模糊。中国学者通常会援引《元
史·舆服志》中的一段文字作为描述"云肩"的可靠出处。
根据该文献记载，云肩由四朵垂云组成，颜色各异，嵌金装
饰，是一种女性穿着的服装或佩戴的饰物。[21]迄今尚未发现
元代云肩的实例。出土于明代鲁荒王朱檀（卒于1389）墓中
的一件衣袍上的瓣状金线刺绣图案可能为现存最早的云肩之
一。[22]即便在明代初期，绘画和雕塑中的例证都非常有限。
图121是云肩作为服饰的一个实例，云肩是明代组像中侍从
服饰的一部分。

　　事实上，将元代瓷瓶和瓷盘上的瓣状纹饰与纺织品中的
云肩相比较的做法存在一定的误导性。这种器物装饰与同时
使用的其他瓣状开光完全融为一体，不大可能在某件衣服上
找到来源。托普卡帕宫瓷瓶上肩部开光的线条包含了与前文

图121　木像上身，颈部可见云肩，明代，
15世纪—16世纪，大英博物馆收藏。

图123 唐代瓣状开光，8世纪—9世纪

a: 乐器上的相连开光，正仓院收藏，日本奈良，采自正仓院事务所编：《正仓院の乐器》，东京：日本经济新闻社，1967年，图25。

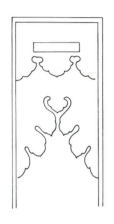

b: 乐器上的复杂开光，正仓院收藏，日本奈良，采自正仓院事务所编：《正仓院の乐器》，图34。

c: 银质底座上的三叶形开口，发现于江苏丹徒丁卯桥，采自《文物》1982年第2期，第20页，图13。

图122
a: 瓣状托盘的轮廓，唐代，8世纪，正仓院收藏，日本奈良，采自正仓院事务所编：《正仓院の漆工》，图15。
b: 银碗上的瓣状开光，西安何家村，唐代，8世纪，采自故宫博物院陈列设计组编绘：《唐代图案集》，第13页。
c: 织物云肩的轮廓，清代，18世纪，采自Schuyler Cammann, "The Symbolism of the Cloud Collar Motif," fig. 1.

所述开光的线条完全一致的瓣状纹和S形曲线【图116】。实际上，肩部开光与瓶身中部菱形开光的轮廓、足部四周小垂饰的纹样是相匹配的。

连续瓣状开光作为器物装饰的历史至少可上溯至唐代。类似纹样以镂空小型开口的形式出现在唐代底座上，如江苏丁卯桥出土银器上的一处细节所示【图123c】。[23]如果我们画出这类边框的轮廓并将它们连在一起，就可创造出一系列连续的空间。正仓院唐代乐器上镶嵌的图案就是如此【图123a】。相关纹样的复杂边框还可见于正仓院所藏的另一件乐器【图123b】。如花瓣般展开的瓣状纹经常出现在银碗上【图122b】，其中往往包含小型的动植物图案。

正仓院收藏的一件木制托盘轮廓更为精致，由瓣状纹和括号形构成大体轮廓【图122a】。中心盘分四瓣，由另外四只形状类似的盘子围绕，外围的每只盘子都分成三瓣，第四瓣为中心盘的一瓣所替代。托盘的复杂形状和雕刻过的表面说明，这件木器以金属器为原型。因此，连续的瓣状轮廓在唐代的金属和木器上都已经存在，这远早于云肩作为服饰出现的时间。在后来的几个世纪中，瓣状开光在漆器中得到了广泛应用，比如佛像上方华盖的轮廓。所以，瓷盘【图125】和瓷瓶【图116】上的开光有可能借鉴了银器或漆器的纹饰，而不是纺织品图案。

朝鲜半岛出土的梅瓶是现存最早的瓶肩上有瓣状开光的实例【图124b】。[24]在同一时期，菱形开光也用于类似的酒

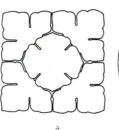

a   b   c

器【图124a】。鉴于这些开光被镶嵌在青瓷瓶上，对比的泥色显示，这两种形状的开光也都有可能模仿了金属制品或漆器上的镶嵌。尽管景德镇陶工不熟悉朝鲜半岛的早期青瓷，两地陶工有可能受到同一原型的启发，因为中国东南部和朝鲜半岛有着密切的贸易往来，青瓷生产的共同传统就可以证明这一点。

内蒙古呼和浩特出土的一件独特瓷盘展示了将瓣状开光作为独立母题，而不是连接它们构成云肩的元代实例【图125】。六个大型开光从边缘朝向瓷盘中央，中心处边框构成圆形空间，圆形空间的瓣状开光内描绘了在莲池中的鸳鸯（见第五章）。外围的六个开光内都填满密集的图案。印度德里发现的中国瓷器残片也证明，瓣状与尖形开光的组合十分普遍，不一定与更晚期服饰上的云肩形式相关。[25]

这些瓣状和尖形开光在元代瓷器上的不同运用表明，它们可能是实验阶段的产品，各种布局在这一阶段都曾被尝试过【图126】。在一系列的图案中，云肩，即一条反向的瓣状细带连接瓣状开光的形式，似乎只是众多可能的图式之一。

元代瓷器上包含的这些瓣状和尖形开光的繁密纹饰有时被理解为伊斯兰风格影响中国瓷器生产的证据。[26]但瓣状、尖形开光与龙和花卉母题一样，都曾是中国本土的创造。实际上，它们时常与佛教和道教象征符号相伴出现，这突出了它们的远东来源。同样，器形的问题可以借助中国传统金属和陶瓷器皿的形状来解释。[27]因此，器形和纹饰都不是直接基于伊斯兰的原型。另一方面，大型瓷盘的生产和釉下青花的运用似乎有可能都受到海外贸易需求的刺激。

大尺寸的瓷盘和釉下青花的应用要求工匠在瓷器装饰手法上有一些改变。器表面积大，需要仔细布局，并可以通过同心圆来划分空间【图126】。这一体系只是扩展了在银器、陶瓷，甚至青铜器上已经存在的装饰图式。[28]开光的组合在银器、漆器和各类陶瓷装饰中颇为普遍，提供了另一种

图124 两件青瓷瓶，饰瓣状开光

a: 瓶身的菱形开光内饰有莲池图案，朝鲜半岛，高丽王朝，13世纪，高29厘米，首尔国立博物馆收藏，采自Roger Goepper and Roderick Whitfield, *Treasures from Korea*, no. 172.

b: 瓶肩部饰有牡丹和瓣状开光，朝鲜半岛，高丽王朝，13世纪，高34.8厘米，德寿宫美术博物馆收藏，采自Chewon Kim and G. St G. M. Gompertz, *The Ceramic Art of Korea*, London, 1961, pl. 46.

图125 青花瓷盘，中央瓣状开光内饰有莲花和水禽，边缘开光包围中心图案，出土于内蒙古呼和浩特，元代，14世纪，直径42.3厘米，内蒙古博物院收藏，作者拍摄；另见首都博物馆编：《大元三都》，北京：科学出版社，2016年。

装饰手法。漆器和釉下彩绘陶瓷也已经利用色彩对比来强调图案【图126】。[29]因此，当人们对大件青花瓷器的需求增长时，景德镇的陶工也许借鉴了漆器和带有类似装饰的其他材质的器物，在这些器物上，瓣状开光和色彩对比已经司空见惯。瓷器装饰上的这些创新在海外相当流行：现存的几乎所有由瓣状开光构成复杂纹饰的青花瓷器都是在东南亚、印度或近东发现的，其中许多被保存在伊朗阿德比尔寺（Ardebil Shrine）和土耳其托普卡帕宫的丰富收藏中。

饰有瓣状开光的中国瓷器启发近东和欧洲的陶工创造了他们自己的版本。一只出自伊兹尼克（Iznik）的奥斯曼陶碗制作于16世纪初，大致模仿了一件14世纪的中国瓷器【图156】。五条开光从边缘垂向瓷碗中央，像许多中国瓷器一样沿器口连接起来。该细节表明，这种纹饰一定存在中国的原型，但瓣状垂饰的轮廓完全是当地的创造。每个部分由一种流行开光的三分之一构成，这种开光在近东地区用于金属器和书籍装帧【图145】。[30]因此，纹饰的布局是中国的，而细节则体现出伊斯兰特色。除了瓣状垂饰，器物上还有菱形开光交替出现，围绕着中国式母题。开光的这种组合有可能是为了创造出类似于元代瓷器图案繁密而细碎的装饰效果。

填充图案

陶工们用许多表现纹理的小图案填满了元代瓷器上的各种瓣状开光。实际上，先是在漆器上，而后是在瓷器上大量使用的划分器表的边框可能激发了工匠对使用重复图案填充框内空白的兴趣。上文中的瓷盘就是最好的例证【图125】。除水禽与莲花构成的中央图案外，围绕盘子圆边的另外六个开光中所包含的母题不尽相同，背景皆采用波浪纹，盘沿则填满另一图案。这些小型装饰元素在中国已经存在了一段时间，但它们在元代瓷器上获得了新的意义。[31]

云纹与波浪纹

波浪纹也经常出现在大件瓷盘的边缘部分【图126】。我们对波浪纹的讨论必须考虑到云纹。从秦始皇（前221—

图126 青花瓷盘，中央饰有两圈瓣状开光，元代，14世纪，直径45.8厘米，大英博物馆收藏。

图127 中国云纹图样

a: 王感墓志边饰中的瓣状花冠,唐代,693年（见图50a）。

b: 杨执一之妻墓志志盖外围边饰中作为云纹的瓣状冠,唐代,8世纪早期,采自西北历史博物馆编：《古代装饰花纹选集》,no. 55。

c: 乾陵中石板上的云纹,唐代,7世纪—8世纪,采自《考古与文物》1983年第1期,第29页,图2。

d: 北京故宫收藏唐代石板上的云纹,采自故宫博物院陈列设计组编绘：《唐代图案集》,第69页。

e: 高足瓷杯上的云纹,元代,14世纪,大英博物馆收藏。

前209在位）开始,帝王便不断追求永生。神仙能够驾云高飞,云纹于是成了秦汉时期最受喜爱的母题。早期的云纹是在长期使用的几何图案上添加了螺旋和涡卷,长沙马王堆汉代漆棺上的纹饰已经表现出这种手法【图44】。随着漆绘艺术的发展,这类带有尖角的母题变成了弧度很大的长斜线,两头仍是小涡卷纹。但如果刻在石上,长线条很难刻出,可能会破坏图案的清晰性。所以在6世纪的四神石刻【图68】中,天空是用密集的逗号形图案来表现的。另外,元晖墓志上描绘了西方白虎,在其中心处有一朵小花,一如既往地由半棕叶饰的局部构成。中心的莲花上表现了完整的棕叶,两边则为半棕叶,莲花底部也有半棕叶纹。在5世纪至6世纪,类似的半棕叶形花纹被用来替代云纹,看上去就像漫天繁花。图95中的狮子也是这样被小花包围。

就像中国纹饰中无数的其他元素一样,7世纪晚期缠枝牡丹纹的发明催生了全新的形式,也启发了云纹图案的发展。比如,王感墓志志盖上的花纹【图127a】表现了可脱离花茎,展开为一串独立花冠的新形式【图127b】。一些初唐墓志上也有同样的瓣状冠,起初附着在表现花卉的涡卷形花茎上,后来逐渐独立为云纹。图127b中的细节出自杨执一妻子的墓志志盖,刻于8世纪初。[32]石板外缘处有一排彼此独立的瓣状冠,各由两个逗号形状支撑,就像是花冠和花萼。

为使瓣状冠变成真正的云纹,工匠省略了里面的逗号形状,只采用了瓣状冠的轮廓。这种做法在7世纪末8世纪初已十分普遍。唐高宗和武则天的乾陵中的一块石板上雕刻了一排类似于上图的独立云纹,作为缠枝牡丹纹的边饰【图127c】。在同一地点还发现了雕刻在石板上的龙纹,周围环绕类似的云纹,只是更加精美【图75】。在这里,内部线条至少增加了两倍,有一处变成三根同圆心的线条。此外,几个瓣状冠被连在一起形成一条大的云纹。龙爪下的瓣状冠则向内卷起。[33]

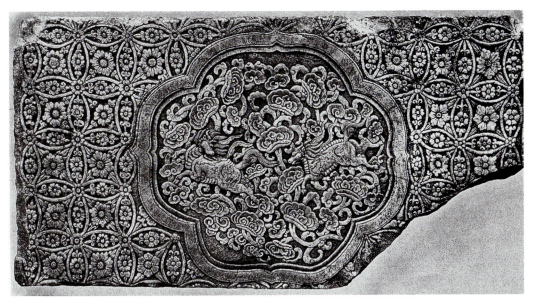

图128 元代石板，出土于北京元大都遗址，采自出土文物展览工作组编：《"文化大革命"期间出土文物（第一辑）》，第83页。

　　瓣状冠在石刻上的这种新表现十分复杂。更常见的情况是将一些灵芝状的花冠堆叠起来表示浓云，比如故宫博物院所藏的一件石质雕刻【图127d】。层叠的灵芝在接下来的几个世纪中成为云纹的定式。云是神仙的座驾，它的形象格外流行。瑞安慧光塔内的经匣上就刻画了团云托着波浪上方人物的场景【图118】。在山西元代广胜寺水神庙的壁画中【图139】，前景的人物被云幕包围，云幕由瓣状冠组成，边缘处稍微添加了纹理，表现出蓬松的样子。这种装饰性的云纹不同于该壁画背景中更为写实的成片云雾。自唐代以来，它一直是银器、瓷器以及其他材质器物上的装饰图案。大英博物馆收藏的一只元代高足瓷杯【图127e】就是一个很好的例子。

　　这种瓣状冠也曾被理解为一种菌类。因此，云有时被描绘为灵芝的形状，或者就是灵芝。例如，在北京元大都遗址出土的一块石板上，两只鹿的背景中就刻画了灵芝【图128】。这些植物图案保留了瓣状冠，甚至还有云纹的同心圆线条，但茎和卷须使我们将这一图案理解为植物而非云。于是，旧的母题又获得了新解读。

　　云纹的惯例也影响了波浪纹。大英博物馆所藏的一幅8

图129 佛说法绢画局部，绘有一位乘云的飞天，甘肃敦煌，唐代，8世纪，大英博物馆收藏。

图130 青瓷盘，刻有鸭子和水波图
案，宋金时期，11世纪—12世纪，
直径17.2厘米，大英博物馆收藏。

世纪的画作描绘佛说法的场景。画中有处细节表现了一位飞天乘云降至佛陀头顶华盖旁【图129】。[34]这团云主要由一排倾斜度一致的瓣状冠组成，但前方的云头翻滚扭转，表现为一正一反连接起来的两个部分。这种相连的形式就是云纹后来对波浪纹做出的主要贡献。

在源自绘画或版画的图绘，比如11世纪漆匣上乘云踏浪的戗金人物场景【图118】中，波浪被刻画得颇为写实，有规律地表现出小波峰。但在一些陶瓷装饰中，波浪的图案并未遵循这种图绘惯例，而是像云纹一样，由方向相反的瓣状冠组成。大英博物馆收藏的一件青瓷盘上表现出飞溅的波浪环绕着鸭子图案，波浪纹填满了狭窄的盘边【图130】。

元代的波浪纹后来用在了伊兹尼克的奥斯曼陶瓷上。然而，陶工误解或故意改变了波浪纹的模式，因为后者的装饰效果表现出奇特的差异性【图171】。[35]元代瓷器上的另一种波浪纹在伊兹尼克也很流行。图125中元代瓷盘上的开光内填满了由小弧形组成的波浪纹。这些整齐的波浪纹似乎以瑞安慧光塔漆匣上的那种细致的波峰纹样为基础【图118】。这种波浪纹由清晰的平行线绘成。在后来的叙事或宗教主题的绘画中，以及一些陶瓷上，这些波浪被赋予了更加圆润的轮廓。它们同样经过了伊兹尼克陶工的重新阐释。奥斯曼陶工将景德镇瓷器中的蓝色换成红色或绿色。通过这些鲜艳的釉料，蓝色的中国式波浪纹被转换成一片明亮的色彩。[36]

毯纹与龟甲纹

当中国人开始信奉佛教，并且从中亚引入造像及其在壁龛中的正确布局时，他们似乎同时借鉴了一些小型纹饰。其中有两种图案，即相交的圆形、六边形，分别被称为毯纹、龟甲纹，在后来得到广泛使用。

当然，中国人有可能独立发明了这些简单的几何图案，未曾受到任何外来影响，然而，没有证据表明它们出现于佛教传入之前。相交的圆形可见于地中海地区，埃及新王国的底比斯陵墓中就绘有这种图形。更早之前，这类图案还作为插图出现在古代巴比伦的数学文本中。与这些母题在希腊化和罗马时期东地中海建筑和碎石铺面中的广泛使用相比，它们的来源显得并不重要。帕提亚人也在建筑中使用了同样的图案，伊朗哈贾山（Kuh-i Khwaja）和伊拉克底格里斯河沿岸的塞琉西亚都发现了保存在灰泥上的例证。[37]哈特拉的石像身着装饰华丽的纺织品，短袍和裤子就饰有相交圆形。鉴于这种图案在中国最早的实例之一出现于一座5世纪初的敦煌石窟内对纺织品的描绘中，这一母题有可能最初是通过纺织品而非建筑装饰传入中国的。保存在正仓院的织物残片以及绘画中对服装的描绘表明，圆形在纺织品中一直很普遍。[38]

在宋金时期，毯纹被纳入木雕纹饰的母题库，此后更为常见。12、13世纪的墓葬中表现了木构建筑的细节，其中包括饰有相交圆形的门。[39]在北京元大都遗址的浮雕上，精美的毯纹围绕着鹿和灵芝【图128】。各部分中复杂的小型圆花饰类似于时间早得多的近东纹样，例如巴尔米拉的装饰图案。

尽管这种纹饰广泛应用于建筑中，它仍是一种重要的纺织品图案。在日本，该图案流行于各种材质的器物。为了迎合他们的趣味，景德镇销往日本的瓷器上也采用了这类图案。

在近东的希腊化和帕提亚建筑中，六边形与相交圆形一同出现。[40]而在远东，六边形像圆形图案一样，似乎与纺织品关系密切。波士顿美术馆收藏的一件6世纪的棺床上刻有六边形边饰，可能就借鉴了纺织品图案。每个六边形内站立着一只动物或鸟。一件从中亚或伊朗出口到朝鲜半岛的银器上也有非常类似的图案，暗示出纹饰与纺织品镶边

图131 铜镜,饰有龟甲纹,辽代,10世纪—11世纪,直径16厘米,大英博物馆收藏。

的关联。[41]因此,这类图案可能模仿了带有贴花装饰的纺织品,比如哈特拉的肖像上雕刻的纹样,以及一些敦煌泥塑上模仿的图案。[42]正仓院保存的织物证明该母题在唐代丝织品中较为普遍。我们可以推断,这一母题在接下来的几个世纪继续存在于纺织品中。

一面可能制作于辽宁的辽代铜镜似乎模仿了纺织品【图131】。饰有浮雕牡丹图案的背景中,填满了龟甲纹。辽宁出土的另一面铜镜上也有圆形组成的装饰区域。[43]一旦纺织品纹样被用来装饰青铜器,铸造者便得心应手地不断使用这类图案。而后,龟甲纹被用作青铜器的背景图案,重现铸造精良的古代礼器纹饰的感觉,而不是再现准确的细节。像毯纹一样,龟甲纹在宋金时期似乎进入了木构建筑纹饰的题材库。[44]同样地,它们也用于装饰销往日本的瓷器。

古典涡卷纹和回纹

古典涡卷纹指的是一种线条宽度固定的涡卷纹。半棕叶涡卷纹中有叶纹,而这种涡卷纹中则填满了卷须。元代陶瓷中可见一些相关实例【图86、图114、图116、图155】。通过与半棕叶饰的比较可知，古典涡卷不过是将第二章中讨论的叶饰加以抽象的结果。半棕叶涡卷纹起伏的茎部作为一种十分灵活的框架，适用于各种目的，可填满大大小小的叶片、云朵或花卉。有时，叶片会被简化为半抽象的线条。工匠常常采用这种形式，也许是为了避免明确表现植物图案。因此，图63a中的定窑瓷盘盘口边饰上有简化为抽象图案的小涡卷叶纹。人们常给波浪纹中简化的叶片添加线条，或给线条加上褶边，使简单的边饰更加活泼。如果这类图案用优雅的细线绘成，就会出现元代瓷器中的古典涡卷纹【图155】。在一些瓷器上，经过调整的涡卷纹构成了繁密的背景，但元朝覆灭后，这种形式未能延续下来。

希腊回纹有时被称为key-fret。就像前述相交圆形的毬纹一样，回纹在东地中海地区十分普遍，大量见于希腊和希腊化建筑及壁画中，并作为佛教石窟装饰的一部分传入中国。回纹在敦煌石窟中格外多见，足以证明这类图案从唐代到元代的持续发展。[45]唐代崔祐甫的墓志上就出现了回纹，图53展示了石板上华丽的缠枝牡丹纹。

回纹的流行经历了几个不同阶段。13世纪以来，它大量出现在陶瓷装饰上。磁州窑瓷器上凸出的边饰被用来界定主要人物的开光轮廓及花卉装饰。[46]在青花瓷上，回纹则以均匀的细线刻画，也因此接近于同时期青铜铸造中的精细线条。

出于对繁密背景图案和抽象细边饰的兴趣，工匠们似乎已经转向其他材料寻求新的图案。早期中国铠甲上的皮质部分有一种呈相连的YS形的表面纹理，见于13世纪的漆器和瓷器上。同样，菱格状装饰在中国和日本都被借用来装点陶瓷和纺织品。13世纪以来，这些装饰母题也被近东地区所采用，留下了中国和伊朗发生接触的最早痕迹，这种接触将在14和15世纪产生更为显著的影响。[47]

【1】莲座的奇特花瓣无法解释，除非在平行的花瓣边饰中，后者的形式借用了西方对线脚的发展，见Max Loehr, "The Fate of Ornament in Chinese Art," p.15.

【2】最早的莲瓣图案包括一只西晋时期（265–316）鸡首壶上的装饰，Masahiko Sato *Chinese Ceramics*, p. 45, fig. 65.

【3】《文物》1972年第8期，第39–51页。

【4】定窑瓷碗和元代瓷盘上三瓣小花之间的类似性是最明确的证据之一，证明陶工在这两种不同器皿的制作中共用了装饰图案。在帖木儿时期，极为类似的图案在伊朗开始出现 —— 第五章中讨论的中国风绘画就结合了类似形式：柏林国家图书馆的一个实例值得注意。将鸳鸯加入莲花图案的做法也早在定窑瓷器上就出现了。

【5】边缘扁平的莲花形银盘不太常见，但也出土了典型的例子，见Terukazu Akiyama *et al.*, *Arts of China*, pl. 170. 关于对同类匣子形式的讨论，见Jessica Rawson, "Song Silver and its connexions with Ceramics." pp. 18–23.

【6】在附录部分出自希腊佩拉的一幅镶嵌画中，产生波浪效果的S形涡卷被视为边饰（图207）。同类纹饰进入中国与云冈5世纪石窟中对棕叶涡卷的大量使用同时。波浪纹边饰出现在司马金龙墓石床榻底部，以及同出于该墓的漆绘残片上画的一个小座上，见出土文物展览工作组编：《"文化大革命"期间出土文物（第一辑）》，第143–144页。

【7】《中國石窟·敦煌莫高窟》，卷3，图版61、139、155。

【8】冯汉骥：《前蜀王建墓发掘报告》，图39。

【9】《文物》1975年第12期，第26–36页。

【10】《文物》1983年第1期，第45–63页；《考古》1959年第5期，第227页，图版5、6；《文物》1961年第11期，第53–60页；《考古》1965年第7期，第352–356页，图版7–8；《文物》1979年第2期，第74–78页；《文物》1979年第8期，第1–25页；《考古与文物》1983年第6期，第32–39页。同类形状也用于瓦当和滴水，见《考古》1977年第6期，第422–426页，图2。

【11】比较图117a、图117b中弧线形口沿的开口形状。

【12】在银质容器上发现了类似形状，见《考古》1961年第6期，第302–315页。

【13】有关插图中故事的讨论，参见Yutaka Mino, *Freedom of Clay and Brush through Seven Centuries in Northern China*，p. 146. 在适合叙事性描绘的地方，如铜镜上（Terukazu Akiyama *et al.*, *Arts of China*, pl. 128），或通过绘画表现装饰母题的地方，如正仓院所藏的琵琶上（《正倉院寶物》，南部，nos 98–99）人物场景是作为装饰之用的。尽管理论上有大量叙事性图绘的实例可为陶工所用，在宋代晚期或元以前，这些描绘似乎影响不大。尤其是瓣状边框或瓣状涡卷纹饰的运用表明，其来源为建筑或漆器，而非平面的绘画或印刷图绘。

【14】《文物》1973年第1期，第48–58页，图8。

【15】商务印书馆编辑部：《辞源》，北京：商务印书馆，1979年，第736页。

【16】节杖的杖首也会用层叠的云朵图案来描绘富有神力的灵芝形状，即"灵芝"的形状。

【17】在敦煌可以见到相关实例，《中國石窟·敦煌莫高窟》，卷4，图版43、47、163。这些引文指的都是身披铠甲的卫士形象。明清时期，身披铠甲的卫士肩上也出现了类似图案。这一现象符合刘新园提出的看法，即这一陶瓷装饰母题源自官员或助手的衣领形状，见Liu Xinyuan, "The Unique Decorative Patterns of Yuan Blue and White."

【18】Ann Paludan, "Some Foreigners in the Spirit Roads of the Northern Song Imperial Tombs," *Oriental Art* XXIX, 4 (Winter 1983/4), pp. 377-388, figs 3, 17.

【19】山西省晋祠文物保管所：《晋祠》，北京：文物出版社，1981年，图版44；山西省古建保护研究所、山西省应县木塔保管所编：《应县木塔》，北京：文物出版社，1980年，图132–139。

【20】Schuyler Cammann, "The Symbolism of the Cloud Collar Motif," *Art Bulletin*, 1951, pp. 1-9.

【21】Liu Xinyuan, "The Unique Decorative Patterns of Yuan Blue and White," pp. 2-3; 商务印书馆编辑部：《辞源》，第3、328页。

【22】出土文物展览工作组编：《"文化大革命"期间出土文物（第一辑）》，第130页。"云肩"常与女性相提并论的这种情况有些奇怪，因为这个例子显然与男性相关。

【23】全图见《文物》1982年第11期，第15–27页，图13。这类装饰广泛应用于佛教语境；关于对佛教华盖的讨论，见Jessica Rawson, "The Lotus and the Dragon, Sources of Chinese Ornament," *Orientations*, Nov. 1984, pp. 22-36.

【24】巴兹尔·格雷（Basil Gray）关注了朝鲜半岛器物，见Basil Gray, "The Export of Chinese Porcelain to the Islamic World: Some Reflections on Its Significance for Islamic Art before 1400," *Transactions of the Oriental Ceramic Society*, 41 (1975-7), p. 239. 他的观点不同于麦德雷（Medley），后者认为元代瓷盘上的括号形轮廓以及瓣状尖形开光来源于伊斯兰金属器皿，见Margaret Medley, *Metalwork and Chinese Ceramics*, Percival David Foundation Monographs 2, London,1972, p. 13.

【25】Ellen. S. Smart, "Fourteenth Century Chinese Porcelain from a Tughlaq Palace in Delhi," *Transactions of the Oriental Ceramic*

Society, 41 (1975–1976), pp. 199-230, pls 77c, 79a, 84e, 85b, c.

【26】麦德雷认为中国开光图案受伊斯兰器物影响并以其为原型，见Margaret Medley, *Metalwork and Chinese Ceramics;* Margaret Medley, "Chinese Ceramics and Islamic Design," in William Watson ed.,*The Westward Influence of the Chinese Arts from the 14th to the 18th Century, Colloquies on Art and Archaeology in Asia,* 3, London,1973, pp. 1-10. 富克斯（Fux）则持相反意见，将瓣状尖形开光的使用追溯至远东，见Herbert Fux, "Chinesiche Medaillonformen in der Islamischen Kunst," in Oktay Aslanapa, Rudolf Naumann eds., *Forschungen Zur Kunst Asiens, In Memoriam Kurt Erdmann,* Istanbul, 1969, pp. 278-300.

【27】许多瓷器形模仿了银器原型，见 Jessica Rawson, "Song Silver and its connexions with Ceramics."

【28】用瓷器仿造青铜礼器的做法，比如大维德中国艺术基金会（Percival David Foundation of Chinese Art）所收藏的有纪年的瓷瓶，为瓷器装饰的组织做了重要贡献，见Margaret Medley, *The Chinese Potter,* fig. 131. 在中国，青铜装饰遵循古老的传统，在容器上细细分层。瓷盘上的同心圆纹饰形成了环状图式，与礼器纹饰的垂直布局同时出现。

【29】除上文讨论过的磁州窑瓷枕外（图119），一件三彩枕与元青花装饰形成了有趣的对比，见《文物》1981年第1期，第81–82页，图版1：2。这件三彩枕上有一处菱形开光和四条圆形开光，背景都是古典的涡卷纹。陶枕可能是某材质更昂贵的原物的替代品，原物也许是漆器。类似器物可能为托普卡帕宫梅瓶（图116）和图125中瓷盘上的开光以及古典涡卷纹背景提供了原型。

【30】雷比（Raby）也认为屈塔希亚的亚伯拉罕陶上所用纹饰的某些细节源自伊斯兰金属器皿，见Julian Raby and Ünsal Yücel, "Blue and White, Celadon and Whiteware: Iznik's Debt to China," pp. 38-48.

【31】关于这些小图案的完整图例以及它们的西方来源，见Yasushi Egami, *Nippon aya no genryū,* Tokyo, 1983；晚期绘制于漆器上的完整图例，见吴凤培：《明代雕漆器锦地纹之研究》（上、下），《故宫季刊》15卷第3、4期，1981年，第45–104、15–86页。

【32】西北历史博物馆编：《古代装饰花纹选集》，图55。

【33】《考古与文物》1983年第1期，第28–31页，图1、2。

【34】Roderick Whitfield, *The Art of Central Asia: The Stein Collection in the British Museum,* Tokyo, 1982, vol. 1, pl. 7.

【35】有关中国瓷器与伊兹尼克陶器的关系，见John A. Pope, "Chinese Influence on Iznik Pottery: A Re-examination of an Old Problem," in Richard Ettinghausen ed., *Islamic Art in the Metropolitan Museum of Art,* New York, 1972, pp. 124-139.

【36】Arthur Lane, *Later Islamic Pottery,* London, 1957, pl. 35a.

【37】见图191c；Daniel Schlumberger, *L'Orient Hellénisé,* fig. 25, p. 93; Malcolm A. R. Colledge, *Parthian Art,* fig. 34.

【38】Yasushi Egami, *Nippon aya no genryū,* figs 13, 19-21.

【39】《文物》1983年第8期，第13–24页，图18、19、24。

【40】Daniel Schlumberger, *L'Orient Hellénisé,* p. 94.

【41】C. T. Loo, *An Exhibition of Chinese Stone Sculptures,* New York, 1940, pl. XXVII; Roger Goepper and Roderick Whitfield, *Treasures from Korea,* no. 85. 比较《文物》1972年第2期，第54–60页，图6；《文物》1984年第6期，第46–56页，图34–38。

【42】饰有菱形而非六边形的同类织物，见于敦煌427窟的菩萨像，《中國石窟·敦煌莫高窟》，卷2，图版51。

【43】Yasushi Egami, *Nippon aya no genryū,* fig. 17.

【44】《文物》1979年第8期，第1–17页，图26。

【45】《中國石窟·敦煌莫高窟》，卷3，图版131；卷4，图版143；卷5，图版7、103、129。

【46】Jan Wirgin, "Sung Ceramic Designs," p. 47: h, k, pl. 50: h；《世界陶瓷全集13 遼·金·元》，图156。

【47】关于盔甲图案的早期实例，见敦煌绢画中描绘的人物，见Roderick Whitfield, *The Art of Central Asia,* vol. 2, pls. 15, 16. 洛阳的一座宋墓中发现了菱格纹，《文物》1983年第8期，第24页，图50。可见学者以维多利亚和艾伯特博物馆的藏品为例的讨论，见A. S. Melikian-Chirvani, *Islamic Metalwork from the Iranian World, 8th–18th centuries,* Victoria and Albert Museum Catalogue, London, 1982, fig. 57, no. 108; *The Arts of Islam,* exh. cat. Hayward Gallery, The Arts Council of Great Britain, London, 8 April–4 July 1976, no. 199.

第五章
伊朗和土耳其
艺术中的中国母题

随着13世纪蒙古人的征服，近东大部分地区的绘画风格和装饰有了变化，甚至因中国母题和绘画风格传入伊朗而发生了明显转变。在蒙古统治下，中国和伊朗版图相连。实际上，在半个多世纪里，伊朗的蒙古统治者伊儿汗国最终臣服于先后定都蒙古哈拉和林（Karakorum）和中国的大可汗。像他们在中国北方的先辈——创建辽代的契丹人和建立金朝的女真人——一样，蒙古人似乎也为中国的物质财富所吸引，接受了汉人的服饰、家具和精致的银器、漆器与瓷器。这些中国的奢侈品有可能是开始流行于伊朗的中国母题的来源。尽管这一新的母题库中反复出现前几章中提及的花卉和动物母题，这些伊朗纹样和后来的土耳其纹样不可能被错认为中国样式。中国母题的引入催生了一系列发明，将这些母题转化为几乎难以辨识的新图案。本章将首先概述从蒙古统治到16世纪中期促进中国绘画风格和装饰母题传播的重要政治变迁，然后分别讨论受中国纹样启发的动物、花卉和边框图案的历史。[1]

就在蒙古人入侵之前，伊朗西部和安纳托利亚处在几个小王朝的统治之下，这些统治者是从中亚进入伊朗地区的塞尔柱（Seljuk）突厥人的继任者。伊朗东部和中亚西部形成了花剌子模帝国。13世纪时，中亚和西亚地区的和平受到威胁，政权被蒙古人所推翻。由成吉思汗领导的战争令人敬畏，极富传奇色彩。他在蒙古和草原地区取得胜利后，先转向了中国，而不是西亚。待其中国北部边境的统治得以巩固后，他又攻打了中亚东部的一支汉化的契丹人——西辽，然后是花剌子模帝国。伊朗东部城市无力阻挡蒙古人，因而彻底覆灭。但成吉思汗到达印度边境后撤回到中亚草原，由他的儿子和孙子占领中国及伊拉克，巩固了他的战果。[2]

西亚的命运掌握在成吉思汗的继承人手中。大可汗的称号和地位先传给了成吉思汗的第三子窝阔台（Ögedei），窝阔台死后由他侄孙蒙哥（Möngke）继位，蒙哥则派遣自己的兄弟旭烈兀（Hülegü）去征服西方。旭烈兀先控制了阿姆河以南的地区，然后在1258年攻陷了阿巴斯哈里发（Abbasid Caliphs）的首都巴格达。蒙古人在伊朗北方的都城实行统治，先是在马拉盖（Maragha），后来在大不里士（Tabriz）。他们的统治被称为伊儿汗王朝，在13世纪的大部分时间里，他们在蒙古帝国的掌控下实行统治。伊儿汗王朝当时并未信仰伊斯兰教，而是扶持基督教和佛教。后来信奉伊斯兰教的信徒则极力压制一切佛教信仰。然而，在苏丹尼耶（Sultaniyya）附近出土的礼佛精舍毗诃罗（vihara）中发现了一条极具中国特色的龙纹，可以推测，在蒙古统治早期，类似的佛教遗迹在伊朗十分普遍。[3]对佛教的支持可能是中国和其他东亚影响进入伊朗的渠道之一。

1295年，继承伊儿汗国王位的合赞（Ghazan）开始信奉伊斯兰教，不再效忠大可汗。1335年，伊儿汗国分裂为南北两部分，札剌亦儿（Jalairids）在大不里士统治北方，因由斯（Injüs）和莫拉法尔（Muzaffarids）先后统治南方。14世纪下半叶，巴鲁剌思氏（Barlas）突厥人——帖木儿（Timur）的一系列征服形成了新的威胁，帖木儿的都城位于撒马尔罕（Samarkand），在今天中亚的乌兹别克斯坦境内。帖木儿不止一次侵略了伊朗和伊拉克，1398年甚至进攻至印度河岸。本书所涉及的帖木儿之后的统治时期与他的儿孙有关，他的儿子沙·哈鲁（Shah Rukh）掌管赫拉特（Herat）和大不里士，侄子苏丹依斯干达（Iskandar

Sultan）管辖设拉子（Shiraz），而他的孙子兀鲁·伯（Ulugh Beg）先后统治了赫拉特和撒马尔罕。这些统治者值得注意，因为在一个对一切中国事物重新发生兴趣的时代中，他们是伟大的艺术赞助人。明代的皇帝和帖木儿王朝互派了不少使节。1407年，沙·哈鲁将1397年被帖木儿扣留的明朝使节送回中国，新的使节于1413年和1414年抵达赫拉特。1420年，大批使节被派遣到明朝。正如巴兹尔·格雷（Basil Gray）所指出的，15世纪初，对中国风格的第二波热情在伊朗发展起来了。[4]

土库曼游牧部落的侵袭扰乱了帖木儿王朝的统治。先是黑羊王朝（Qaraqoyunlu）在首领杰汗·沙赫（Jahan Shah）的指挥下入侵了赫拉特。杰汗·沙赫死后，白羊王朝（Aqqoyunlu）攫取了统治权。1501年，王位由伊斯玛仪一世（Shah Isma' il）继承，他是萨法维王朝（Safavids）的第一位统治者。与此同时，奥斯曼土耳其部落在安纳托利亚站稳了脚跟。1324年，他们从拜占庭人手里夺取了布尔萨（Bursa），控制了巴尔干半岛，并于1453年攻陷君士坦丁堡。在1514年的查尔迪兰（Çaldiran）战役中，萨法维王朝战败，叙利亚和埃及于1517年被奥斯曼人占领。

奥斯曼人借鉴了伊朗人用于装饰书籍插图、陶瓷、纺织品和金属器皿的大量母题。在取得查尔迪兰战役的胜利后，他们攻下了大不里士，俘虏伊朗工匠，掠夺艺术品，加快了整个借鉴过程。这一事件以及接下来在伊朗的战争使土耳其接受了已在伊朗扎根的中国绘画风格和装饰母题。

伊儿汗国统治下的装饰与绘画

13世纪晚期和14世纪初期，中国动物和花卉母题出现在近东的陶砖、金属器和陶瓷上，而中国样式的树木、植物和风景也被用于在伊朗绘制的蒙古绘画中。对中国图案的这类早期演绎相当准确地再现了其原型的某些方面，它们很可能

图132 伊斯兰陶砖，十字及星状模印图
案，蓝釉底贴金长茎莲花纹，伊朗，13世
纪，宽19.8厘米，大英博物馆收藏。

模仿了从中国进口的，或来自蒙古和中亚地区并受中国风格
影响的器物。中国母题和风格也有可能通过受雇于哈拉和林
以及马拉盖蒙古宫廷的中国人及其他东亚工匠得以传播。[5]

在伊朗，现存最早使用中国母题的一个例子是蓝
釉底贴金长茎莲花纹陶纹。在塔赫特·苏莱曼（Takht-i
Sulayman），为伊儿汗阿巴哈（Il-Khan Abaqa）（1265—
1281）建造的狩猎行宫内出土了与图132中陶砖类似的样
本。[6]尽管莲花母题以及金色与暗色底的对比都源自中国，
描绘莲花的手法却有很大差异。在这里，两朵莲花生在长长
的、有小尖叶的莲茎上。莲花在中国或表现为写实的形象，
有卷起的大莲叶，如图111中的定窑瓷盘，或与源自棕叶饰
的莲叶一同被纳入缠枝纹中【图66】。本图中长茎与尖叶的
结合在中国被用于牡丹纹饰，而不是莲花。另外，中国的龙
凤母题大量出现在较晚期的彩釉陶砖上。[7]

一件14世纪初的伊朗铜盆的纹饰中也绘有类似动物，
铜盆现收藏于维多利亚和艾伯特博物馆【图133】。这些图
案与11世纪辽庆陵中发现的类似母题并列出现。图133上部
的龙凤形象取自辽庆陵墓室中的装饰，下部则是伊朗铜盆
上的相同图案。[8]在两对例子中，扭曲的龙身和凤鸟的俯冲

姿态完全一致。唐、宋、金时期的许多金属器、陶瓷和纺织品上也有类似的龙凤母题。但是，它们与辽墓纹饰的比较格外有趣，因为辽代契丹人熟悉的母题有可能传播到了中国北部边境的其他人群，包括13世纪被蒙古人攻灭的西部契丹部落西辽。

在讨论源自中国的母题和绘画风格的西传时，我们不仅关注伊朗工匠对中国纹饰的直接借鉴，也关心中国传统在辽宁、蒙古和中亚的普遍使用。正如公元后最初几个世纪（第一章所讨论的时期）亚洲的不同地区模仿和改变了希腊化建筑一样，在较晚的时期，随着唐王朝拓展疆域，中国文化统治了整个东亚，中国的器物通过贸易和生产到达了长城以北和以西的许多地区。内蒙古赤峰发现的两座壁画墓中有可靠证据表明，包括蒙古人在内的北部边境居民模仿了中国的器物和风格。[9]图134展示了其中一座墓葬中的壁画。

从出土的陶瓷来看，此墓建于元代。墓葬装饰为中国式，墓室北壁表现了墓主夫妇及两侧的侍从。男性墓主坐

图133 比较辽庆陵纹饰中的龙凤图案和伊朗蒙古时期铜盆上的相似图案，约1300年，维多利亚和艾伯特博物馆收藏。

a、c：采自田村实造、小林行雄：《庆陵》，第201页、第92页。

b、d：采自A. S. Melikian-Chirvani, *Islamic Metalwork from the Iranian World*, no. 93.

在椅背呈马蹄形的椅子上，脚踏矮凳。他的妻子坐在椅或凳上，底部有尖形纹饰，这种纹饰在中国家具中较为典型。在男性墓主及衣饰兼具蒙汉特征的女性墓主背后，站着穿着类似服饰的侍从。除了某些稍具民族色彩的细节外，这幅壁画完全符合中国的墓葬装饰传统。汉代以来，墓葬装饰用于描绘墓主的生活，经常表现为逝者端坐于宴会或家中，有仆从随侍。根据中国北方的考古发掘可知，家居生活场景在10至12世纪的墓葬中格外流行。[10]

这类构图也见于卷轴画和墓葬装饰，其影响可追溯至伊儿汗国在伊朗制作的重要手稿。[11]14世纪初，伊儿汗国统治者合赞的宰相拉施德丁（Rashid al-Din）在都城大不里士外的拉布·拉什迪（Rab'-i Rashidi）建立了一所制作书籍的学院。在拉施德丁的管理下，一部插图本《史集》（Jami' al-Tawarikh）编撰成书，若干部抄本保存于各大城市。出自不同抄本的部分文稿得以幸存至今，包括收藏在伊斯坦布尔托普卡帕宫图书馆的书页、爱丁堡大学图书馆出版过的部分文稿，以及曾收藏在伦敦皇家亚洲学会图书馆内的一份抄本。[12]

图135的内容出自爱丁堡抄本，表现了"世界之王"（Hushang）坐在树下，身边有谋士和侍从。这一构图的某些部分让人立刻联想到赤峰元墓中的壁画。统治者坐在椅子上，椅背呈马蹄形，仆人站在他身后一步开外，这就重现了元墓中的主仆关系。爱丁堡抄本插图中的其他细节也源自中国，特别是描绘树木和其他植物的风景，以及用边框线条切过树梢的做法，暗示了在画面之外还有更为广阔的空间。

这些手稿中的许多幅插图都表现了统治者坐在华丽的宝座之上【图142d、图142e】，和许多中国墓葬壁画的主题一致，后者描绘了墓主端坐于精致的座椅之上。同时期的一些插图表现了空着的宝座，座前摆放着一具棺木，如柏林国家图书馆一部图册中的细密画所示【图136】。装饰这些宝座的龙纹顶饰、尖形轮廓、云纹或莲纹都源自中国。

　　其实，除了上文讨论过的墓室壁画，在比如绢画和寺观壁画等宗教艺术中也能见到伊朗早期蒙古绘画的某些主题和风格。这类绘画形式本身就具有部分中亚渊源。比如，伊朗细密画中许多风景细节的前身可见于敦煌佛教石窟中更早的绢画和壁画。在佛传故事和佛本生，故事的图像中出现了许多山脉、河流、树木和建筑的场景，这些内容又出现在制作于拉布拉什迪的手稿和14世纪下半叶的书稿中，后者现

图134　元宝山墓壁画，内蒙古赤峰，元代，13世纪—14世纪，采自《文物》1983年第4期，第40—46页，彩图。

图135　"世界之王"，出自拉施德丁的《史集》，伊朗大不里士，14世纪早期，爱丁堡大学图书馆收藏。

图136 哀悼场景，可能出自《列王记》中的一个情节，14世纪下半叶，柏林国家图书馆收藏。

藏于托普卡帕宫图书馆。大英博物馆所藏的一幅敦煌绢画表现了释迦牟尼在岩洞中修行的场景【图137】。该图用卷曲的岩石来表现洞窟。这一手法后来在伊朗细密画中十分普遍，用来表示风景中的山谷，其中或有统治者端坐其中【图138】，或为逃亡者的藏身之所。[13]

　　伊朗的装饰母题和绘画主题可以在中国北部地区的墓葬和寺观中找到原型【图139】，这包含了两层含义。首先，这种装饰传统在蒙古征服之前可能已广泛流行于东亚，因此蒙古制品所仿照的器物和绘画有可能源自内蒙古或中亚，以及中原。第二，我们讨论的绘画属于一种用于墓葬、宗教建筑和艺术的叙事传统，[14]它们区别于引发广泛讨论的中国文人画的风格。识别这些类型有助于解释两种母题在伊朗的流行：莲花和云带。这两种纹饰都经常出现在中国的叙事画中：莲是一种佛教象征，云带和云朵则承托着神仙和天人。

图137 佛教故事绢画，表现释迦牟尼在岩洞中修行，甘肃敦煌，唐代，9世纪，大英博物馆收藏。

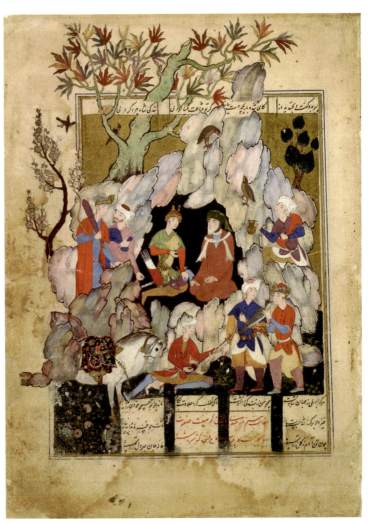

图138 王子拜访洞中圣人，出自加兹温（Qazvin），高22.5厘米，萨法维王朝，大英博物馆收藏。

事实上，单是这些母题的广泛使用就说明，中国或东亚描绘礼仪场景和叙事内容的绘画一定已为伊朗工匠所熟悉。

伊朗艺术中的中国影响在伊斯坦布尔托普卡帕宫图书馆四部图册的细密画中表现得格外明显。普鲁士外交官海因里希·弗里德里希·冯·迪茨（Heinrich Friedrich von Diez）于1784年至1791年驻伊斯坦布尔期间在当地购买了一系列相关图册，其中就包括图136所示的细密画。这些图册现藏于柏林国家图书馆。[15]有观点认为，图册中的所有材料是随着1514年苏丹谢里姆（Sultan Selim）在查尔迪兰战役中击败波斯人而到达土耳其的。除了醒目的大幅细密画和各种书法以外，图册内还有一些中式主题的墨笔速写，包括莲花、鸭子以及麒麟与龙等中国神话动物的图案【图162、图163】。部分图案似乎直接模仿了中国原型，但大

图139 广胜寺水神庙壁画中的明皇幸蜀场景，山西洪洞，元代，14世纪早期，采自《文物》1981年第5期，第86—91页，图版1。

多数则是由中国母题拼凑而成。[16]这类想象性的拼凑也许可以称为"中国风"。

边框和开光

边框和开光轮廓与前文谈论《史集》时提到的家具装饰有关。按照传统观点，边框精美、带圆形和尖形瓣状纹的门窗同伊斯兰世界有关。因此，如果我们说结合了瓣状和尖形的边框与开光的广泛使用在很大程度上归因于中国纹样的启发，这可能有些言过其实。但正如第四章中所述，这种样式在中国历史悠久，所以，在伊朗和土耳其发现的瓣状边框和中国使用的开光之间的关系似乎是个值得讨论的问题。

早在蒙古人入侵之前，所有的伊斯兰国家都在使用不带尖形的瓣状开光。这些开光起源于扭索状装饰，即附录中描述的一种古老的近东母题。公元前1450年左右的壁画上发现了一些早期实例【图190】。该母题最初由一连串的螺旋形两两相对构成，也像两股绳拧在一起的图案。理论上若绳子的扭结越松，每个圆形图案的内部空间就越大。这种边框曾用于镶嵌画以及在罗马和拜占庭统治下的地中海国家的天花板图案。随着伊斯兰教的兴起，这些装饰空间有时会呈现为多瓣形。[17]大英博物馆所藏的一件1232年的铜壶上的纹饰布局十分典型，以小圆形分割大得多的瓣状边框【图140a】。[18]所有的圆形空间都连在一起，上下边界处也有纽结。尽管壶上的背景图案显示出某种中国影响，这些圆形的布局却是典型的伊斯兰风格，而非中国图案。

然而，甚至在蒙古人入侵之前，这种布局已经发生了一些变化。有时，顶部和底部的瓣状纹被扭得很紧，产生了小尖形。有时，开光彼此分离。这些发展可能是伊朗或美索不达米亚创造的变体，没有借鉴任何域外纹饰。11和12世纪以来，平底尖顶的小开光出现在母题库中。大英博物馆收藏的一只出自伊朗东部的铜桶上就表现有包含人物的尖顶开光

图140 表现开光轮廓的金属镶嵌工艺
a: 铜壶上的连续瓣状开光，摩苏尔 (Mosul)，1232年，大英博物馆收藏 。
b: 铜桶上的龛状装饰，伊朗东部，13世纪，大英博物馆收藏。

【图140】。因为这类开光非常接近佛教建筑中的壁龛轮廓，这一细节有可能源自中亚、阿富汗或伊朗东部的佛教场所。它与中国家具和门上的瓣状开口同时出现【图117】。后来这种轮廓在建筑中广泛应用，被称为葱形拱。[19]

当一系列新的边框和开光随着蒙古入侵而传播时，它们被添加到已经包含了多种瓣状边框的装饰语汇中。从金属器开光上可以发现在中国纹饰基础上调整的最早痕迹。比如一面13世纪的青铜镜【图141】。该镜的波浪形花瓣模仿在伊朗铜桶上见到的尖顶壁龛的轮廓。而压缩过的高度、瓣状纹的深刻线条，以及愈加丰富的曲线则表明，现有图式已根据中国图案做出了改变【图122b】。[20]

尽管金属器可能为伊朗人了解中国边框提供了一种途径，新边框和开光的一个主要来源似乎是家具和相关器物，比如箱匣。至于当时是否真有家具进口，或者就像前文中启发了《史集》插图的那些画作【图135】一样，中国家具的仿制品和变体是否仅以绘画为依据，这就不得而知了。这类伊朗画作中的宝座和桌案可与中国壁画中的类似器物图像，以及现存几幅用于丧葬的细密画相比较。

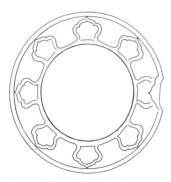

图141 铜镜上的瓣状轮廓，伊朗，13世纪，哈佛大学艺术博物馆 (Harvard Art Museum) 收藏，采自 *The Arts of Islam*, no. 201.

上文已提及"世界之王"端坐的马蹄形椅背的宝座【图135】与赤峰元墓中描绘的墓主人坐的椅子【图134】之间十

分相似。《史集》中的其他宝座包括三面有开光的平座，顶部有龙纹或凤纹尖顶饰或其他突起饰物。图136的哀悼场景中表现了类似的宝座，两侧与后背皆为瓣状轮廓。此外，还有一朵小莲花出现在顶部。这些曲线轮廓、龙凤尖顶饰和莲纹都涉及中国原型。中国的寺观壁画中也绘有同一类型的宝座。因此，《史集》中描绘的两种宝座与山西永乐宫壁画上的宝座【图142a】在此一同展示。后者两侧呈曲线形，饰

图142 中国和伊朗绘画中的宝座图像

a：永乐宫壁画中的神仙宝座，山西芮城，元代，13世纪—14世纪，采自 Kakimoto Koichi, *Erakuga Hekiga*, Tokyo, 1981, fig. 44.

b：明鲁荒王朱檀墓中的微型木宝座，山东省博物馆收藏，采自 Lawrence Sickman, "Chinese Classic Furniture," *Transactions of the Oriental Ceramic Society*, 42 (1977-8), pp. 1-23, pl. 10a.

c：《史集》细密画中嵌有饰板带的屏风或宝座，约1390年，伊斯坦布尔托普卡帕宫图书馆蔬藏，采自 Basil Gray ed., *The Arts of the Book in Central Asia 14th-16th centuries*, fig. 67.

d、e：《史集》中对开页图18和5局部，14世纪早期，爱丁堡大学图书馆收藏，采自David Talbot Rice, *The Illustrations to the 'World History' of Rashid al-Din*, pp. 75, 49.

带中有凤凰，阶梯形椅背上有凤纹尖顶饰。[21]伊朗的宝座上有龙纹尖顶饰，而且两图中有一例饰有中国风格的云纹【图142d、图142e】。[22]

上述宝座最值得关注之处在于座下、两侧及脚凳下的尖形与瓣状轮廓【图136、图142d、图142e】。这些特征可与中国的原型相比较。比如，明代鲁荒王朱檀墓中出土了一件木座椅，座位下方可以见到类似的形式【图142b】。由锯齿状和尖形线条组成的木角支撑着座位和椅足。在中国家具的座椅、台座和凳子下方，以及伊朗画作的描绘中不断出现尖形轮廓，它源自第四章所论及的用于装饰早期台座与门户的精致边框【图117】。

家具中的瓣状和括号形轮廓在桌案上表现得尤为清楚。图143提供了一组图例，前两个是微型明器，出土于山西阎德源墓（葬于1189）。其中一件长方形桌案【图143b】饰有朴素的括号形框架，用以支撑桌腿和桌面。这种形式与其下方的桌案样式同时出现，后者出自图136中的哀悼场面。其他桌案也都有更为复杂的括号形框架。图例中出自山西阎德源墓的一张木桌，由尖形底边连接桌腿【图143a】。类似的尖形轮廓可能是下方两例桌案上括号形框架的原型【图143c、图143e】，二者分别出自迪茨图册中的一幅细密画和托普卡帕宫图书馆中一部纪年为1390年的书。[23]图143f是最后一个图例，出自托普卡帕宫图书馆收藏的另一部手稿，纪年为1445年至1446年。图中桌案底部饰有尖括号和瓣状栏，侧面则有一个花框饰。如果我们比较前文图117的开口与饰带说明，所有这些括号形和开光都模仿了最早出现于中国的样式。

图142c展现了1390年抄本中的一幅细密画（其中也有中国样式的桌案）上所描绘的宝座。宝座的背面和两侧饰有瓣状开光，被框在长方形中，四角的括号形图案近似于用以支撑桌案的括号形框架。在中国，这种由长方形将瓣状开光框

图143 中国的桌案和伊朗细密画中的家具图例

a、b：金代阎德源墓出土的两件微型木桌，山西大同，12世纪晚期，高13.8和16.3厘米，采自《文物》1978年第4期，第1—13页、第9页，图18和20。

c：伊朗14世纪下半叶细密画中的桌案，出自柏林国家图书馆收藏的图录。

d：图136哀悼场景中描绘的桌案。

e：《史集》细密画中的桌案，约1390年，伊斯坦布尔托普卡帕宫图书馆收藏，采自Basil Gray ed., *The Arts of the Book in Central Asia 14th–16th centuries*, fig. 67.

f：尼扎米（Nizami）《五卷诗》（*Khamsa*）细密画中的桌案，赫拉特，1445年—1446年，伊斯坦布尔托普卡帕宫图书馆收藏，采自Norah M. Titley, *Persian Miniature Painting*, fig. 13.

在其中的布局曾用于漆匣上——比如瑞安慧光塔所藏的经匣【图118】。同类型的开光图案后来在伊斯兰书籍装饰中起到重要作用。

　　成书于1410年至1411年的文集是为帖木儿侄子苏丹依斯干达绘制的，其中一页的例子可能是多种实验的结果，被用来测试这些可能是以家具装饰为原型的尖形和瓣状纹饰的装饰功能【图144】。这一页几乎由随意安排的瓣状开光填满，每个都包含中国母题。底部的两个开光最明显：两面由直线勾边，第三面呈锯齿状的括号形，这些图案直接模仿了细密画的家具上一些更为复杂的支架轮廓。它们结合了正向的瓣状纹和反向的深凹纹，这种形式不可能来自蒙古征服之前伊朗所使用的瓣状开光。

图144 苏丹依斯干达文集中的装饰,设拉子,1410年—1411年,大英图书馆收藏。

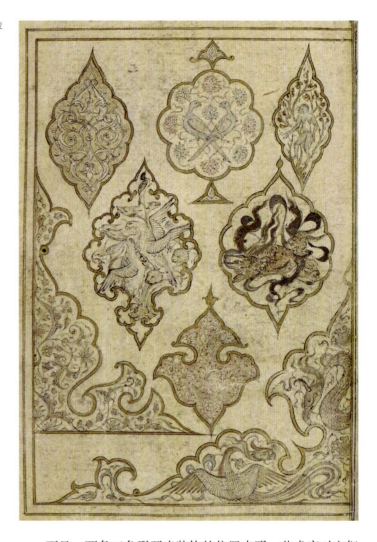

　　而且,两条三角形开光装饰的位置表明,艺术家对它们并不十分熟悉。它们不太适合页面上的长方形边框,让人觉得艺术家是从其他地方描摹或模仿了这一图案,因为不够熟悉这种语汇,无法做恰当的布局安排。其他开光装饰中有四个源自不晚于13世纪初的伊斯兰金属器上的瓣状边框。另两个开光装饰由家具或漆器上尖形纹样的局部组成,表现了切入其中的反向瓣状边框。

　　三角形和菱形边框在皮革封面的装饰中尤为流行。图145中的图例呈现了15世纪初的两种书籍封面,现保存于托普卡帕宫博物馆。上边的封面【图145a】于1407年在亚兹德(Yazd)制作,其边框装饰以类似于苏丹依斯干达文集装饰的三角形轮廓为基础；下边封面【图145c】上的外层三角形轮廓源于12和13世纪金属器上使用的壁龛形状的局部【图140b】。

　　两个封面的比较使我们注意到这种具有独特性和复杂性的形状，其轮廓也可见于家具的图绘中。这类边框轮廓上的深凹线条不仅形成了精致的边角装饰，而且在重复使用时可用于组织新的瓣状圆形空间。比如，1407年文集封面的内页中部有一个分成四瓣的小圆形空间，其中填满了细工纹饰，页面由四条三角形边框轮廓拼接而成【图145b】；苏丹依斯干达文集插图页上的一条小饰带【图144】由两个三角括号形上方的瓣状部分构成。在接下来的几个世纪中，成倍的三角括号形图案组成了大量圆形空间和边饰：在一部1566年的手稿中，一个被凤凰环绕的圆形空间表现为八角星的形状，每个角都由一对括号形组成【图146】。

　　多数位于封面中心的开光都是拉长的菱形，两个尖角和线条平缓的瓣状侧边连在一起【图145c】。在蒙古人入侵前，这种形式已出现在金属器上。像苏丹依斯干达文集中更具异域色彩的装饰一样，许多这种地方性的边框中填充了中国动物母题——龙和凤。实际上，在瓣状开光内持续使用中国动物母题的做法也许表明，这些装饰被视为一种中国风的重要元素。而且，当开光与透雕工艺相结合时，比如封面装饰，似乎再现了中国漆匣上的装饰效果【图118】。这再次暗示某种中国样本可能启发了它们的制作。

　　除封面和家具以外，建筑、华盖、帐篷和服装上也有各种瓣状开光。[24]许多蒙古细密画表现了人物身披中式云肩。云肩内常布满中国的人物、龙凤和花卉母题。大多数纺织品已不复存在，但瓣状圆形空间在地毯上的使用可能反映出用于华盖和帐篷的装饰结构，比如维多利亚和艾伯特博物馆收藏的阿德比尔地毯（通常断代为1539年）。

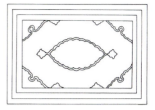

a

b

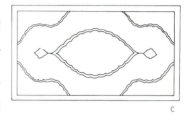

c

图145　书籍皮革封面上的瓣状装饰
a: 文集封面，亚兹德，1407年，伊斯坦布尔托普卡帕宫图书馆收藏，采自Basil Gray ed., *The Arts of the Book in Central Asia 14th–16th centuries*, fig. 33.
b: 同一封面上由细工装饰填充的纹章形图案，采自 Basil Gray ed., *The Arts of the Book in Central Asia 14th–16th centuries*, fig. 32.
c: 艾萨尔（Assar）的《太阳与朱庇特》（*Mihr u Mushtari*）一书封面，大不里士，1482年—1483年，伊斯坦布尔托普卡帕宫图书馆收藏，采自Basil Gray ed., *The Arts of the Book in Central Asia 14th–16th centuries*, fig. 50.

云纹

细密画和陶瓷、地毯、封面装饰中的云纹长期以来被视为中国母题，[25]但同上文讨论过的所有其他图案一样，这些云纹在伊朗经过了细微的改变。事实上，有些飘动的云带和中国漆匣与瓷器上的云纹已无相似之处【图127】。上文已详细讨论过中国的云纹，其灵芝状的轮廓借鉴了基于棕叶饰的花卉纹样【图127a】。这些孤立的圆形云缕重新出现在伊朗和土耳其，尤其多见于插图和细密画中【图146】。然而，云纹也会以另外两种同样重要的形式出现：或堆在一起形成大的云层，传说中的英雄或宗教人物可以腾云驾雾，或拉伸为卷曲的长带。

云层和云带的确是两个不同的母题，但即使在中国，它们有时也会同时出现。云层从叙事画中发展而来，并非装饰。在中国，这样的云层总是与有神力的人物联系在一起。比如，云层出现在敦煌的一幅唐代绢画上【图129】，作为神仙的座驾；它也出现在描绘神仙渡海的图像中【图118】，以

图146 萨迪（Sa'di）的《诗作全集》（Kulliyyat）中的纹章形图案和凤凰，设拉子风格，1566年，大英图书馆收藏。

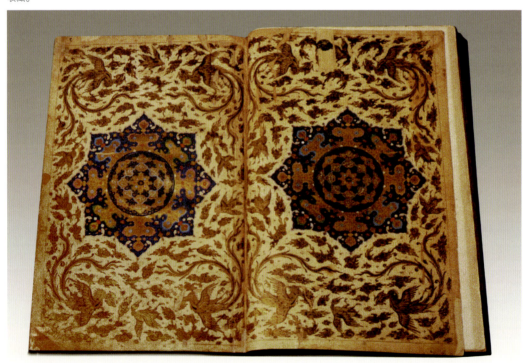

及元代水神庙的壁画里【图139】。伊朗描绘英雄或先知驾
云飞行的类似手法一定直接借鉴了中国的叙事场景。[26]

　　有时，这些云层后面还拖着一条云带，云带本不是云
层的一部分，而仅是一根带状装饰。带状装饰在中国普遍
用作菩萨像的飘带。当这一图样于5世纪初开始出现时，
它就像佛教艺术中的许多其他因素一样，借鉴了近东的样
本。[27]5世纪以来，飘带始终是佛教人物服饰上反复出现的
元素，但类似形式也用于表示其他系带的器物，比如图147
中唐代绢画局部图中的鼓。[28]这些鼓似乎从天而降，落下时
飘带翻飞——因此展现出完整的宽度和飘带翻转时的窄边。
尽管这类带状装饰在中国通常与云层不同，立于云端的菩
萨飘带仍可能与云相混淆。敦煌地区一座元代石窟中的一
处细节就有这种情况【图148】。神仙驾着祥云，飘带翻
卷，绕在他肩头。他身后还有一条横向的长云带，状如织
物。云层和飘带的这种结合同样出现在伊斯兰细密画中，
独立的云带和火焰带正是由此而来。

　　到15世纪初，云带经调整后用于抄本装饰。图像来源可
能是叙事画中英雄或神仙所乘的云。在苏丹依斯干达的文集
中，云上的人物被压缩到文字周围的边饰部分【图149】。
制作这部文集和现收藏于里斯本的类似插图文集的工匠们采
用了同样的细节来描绘云朵和岩石的边缘，结果云看起来比
较密实——甚至很像岩石。在文集的其他插图中有中国式的
带状装饰，比如图151表现的书页中缠绕在龙身上的细带。

　　大致在同一时期，云带成为单纯的装饰，脱离了叙事
画中的云层。1431年制作于亚兹德的一部回鹘文察合台诗集
就是标准的例子，现收藏于大英图书馆【图150】。带有尖
端的细带和蓬松的瓣状云一同出现在图案的两个边角处。边
角内有硕大的瓣状冠，每条饰带中还包括两个瓣状。这种
云带很容易随可用空间或艺术家的创新而改变。阿德比尔地
毯边缘处有简洁的小云带【图159】。在图146中的圆形空间

图147 阿弥陀净土绢画残片，甘肃敦煌，唐代，8世纪—9世纪，大英博物馆收藏。

图148 莫高窟第3窟壁画局部，绘有飞天乘云，后飘一条云带，甘肃敦煌，元代，采自中国旅游出版社编：《敦煌飞天》，北京：中国旅游出版社，1980年。

图149 苏丹侬斯干达文集边饰彩绘中的人物与云纹，设拉子，1410年—1411年，大英图书馆收藏。

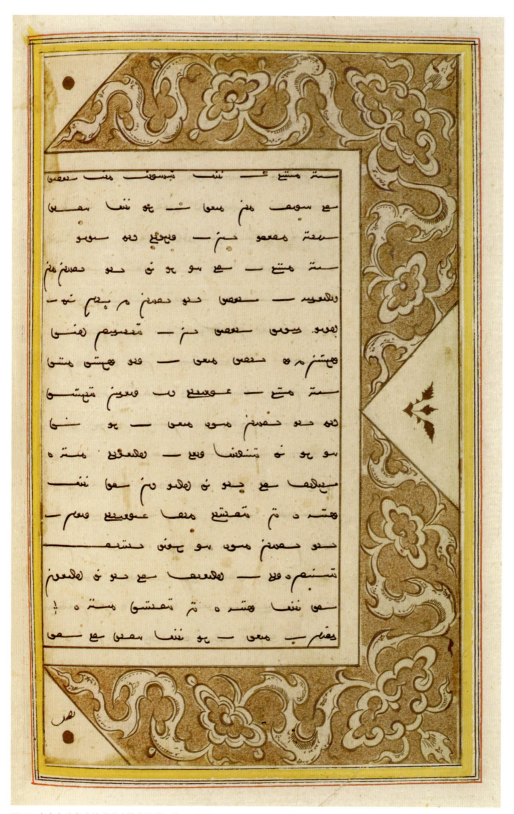

图150 察合台诗集边饰彩绘中的装饰性云带，亚兹德，1431年，大英图书馆收藏。

内，云带是不同颜色的区域之间的界限，它们共同形成
了这一复杂圆形空间的瓣状轮廓。一般说来，云带是连
接分散的装饰图案的便捷手法。云带的流行与长期使用
的部分原因，可能是它为大型花卉设计增添了流畅的线
性韵律。

动物图案

在伊斯兰纹饰中，龙、凤、鹿和狮等中国的动物母题出
现在两种不同的背景里。成对的动物填充瓣状圆框，树石风
景中的鸟兽则用于抄本装饰。[29]这两种装饰形式吸收了不同
的中国装饰传统，即限定于空间内的成对动物【图85】和后
来更为复杂的构图，表现庭园风景中的动物场景【图90】。

前文已提及括号形和瓣状边框与其中的动物之间的联
系。伊朗人持续使用这一组合，15世纪初以来尤其如此，这
类图案似乎有可能基于中国原型。原型的性质不得而知，但
有些图案可能源自纺织物，后者可能也提供了服装、华盖或
帐篷装饰的样本。然而，瓣状圆框中的成对动物在书籍封面
上也十分常见，这种手法在纺织品中似乎难以找到原型。更
可能是皮革封面模仿了其他使用中国图案的皮革制品，或者
借鉴了漆匣或包括金属在内的其他材质箱匣上的装饰。皮革
和漆似乎未能保存，但居住在东亚的游牧民族可能确实拥有
这两种材质的器物。他们适应了游牧生活，必然会广泛使用
皮革；运输财产时一定也常用箱匣。形状上与日本所藏的中
国经匣相似的匣盒出现在辽墓壁画中。[30]如果契丹部落使用
这类容器，那么后来居住在同一地区的其他人群有可能也会
这样做。蒙古人熟悉中国的匣盒或其仿制品，也许因此学会
了运用开光边框中包含动物的装饰组合。

填充文本页边的风景中的动物纹饰肯定有不同的来源。
中国动物用作边饰图案的最早实例出现在帖木儿王朝的抄
本中。在苏丹依斯干达的文集里，开光内的动物【图144】

图151 苏丹依斯干达文集边饰彩绘中缠绕带子的龙与豹，设拉子，1410年—1411年，大英图书馆收藏。

不同于页边的龙、凤或其他动物【图151】，它们被巧妙地
安排在瓣状轮廓内，页边装饰则突破了既定空间的限制。比
如，图151中的龙占据了页面下方的边缘并向右上方延伸。
龙身被文字切断，这就暗示观者：龙是更大的布局中的一部
分。这种效果在该文集中很常见，说明人们认为这种图案与
更大的中国式构图有关，暗示着叙事或至少是再现。[31]中国
动物在伊斯兰抄本中频繁出现，多为描金，背景是虚构的风
景，但似乎并非根据某个故事的图像。这类图案利用人们对
叙事画的认知来创造有趣的装饰。

　　中国风的图示很可能为图152中16世纪中期大不里士漆
画封面上的动物形象提供了模型。虽然初看之下，这本书的
封面似乎呈现了一幅山水景观，但它很明显地将中国风图示
中的单个母题和相似的题材组合在一起。因为这些动物有鎏
金装饰，所以它们看起来十分突出，并相互分离。但所有
的动物都表现为对峙的状态。从顶部的凤凰或大鹏鸟开始，
到飞向下方的龙，运动起伏的线条使观者的视线穿过整个封
面。下部中心的一只巨大的、扭曲的生物让人难以理解，但
似乎包含了另一条龙与有蹄类动物的争斗。两只鹿和栖息在
树上的鸟是整个场景的旁观者。正如这些动物一样，植物花
卉也有不同的来源。

　　伊斯兰世界的许多细密画和装饰封面都表现了动物之
间的对抗。维多利亚和艾伯特博物馆所藏的切尔西地毯【图
153】的细部就十分典型，表现了豹子袭击一头鹿。这个题
材和两类动物对峙的例子使我们直接联想到公元前几个世纪
草原文化中流行的动物搏斗场景。即使在一幅抒情的、色彩
丰富的细密画中，鲁斯塔姆（Rustam）被狮子攻击并由其坐
骑所解救的主题再次表现了动物之间的对抗【图154】。草
原的动物互搏题材也出现在早期中国，但似乎不曾像在西亚
那样于装饰系统中留下深刻印记。

图152 《七美人》(*Haft Paykar*)的漆
画封面，由沙阿·马哈茂德·阿勒·纳萨布里（Shah
Mahmud al-Naysaburi）写，大不里士，约1550年，大英
图书馆收藏。

图153 切尔西地毯细节，展现搏斗场面，伊朗，1500
年—1550年，维多利亚和艾伯特博物馆收藏。

图154　细密画，表现沉睡的鲁斯塔姆被坐骑解救于狮口，出自菲尔多西所著《列王纪》，大不里士，高31.5厘米，大英博物馆收藏。

莲纹

　　伊朗和土耳其的抄本、纺织品、地毯、陶砖及陶瓷上都布满花卉图案。在图案中心的花卉纹样中，比较突出的是一圈长涡卷纹上作为单株植物出现的莲花冠。相比蒙古入侵以来伊朗发展出的装饰母题库的其他特征，这些花纹最明显地体现出中国原型的影响。

　　常与这些花冠一同出现的涡卷形长茎倒不是新引进的。塞尔柱人普遍使用紧密盘曲的粗茎来装饰金属器、木器和瓷砖。一种源自棕叶饰及其祖先莨苕饰的半抽象的叶饰（第一章和附录中述及）使涡卷纹更活泼。叶片轮廓较宽，呈V形。由这种分裂式叶片和古典棕叶饰的相关变体组成的纹饰被称为阿拉伯式图案。[32]

　　莲花图案在伊朗艺术中的突出地位很令人意外。13和14世纪在中国艺术中占据主要地位的是牡丹，而不是莲花。莲花在伊朗的流行只能从与佛教信仰的关系上解释。莲纹的最初形式表明，这种母题的来源是作为特定象征的单朵花卉，而非典型的中国装饰图案【图132】。在中国，莲花出现在有独特尖叶的缠枝纹中【图66】或在描绘有完整圆形莲叶的莲池内，例如图155中的青花瓷盘。然而，图132中的陶砖显示，伊朗的莲花最初长在笔直的茎上，叶片呈锯齿状，既非由棕叶饰发展而来的尖叶，也不是自然中可见的圆叶。这种混合的植物形式意味着，当时人们只能接触到花冠的图案，或只对花冠感兴趣，而莲叶与莲茎的图案一定另有来源。

　　茎部笔直、叶片呈锯齿状的莲花图案存在了大约一个半世纪。15世纪初期出现了一种新的花，名字有误导性，叫叶形棕叶饰。[33]实际上，这种新图案的原型是一种莲科植物的真实叶片。在讨论新图案先后在伊朗和土耳其卷莲纹中的普遍应用之前，莲叶与这种新型花卉图案之间的关系可借助土耳其伊兹尼克16世纪初陶器图案上的独特范例来确定。

　　比较中国瓷器上的莲纹和16世纪初再次用于伊兹尼克陶

图155 青花瓷盘，饰有莲池鸳鸯（"满池娇"）图案，元代，14世纪，故宫博物院收藏，作者拍摄。

图156 青花陶碗，"屈塔希亚的亚伯拉罕"风格，土耳其伊兹尼克，16世纪初，直径43.2厘米，大英博物馆收藏。

图157 碗内的莲叶式莲花局部，基于中国莲花图案，伊兹尼克，16世纪早期，大英博物馆收藏，全图见图156。

器上的相应图案的启发性在于，伊兹尼克陶器明确地参考了中国图案【图167】。我们已经对比过一只陶碗【图156】和一件元代瓷器【图125】，并考察过中国"云肩"的土耳其变体。与瓣状纹交替出现的菱形小开光【图157】也是中国式的，每个开光中都有莲科植物图案的新样式。这种图式的原型出现在标准的小型瓷盘上【图155】。盘中央为池塘中的莲花，两只鸳鸯游弋池中。莲的中部有一片表现侧面的大莲叶，叶面上方的莲茎托着两组小图案，各由三片叶子和两朵莲花组成。如果把鸳鸯省略掉，就会发现伊兹尼克陶碗上菱形开光内的花卉纹饰在布局上模仿了中国莲花图案。顶部用一朵盛开的花替代了最上方的叶片，下方两侧的花朵占据了中国式莲花的位置。原有的大莲叶有了新阐释：它变为一种奇特的花卉，分成三个管状部分，上面长出更多小花瓣。花的底边与茎相连之处仍是真实莲叶的圆润心形。在这朵奇特的花下面出现了另外两朵花，占据第二株莲的位置，而第二株莲的主要叶片又变成了一朵绽放的花。

在陶碗外表的图案中，用于替代莲叶的新花冠进一步复杂化了。两朵花冠直接模仿了开光内的中心花冠【图157】。更大的花冠是基于想象的创新，布局于莲花形的框架之中。小簇花瓣与尖形花瓣交替出现，中央的圆形部分与中国牡丹纹的类似部分形状相同。因此，尽管大花冠可以理解为从另一个角度看两朵小花的样子，它却是由不同母题的部分发展而来。同时期的其他作品上也出现了由相同的元素组成的复杂构图。

这个例子展示了标准的中国莲花图案如何转变为一种全新的花卉纹样，它可以用来说明一个更加复杂的过程。原有的中国图案仍旧包括了莲科植物、莲池和水禽。表现这一主题的最早实例见于一座辽代壁画墓，该墓无疑模仿了更早的唐墓装饰传统。[34]从时间上看，这类壁画早于前文中提到的定窑瓷器上的图案【图111】，更早于图125中元代瓷盘中央

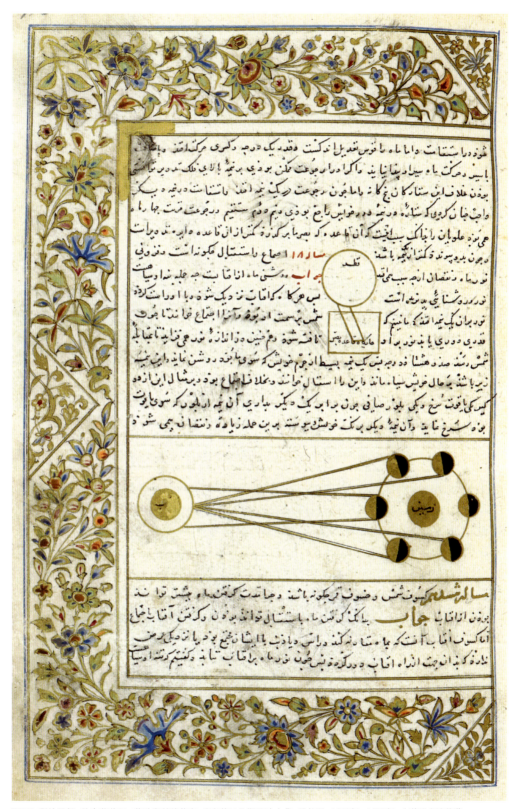

图158 彩绘局部，绘有莲花冠、莲叶和其他花卉，出自苏丹依斯干达文集，设拉子，1410年—1411年，大英图书馆收藏。

图159 纹章形图案细节，阿德比尔地毯上的云带和莲纹，伊朗，1539年—1540年，维多利亚和艾伯特博物馆收藏，作者拍摄。

圆形开光内的场景。在所有的这些例子中，莲的图案都比较写实。肥大的莲叶常表现为侧面，长长的圆叶边有起伏的线条，如同真正的莲【图9】。莲叶上的孔洞也清晰可见，这是莲花枯萎时的典型特征。但瓷器不可能是伊朗人所用母题的主要来源。深色背景、金色莲花图案的中国纺织品也可能是其来源之一，因为上面常出现破损的大莲叶。[35]图172a中表现了一件元代纺织品上的莲叶，展示出利用叶片轮廓虚构的花卉纹。

像其他图案一样，中国莲纹的变化在伊儿汗国的细密画和帖木儿王朝的抄本插图中表现得最为清晰。在伊儿汗统治时期的最早的绘画作品中，大朵莲花或悬浮在空中，或极不协调地长在树上。[36]换言之，抄本插图中对莲花的描绘带给艺术家的问题类似于陶砖、金属器和玻璃装饰中出现的问题。莲是什么？它如何生长？艺术家似乎并不关心莲是水生植物这一事实，他们为莲花配上了长茎和小叶。

这种混合的莲科植物进入了帖木儿王朝的抄本插图中。

图160　察合台诗集中的彩绘，绘有一朵莲花和以莲叶为基础的奇异花冠，亚兹德，1431年，大英图书馆收藏。

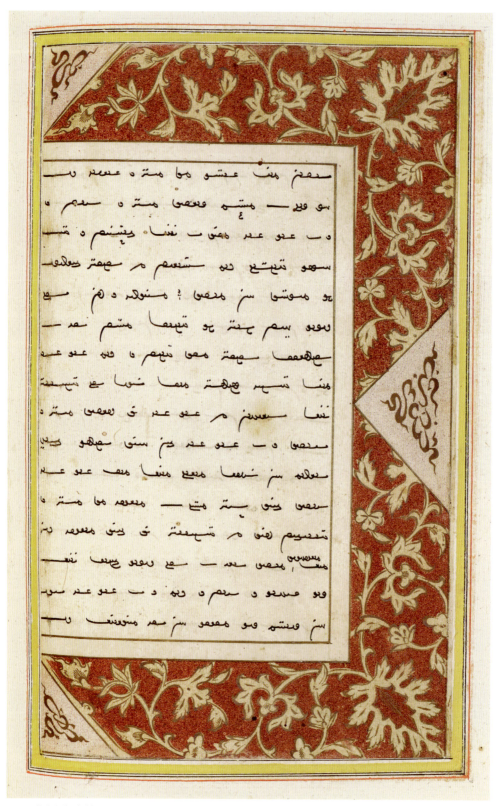

图161 花卉彩饰,包括由莲花发展来的花朵和以莲叶为基础的奇异花冠,出自察合台诗集,亚兹德,1431年,大英图书馆收藏。

图162 绘有莲花、鸭子以及奇异的莲叶的草图，伊朗，15世纪，柏林国家图书馆收藏。

苏丹依斯干达文集的许多边饰中都布满莲科植物，支撑莲花的是长着尖叶的长茎，茎上还附有一些花冠。然而，在文集410a页的下方边饰内，莲花与莲叶以及其他花叶都依附在起伏的茎上【图158】。这片大叶呈弧形，被几条垂直裂隙分开。叶片下端由连接茎部的小杯形承托。这个带有垂直裂隙的扁钟形图案复制了图125中元代瓷盘中央开光内鸳鸯上方的莲叶和图172a中的莲叶。伊朗细密画家并不熟悉莲，也从未尝试过写生。因此，他们似乎需要驾驭这种奇形怪状的叶片并赋予它一种可以令人接受的新诠释。

前文已述及1431年察合台诗集中的云带纹饰，该诗集44v页的中心图案是一株莲科植物【图160】。顶部为一朵大莲花，具有15世纪中国纹饰的风格。苏丹依斯干达文集中那些根据莲叶形状绘成的小花长在这株植物呈环状卷曲的茎上。花朵被简化为三部分。花与茎的连接处是圆润的心形，仍带有最初莲叶轮廓的痕迹。在下方涡卷纹中心处却有一朵极为奇特的花。艺术家利用有裂隙的莲叶侧面轮廓创造出新的花形，他似乎在自己脑海中选取了花的轮廓（基于叶片的侧面形状），将其翻转90度，然后正面画下来。于是，扁钟形就转变成为圆形的花朵，展开窄细的花瓣，顶部有尖，并采用了有裂隙的叶片轮廓。花冠中央有一小簇花蕊。

同一抄本内的其他装饰证明了这种新型花卉的灵活性，这种花纹在诗集61b页中用于边饰而非页面中心。艺术家使用这种臆造的花纹时无须模仿自然界中的花朵形状【图161】。为了填满边饰的角落，他可以将花瓣拉长，整朵花几乎就像一片带有许多锯齿的叶子。同时，原来的莲花图案被缩小，并采用了以莲叶为原型的侧面小花。

柏林国家图书馆和托普卡帕宫图书馆收藏的图册中带有中国式母题的图绘或草图，提供了充分的证据，说明15世纪

图163 描绘中央的莲花下方长着带裂隙莲叶的草图，伊朗，15世纪，柏林国家图书馆收藏。

中期流行的有裂隙和锯齿状边缘的奇特花卉图案实际上参考了莲叶的轮廓。第一个例子表现出整座莲池，一片硕大的莲叶遮住了中国式水禽【图162】。叶片上的孔洞间隔均匀，里面填入了细小的禽鸟图案。在第二个图例中，莲叶舒展，一朵莲花生长其中【图163】。这种布局在伊朗装饰中十分普遍。第三个例子是涡卷纹，包括了莲叶的多种角度：莲叶的侧面和正面轮廓与花卉组合【图164】。因此，通常被称为叶形棕叶饰的母题其实是借鉴了中国莲叶图案的奇异花卉。在阿德比尔地毯的边框区域，这类虚构的花与真实的莲花交替出现【图159】。它们参差的形状和扁钟形轮廓暴露了其图案来源。有些叶状花的叶片内还有一朵更小的花，该种图式类似于莲叶中画着莲花的图案【图163】。这种做法为以莲叶和莲花组成的复合花纹的进一步发展做了铺垫。

　　鉴于这些莲花母题源于莲池中的莲花图像，而不是中国的缠枝莲纹，也就不存在由瓣状棕叶发展而来的小尖叶。因此，分裂式的棕叶逐渐取而代之。它们最终被重新阐释为一种羽毛状的叶片，带有锯齿状叶边，以搭配莲叶式莲花的轮廓【图169、图173、图177】。在15世纪末16世纪初的书籍封面与细密画中可以发现这种变化。[37]

1496年制作于赫拉特的《八天堂》（*Hasht Bihisht*）封面中有一条边饰【图165】，它由波浪形涡卷纹构成，花冠和大叶片在涡卷上轮流出现。花冠是莲叶式莲花的变体，边缘呈整齐的锯齿状，中央有一簇小花瓣。叶片包括出自塞

左：图165 阿米尔·库斯洛（Amir Khusraw Dihlawi）的《八天堂》外层封面边饰，绘有缠枝花纹，其叶片呈分裂的棕叶形，赫拉特，1496年，伊斯坦布尔托普卡帕宫图书馆收藏，采自Basil Gray ed., *The Arts of the Book in Central Asia 14th–16th Centuries*, pl. XVII.

右：图166 植物纹样边饰，墨色画，伊朗，15世纪，大英博物馆收藏。

尔柱的分裂式棕叶与一片大尖叶，后者可能由两个分裂式棕叶构成，或与中国尖叶有隐约的关联。写实的叶片不多且很小，但它们都有出自花卉图案的整齐的锯齿边缘。该书图6插图中的边饰表现了一种更晚期的卷莲纹【图166】。花纹中既有真实的莲花也有由莲叶构成的花冠，但带锯齿边和裂隙的成簇叶片被安插进了缠枝纹中。这些叶子的颜色与花相同，进一步平衡了缠枝纹式的韵律。在接下来的几百年中，莲花、根据莲叶想象而来的花卉，以及变形的分裂式棕叶的组合提供了极为灵活的装饰语汇，普遍应用于伊朗。

图167 莲花图案
a: 图155中元代青花瓷盘的莲叶纹饰。
b、c: 穆拉德二世清真寺中陶砖上的图案，土耳其埃迪尔内，15世纪中期（b）由图a中国莲花纹饰发展而来的图案；（c）为源自中国原型的缠枝花纹（见图168），采自John Carswell, "Six Tiles," E11 and E29.

伊兹尼克陶器上的莲花

以中国莲花和莲叶为原型的花冠又出现在土耳其制作的陶器上。人们通常认为这种陶器的产地在伊兹尼克，所以一般称其为伊兹尼克陶，这些陶器分为几类，饰有不同的图案。属于第一类的包括一只陶碗【图156、图157】，被称为屈塔希亚的亚伯拉罕陶，制作于16世纪初。[38]同时，也有更直接地模仿15世纪中国瓷器的例子【图168】。尽管这些仿品在细节上不同于其中国原型，但装饰区域的划分和装饰母题所构成的主题与其十分接近。这种陶器的生产有可能贯穿了整个16世纪上半叶。在某个阶段，这些中国图案的变体促进了一种独特的"大马士革"陶的发展【图171】，[39]但难以确定这种引人注目的陶器制作于何时。最后一种主要类型出现在16世纪下半叶，包括大量生产的陶砖和餐具，都以红

上：图168 比较带有类似缠枝花纹的中国和奥斯曼陶瓷
a：青花瓷盘，明代，15世纪，直径35.8厘米，大英博物馆收藏。
b：伊兹尼克蓝花盘，16世纪早期，直径34.2厘米，大英博物馆
收藏。

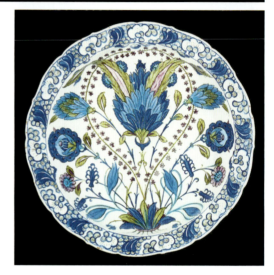

中：图171 陶盘，饰有奇异的花朵，土耳其伊兹尼克，16世纪
中期，直径35.8厘米，大英博物馆收藏。

左下：图169 陶盘，饰有花朵与长叶片，土耳其伊兹尼克，约
1540年—1550年，直径36厘米，大英博物馆收藏。

右下：图170 陶盘，饰有蓝色和灰绿色花朵，土耳其伊兹尼
克，16世纪中期，直径38.9厘米，大英博物馆收藏。

图172 奥斯曼陶瓷上由中国莲叶图案发展而来的奇异花朵

a: 深色织物上金线绣的莲叶，出自内蒙古集宁路古城遗址，元代，采自《文物》1979年第8期，图版5：4。

b: 伊兹尼克盘上的奇异花朵，16世纪早期。（见图156）

c: 由莲叶和莲花发展而来的奇异花朵的细节图，出自一件绿蓝花陶盘，伊兹尼克，16世纪下半叶，采自Stuart C. Welch, "Two Drawings, a Tile, a Dish and a Pair of Scissors," fig. 7.

d: 以中国莲叶为基础的复合花卉，出自伊斯坦布尔托普卡帕宫割礼殿中的陶砖装饰，16世纪中期。（见图173）

e、f: 复合花卉细节图，出自一块饰有红棕色等色彩的陶板，16世纪下半叶，大英博物馆收藏。

色作为装饰色【图177】。

　　埃迪尔内（Edirne）的一座清真寺的地基铭文纪年为1438年，属于穆拉德二世（Murad II）统治时期，寺中的陶砖提供了白地蓝花的实例，时间要早于伊兹尼克陶器的主要生产时期。图167b、图167c展示了陶砖纹样中的两种。[40]图167b中的图案沿垂直中轴展开，由几朵小花和叶片围绕着中央的大花冠组成。整个图案被底部中央的另一朵花，或者说一簇叶片所固定。这一布局遵循了中国莲科植物图案的结构，图155和图167a中的元代青花瓷盘即为后者的典型形式。原图案中部的大叶片在陶砖上被换成想象的花冠，花冠上有尖形萼片托着小圆花瓣。陶砖边缘的花也是类似的结构，且底部还有一朵替代莲叶的花。在稍晚的伊兹尼克陶瓷上，这种图案变成了一簇叶片【图172、图181、图182】。

另一块陶砖上饰有缠枝花纹【图167c】，模仿了15世纪初大件中国瓷盘的装饰图案【图168a】。花朵虽被简化，但带有卷莲纹特点的尖叶显然是借鉴了中国瓷盘的特征，表明了这一图案的来源。伊兹尼克制作的陶盘上也有第二种图案的变体，陶盘的制作时间应该在16世纪最初的几十年【图168b】。图168b中盘上的装饰布局与这块陶砖的纹饰有关，但并非直接照搬，而是一件模仿15世纪中国瓷盘的精心之作【图168a】。然而，这类伊兹尼克陶器延续了由陶砖确立起来的传统，根据中国陶瓷装饰设计自己的图案。

环形布局似乎对奥斯曼陶工没有持久的吸引力。很快，这类旋转的图案就被沿垂直中轴分布的花饰所代替。在一件饰有蓝色图案的陶盘上，垂直花束及下垂的长叶与由环状茎连接的花环结合起来【图169】。中央的大花、成簇的长叶

图173 饰有蓝花的陶砖局部，伊斯坦布尔托普卡帕宫割礼殿，16世纪中期。

以及底部的小丛叶片都反映出以中国莲纹【图125】为原型的埃迪尔内清真寺瓷砖上的垂直构图【图167a】。同时，盘上的花环【图169】保留了之前伊兹尼克盘及其中国原型图案的痕迹【图168】。外围的花环赋予原本的垂直图案一种旋转的运动感。在后期更大胆的伊兹尼克图案中，垂直布局与旋转运动的结合仍为主要特征之一。

花卉图案发展的下一阶段出现在一件带有同类纹饰的盘子上【图170】。跟前两件盘子一样，该盘的盘边、盘壁和盘底中心区域的图案各有不同。这种共有的布局将整个器物联合起来，展现

图174 吉州窑瓷瓶上的莲花图案，江西吉安，元代，13世纪—14世纪，大英博物馆收藏。

出应用中国装饰图式的几个相关阶段。然而，灰绿色的传入标志着一个重要变化。此外，中心区域的花冠布局也有变化，花环被取消，再次强调了垂直中轴。前文图例中的小丛花叶仍被保留，占据了中国原型中最底部莲叶的位置【图155、图167a】。中心的一对圆形花冠将视线从这一低点引向顶部的大花。花茎和花冠从这朵大花的两边垂下来，替代了原先花环的位置。构成主要花冠的小尖瓣显示出更早的埃迪尔内瓷砖上尖形萼片托起层叠花瓣的图案。至此，纹饰构图以及图案元素的布局皆由在土耳其调整过的中国陶瓷纹饰发展而来。

最后，这件陶盘上使用的灰绿色被视为"大马士革"陶的典型特征。"大马士革"陶盘很少如此明确地参考中国陶瓷的装饰图案。更常见的情况是，花卉纹饰明显增大，图式强调垂直性，如图171中的盘子。此处保留了早期图案中底部的叶丛，但花被放大了。中心花冠和两朵较小的花借鉴了前例中的花冠，原型中的花由小尖瓣堆叠而成。实际上，根据这个共同特征，我们可以把该图案理解为将标准的中国花卉图案转变为风格迥异的新图案一系列发展中的最后阶段。

在图171中的小花瓣中间加入小荚果，图案也因此改变。构图增添了新的花卉类型。这些元素越来越明显地暗示着园林植物，但在主要花冠的结构中，想象性的元素仍很突出。尽管出现了这些变化，由中国莲纹而来的基本框架仍决定着图案布局【图167a】。因此，许多纹饰复杂的"大马士革"陶盘都表现出如下特征：强调垂直中轴的图案与布局中某种环状运动相结合，尤其是在主要区域周围；想象式的硕大花冠通常位于中心部分，占据了中国的莲叶和埃迪尔内瓷砖上主要花冠的位置【图167b】；一系列处于从属地位的小花，常出现在边缘部分，取代了真实的莲花与花苞；一连串起伏叶片的最初源头是莲花母题原型中所包含的窄叶【图167a、图169】；以及构图底部的小丛叶片取代了从属性莲叶的位置。许多"大马士革"陶盘还对中国的波浪纹进行了自由改造，用其装饰盘边。这就确定了它们与中国原型之间遥远的借鉴关系。[41]

本节开头提及的最后一种类型是使用红色和其他彩

图175 装饰性镶边的草图，环形莲叶与茎叶相交，伊朗，15世纪，柏林国家图书馆收藏。

图176 描绘龙穿莲叶的图案，传为穆罕默德·纳加什·米尔·沙耶德（Mir Sayyid Muhammad Naqqash）所作，16世纪，哈佛大学艺术博物馆收藏。

图177 半圆形门额上的陶砖图案，饰有莲花和红色涡卷云纹，伊兹尼克，16世纪下半叶，维多利亚和艾伯特博物馆收藏，作者拍摄。

色釉料的陶砖和餐具，上面展示了中国莲纹的另一种变体。红色釉最早出现在建造于1550年至1557年的苏莱曼尼耶（Süleymaniye）清真寺和1561年鲁斯坦帕夏（Rüstem Pasha）清真寺中的陶砖上，这两座清真寺都位于伊斯坦布尔。这些陶砖的一个显著特征是都有一朵想象而来的大花，锯齿形的窄花瓣束在连续的杯形纹内，如维多利亚和艾伯特博物馆收藏的陶板【图177】。图172则展示了这种花的不同形式。

图172c中的花纹由一朵莲花和锯齿形叶片构成，可直接与一件基于莲纹的中国风图案相比较，后者出现在伊朗的图册中，现收藏于柏林国家图书馆【图163】。这种合成的花还可见于一件仅饰有蓝色与灰绿色的陶盘，其纹饰轮廓十分细致，暗示其来源为草图或图绘。

通过考察托普卡帕宫割礼厅的两块纹饰复杂的陶砖【图173】，我们可以确定这些莲叶式莲花【图172c】与中国式图绘间的关联。[42]图172d在前文提及的花朵图案旁边，表现了叶饰中部的一朵硕大的复合花冠。这朵花比同一图绘中其他的花都要复杂，但同样由边缘呈锯齿形的花瓣构成，也束在连续的杯形纹中。正如在伊朗图例【图160】中所见，这种轮廓源于莲叶。陶砖上的莲叶式莲花【图173】穿插于翻卷的长叶和花朵之间。画面底部有两只动物，像是鹿或"麒麟"。

在翻卷的想象式花卉中结合中国动物的做法令人联想到许多中国风的图案，比如托普卡帕宫和柏林国家图书馆图册中的作品，龙和其他源自中国的动物交织于莲花与莲叶中。一组中国莲纹【图174】、中国风的莲花图绘【图175】以及叶片中的龙【图176】呈现出可能形成了割礼厅装饰图案的发展类型。

第一个例子出自一件中国南方的瓷器，瓶颈部分在深色底上绘有莲花与莲叶【图174】。叶片表现出真实莲叶扁平面略呈钟形的轮廓。尽管这类南方陶瓷不可能出口到伊朗或土耳其，同类的中国纹饰有可能启发了伊朗的图案【图175】。叶子有意夸张，表现了参差、凹陷的轮廓，呈现出一种奇特的效果。这种效果通过叶片上反复出现的小孔以及穿过小孔的茎叶得以体现。

托普卡帕宫和柏林收藏的图册内有许多表现类似莲纹与龙凤交织的图案。有的龙凤图案甚至钻过了叶片上的孔，因此代表了以中国母题为原型的、奇特构图的下一阶段。图176表现了这类图式中的一个极为特殊的版本，图中有一条龙穿越密集的、翻卷的叶丛。该图被归在一位活跃于16世纪下半叶的伊朗艺术家名下，像之前的图案一样，完全属于中国风的传统。[43]其实，细看之下会发现叶片应为莲叶——这里重新作为优雅的叶饰，似乎它们紧实的脉络摇身一变，变成为细致的丝绸。窄叶保留了以前莲叶上的锯齿和凹陷的轮廓。它们像之前的莲叶一样，也有孔洞，茎从孔中穿过。

这幅龙纹图中使用的叶片形式与割礼厅陶砖上的叶纹极为相近。实际上，这些陶砖的几个特征都表明，它们所依赖的装饰图案最初是在中国风图式中发展出来的。复杂的叶片、折断的茎、叶上的小孔，以及动物与花卉的结合，类似于托普卡帕宫和柏林国家图书馆中草图的效果。[44]

尽管这些复杂的中国风图案的年代尚未确定，却仍值得注意，因为它们暗示了一种发展，有可能使生产红釉陶砖与陶盘的伊兹尼克陶工接触到了中国莲叶。因为在16世纪下半叶，伊兹尼克陶工使用了在莲叶基础上发展而来的花纹【图172e、图172f】和出自"大马士革"陶器上的花卉。餐具上用的是"大马士革"陶器花纹的规范变体，陶砖上则广泛运用以莲叶为基础的花卉，形式要大胆得多。此外，大型的分裂式棕叶、云带和带状图案等母题则有其他来源。

维多利亚和艾伯特博物馆的陶板展示一个大而复杂的花卉图案【图177】。红色的飘带穿过蓝色花朵。花瓣锯齿形的边缘（源自莲花）在修长的蓝绿色叶片和椭圆形的红色团花中重叠。蓝色花朵和红色团花之间表现了下文所讨论的梅花图案。像过去的伊朗花纹一样，陶工通过运用臆造的花卉，在图案设计中获得了极大自由，可以根据边框形状和图案组合的要求调整轮廓、色彩和细节。

松、梅和园林植物

如果要完整地描述伊朗和土耳其使用的中国图案，就有必要最后考察一下中国瓷器纹饰中的梅，以及与其相伴出现的其他植物的形象——松和竹。14世纪末和15世纪初的中国瓷器上有三者同时出现的例子，被称为"岁寒三友"【图106、图107】。在年代较早的例子中，植物是整株出现的，而第二个图例中的场景则被边线打断了，后者的特点在于枝条上有大丛密集的松针。两幅图可能都参考了绘画中的构图形式。一件15世纪的中国瓷罐上的纹饰也值得一提【图178】。罐身上围绕着小株的植物。在许多瓷盘装饰中，类似的植物有时会同尺寸较大的树木相结合。伊朗阿德比尔寺和土耳其托普卡帕宫的藏品中就有这类中国瓷器的重要代表，伊斯兰世界有可能是从瓷器上了解到这些植物母题的。然而，鉴于伊朗最早的一些绘有梅树的细密画早于复杂的瓷器图案，这些植物主题可能通过装饰画或纺织品传入伊朗。[45]

伊朗的细密画和手抄本插图中都有梅和其他植物的形象，竹则很少出现。哈佛大学艺术博物馆所藏的出自伊儿汗国的一部著名抄本，被称为德莫特（Demotte）《列王记书》，其中插图的前景中描绘了一株虬曲的梅树【图179】。一些模仿中国"图式"的小植物分散地点缀在山坡上。背景中低低的云朵下有一棵树，梢上绿叶丛丛。这种树有时被称为"树梢茂密的树"，出现在许多抄本插图中【图154】。树梢的绿叶与中国松树上的成簇松针【图107】不无相似。这棵想象而来的树有可能是伊朗艺术家参考中国松树图式后独立发展出来的。

亚兹德的察合台诗集有两幅对页【图180】表明了富于装饰性的"岁寒三友"母题的流行。其中一页以梅树为主，另一页的中心图案则是一棵枝条弯曲的松树，微呈波浪形的叶丛可能是竹子。在构图中，密实的柏树旁边，松针似乎稍嫌纤弱。这些瘦劲、遒曲的松枝可能不及臆造的枝梢茂密的树吸引人。梅树、枝梢茂密的树木及各种柏树被广泛用于表现园林和有植物的风景。梅树常被描绘为从建筑敞开的窗户中看到的样子。[46]

中国的树木与植物母题也影响了伊兹尼克的陶器装饰。梅树最容易辨认：它们既用于陶盘，也出现在华丽的陶砖图案中。在托普卡帕宫和鲁斯坦帕夏清真寺的这类装饰上，梅树图案遍布大量陶砖，而深蓝色底是为了突出粉色的梅花。[47]在这些例子中，对树枝的布局十分用心。小簇叶片被用来确定饰带底部树木的位置。大英博物馆的一件托盘也表现出相关主题的奇妙设计【图181】。这棵树

图178 青花瓷罐，饰有植物纹，明代，15世纪早期，大英博物馆收藏。

图179 "伊斯凡迪亚尔之死"，出自德莫特的《列王记书》，伊朗，约1330年，哈佛大学艺术博物馆收藏。

图180 察合台诗集中的两幅对开页，按照中国原型描绘了梅树和松树，亚兹德，1431年，大英图书馆收藏。

图181 饰有梅树的托盘，伊兹尼克，16世纪，直径34厘米，大英博物馆收藏。

生长在地面上，靠近根部的一小丛叶片近似于那些与莲纹一同出现的图案【图167a、图167b、图170】。包括梅花在内的各种伊兹尼克母题流行于19世纪的英国。道尔顿（Doulton）陶盘复制了伊兹尼克图案，但其枝茎表现得十分呆板，失去了原有设计的流畅和优美【图182】。伊朗和土耳其纹饰中植物图案的历史与一千年前中国图案的发展情况颇为类似。两地都从异域装饰传统中获得原动力，并且异域母题迅速被吸收，并以富于创造性的新方式进一步发展。最重要的是，它们的来源很快就被掩盖了。伊朗和土耳其的植物图案极具欺骗性，我们以为自己在图案中辨认出了真实的植物，因此不去思考关于其来源和历史的问题【图183】。但正如我们所看到的，这些花卉是凭想象发明的，并非自然的写照。中国的缠枝花纹和伊朗及奥斯曼的莲叶式莲花是虚构的，它们必须通过传统来延续，每一代人都可以从传统中挖掘、发挥和延伸。然而，这种传统形式一旦被抛弃，发明就会停止。随着20世纪西方对古典建筑装饰的排斥，使用这些花卉图案的装饰传统最终被搁置一边，[48]因此，东方花卉图案的艺术已然成为历史。

图182 饰有梅花的伊兹尼克风格陶盘,伦敦道尔顿,16世纪中期,直径31.6厘米,大英博物馆收藏。

图183 地毯细节,饰有中国莲花母题基础上发展而来的花卉图案,1550年—1600年,伊朗,维多利亚和艾伯特博物馆收藏,作者拍摄。

【1】 *The Cambridge History of Iran,* vol. 5, *The Saljuq and Mongol Periods,* J. A. Boyle ed., Cambridge, 1968, pp. 303-421.

【2】 J. J. Saunders, *The History of the Mongol Conquests,* London, 1971.

【3】 A. S. Melikian-Chirvani, *Islamic Metalwork from the Iranian World;* G. Scarcia, "The Vihär of Qonqor-olong, Preliminary Report," *East and West,* N.S. 25, 1-2 (March–June 1975), pp. 99-104; Giovanni Curatola, "The Viar Dragon," in *Soltäniye III, Quaderni del Seminario di Iranistica, Urålo-Altaistica e Caucasologia dell' Università Degli Studi di Venezia,* 9, Venice, 1982.

【4】 Basil Gray, "Chinese Influence in Persian Paintings: 14th and 15th Centuries," in William Watson ed., *The Westward Influence of Chinese Art, Colloquies on Art and Archaeology in Asia,* 3, London, 1973, p.15; Basil Gray ed., *The Arts of the Book in Central Asia 14th–16th Centuries, Paris,* London, 1979, pp. 121-146.

【5】 有学者详细描述了蒙元统治时期生活在中国的外国人，见Ch'en Yuan, *Western and Central Asians in China under the Mongols, Their Transformation into Chinese,* trans. and annot. Ch'en Hsing-hai and L. Carrington Goodrich, Monumenta Serica Monograph xv, Los Angeles, 1966. 关于在马拉盖和大不里士工作的外国人，包括中国人，见Norah M. Titley, *Persian Miniature Painting, and its influence on the art of Turkey and India, the British Library Collection,* London, 1983, p. 17; Basil Gray, *The World History of Rashid al-Din, A Study of the Royal Asiatic Society Manuscript,* London, 1978, pp.13-21.

【6】 Basil Gray, "The Export of Chinese Porcelain to the Islamic World," p. 237.

【7】 光泽的运用暗示其原型为金属器皿。其中一些花卉纹饰可能与中亚金属器皿有关，后者结合了一些中国母题，见V. T. Darkevich, *Khudozhestvenny Metall Vostoka,* VIII-XIII/VV, Moscow, 1976, pls 8, 11, 17, 18, fig.12. 龙凤纹饰似乎指向中国原型，这一母题在中国是用暗色背景衬托亮色图案，见Arthur Lane, *A Guide to the Collection of Tiles,* Victoria and Albert Museum, London, 1960, pls 1-3. 人们常以为图案来源于织物，参见Arthur Lane, *Later Islamic Pottery,* p. 5, 但源自金属器和银器的影响也值得考虑。

【8】 田村实造、小林行雄：《慶陵　東モンゴリヤにおける遼代帝王陵とその壁画に関する考古学的調査報告》；A. S. Melikian-Chirvani, *Islamic Metalwork from the Iranian World,* no. 93.

【9】《文物》1983年第4期，第40-46页，彩图和图版5；《文物》1982年第1期，第54-58页，图版6、7。这些墓葬中描绘的蒙古人像可与寺庙壁画中的人像相比较，包括莫高窟第332窟，见《中国石窟·敦煌莫高窟》，卷5，图版161、162。水神庙壁画，参见《文物》1981年第5期，第86-91页，图版7：2。

【10】比较河南白沙宋墓中的场景，参见宿白：《白沙宋墓》，北京：文物出版社，1957年。

【11】描绘类似家居场景的重要画作有《韩熙载夜宴图》，见Yonezawa Yoshio, Kawakita Michiaki, *Arts of China, Paintings in Chinese Museums, New Collections,* trans. George C. Hatch, Tokyo, Palo Alto, pls 29, 30.

【12】Richard Ettinghausen, "On Some Mongol Miniatures," *Kunst des Orients,* III, 1959, pp. 44-65; David Talbot Rice, *The Illustrations to the 'World History' of Rashid al-Din,* Basil Gray ed., Edinburgh, 1976; Basil Gray, *The World History of Rashid al-Din.*

【13】绢画全图，见Roderick Whitfield, *The Art of Central Asia,* vol.1, no. 39. 比较M. S. Ipşiroğlu, *Malerei der Mongolen,* Munich, 1965, pl. 12.

【14】除绢画外，还有许多出自同一绘画传统的叙事性画卷得以保存，包括著名的《洛神赋图》手卷，现藏于大英博物馆。类似画作在山西开化寺、岩山寺、佛光寺以及崇福寺均有发现，参见：山西省古建保护研究所编：《开化寺宋代壁画》，北京：文物出版社，1983年；山西省古建保护研究所编：《岩山寺金代壁画》，北京：文物出版社，1983年；山西省古建保护研究所编：《佛宫寺释迦塔和崇福寺辽金壁画》，北京：文物出版社，1983年。关于后来在伊朗得到发展的中亚绘画风格，见《考古》1983年第7期，第618-623页，图版6、7。托普卡帕图册中表现了外国人和恶魔形象，见Ernst J. Grube and Eleanor Sims eds., *Between China and Iran, Paintings from four Istanbul Albums, Colloquies on Art and Archaeology in Asia,* 10, New York, London, 1984, figs 204, 205, 275-317. 这些形象似乎基于中国佛教绘画中的类似人物，见*Eight Dynasties of Chinese Paintings, the Collections of the Nelson-Gallery Atkins Museum,* exh. cat., Kansas City and the Cleveland Museum of Art, Cleveland, Indiana, 1980, no. 46; Staatliche Museen Preussischer Kulturbesitz, Museum für Ostasiatische Kunst, *Ausgewählte Werke Ostasiatischer Kunst,* Berlin, 1970, no. 34.

【15】迪茨图册被编入目录，见M. S. Ipşiroğlu, *Saray-alben, Diez'sche Klebebände aus den Berliner Sammlungen,* Verzeichnis der Orientalischen Handschriften in Deutschland, VIII, Wiesbaden, 1964.

【16】托普卡帕宫中图册的部分内容经多次出版，关于这类出版以及进一步评价的资料，见Ernst J. Grube and Eleanor Sims eds., *Between China and Iran,*1984.

【17】Arthur Upham Pope and Phyllis Ackerman eds., *A Survey of Persian Art from Prehistoric Times to the Present,* vol. III text, *The Art of the Book, Textiles, Carpets, Metalwork, Minor Arts,* London, New York, p. 2707; Basil Gray, "The Export of Chinese Porcelain to the Islamic World," p. 239.

【18】壶的全图，见*The Arts of Islam,* no.196.

【19】桶的全图，见Douglas Barrett, *Islamic Metalwork in the British Museum,* London, 1949, no. 10.

【20】比较图117中的口沿形状。

【21】永乐宫壁画表现了许多其他类似的宝座，见Koichi Kakimoto, *Erakuga Hekiga,* Tokyo, 1981, pl. 25.比较大英博物馆收藏的一幅西藏唐卡与Ariane MacDonald, Yoshiro Imaeda et al., *Essais sur l' Art du Tibet,* Paris, 1977, p. 111, A26, 27; Arthur Upham Pope and Phyllis Ackerman eds., *A Survey of Persian Art from Prehistoric Times to the Present,* pp. 2639-2647.

【22】比较迪茨图册中其中一册所示的，细密画上一颗镶嵌于宝座的火焰宝珠，见Basil Gray ed., *The Arts of the Book in Central Asia 14th–16th Centuries,* pl. XXVIII.

【23】可与金墓中的桌案相比较，见《文物》1982年第1期，第52–53页，图版5：2；《考古与文物》1983年第6期，第32–39页，图版5：2、3。

【24】Basil Gray, *Persian Painting,* Geneva, 1961, p. 73; Basil Gray ed., *The Arts of the Book in Central Asia 14th–16th Centuries,* fig. 87.

【25】Arthur Upham Pope and Phyllis Ackerman eds., *A Survey of Persian Art from Prehistoric Times to the Present,* pp. 2421-2426.

【26】Basil Gray ed., *The Arts of the Book in Central Asia 14th–16th Centuries,* fig. 95, pl. L1.

【27】Alexander Soper, "Northern Liang and Northern Wei in Kansu," *Artibus Asiae,* XXI (1958), pp.131-164.

【28】Roderick Whitfield, *The Art of Central Asia,* vol.1, fig. 55.

【29】此外，细密画上出现了中国风格的动物纹饰，作为房屋装饰的一部分，尤其是在门口上方，见Norah M. Titley, *Persian Miniature Painting,* fig.13.

【30】《文物》1975年第8期，第31–39页，图23，图版3。

【31】在札剌亦儿王朝统治者苏丹·艾哈迈德（Sultan Ahmad Jalayir）的诗集（*Divan*）手抄本（约1405年）中可以见到更明显的例子，即手抄本插图中整个图案超出了页面空白处，该作现收藏于华盛顿弗利尔美术馆，见F. R. Martin, *Miniatures from the Period of Timur in a M. S. of the Poems of Sultan Ahmad Jalair,* Vienna, 1926.

【32】关于阿拉伯风格纹饰的发展，见Ernst Kühnel, *The Arabesque,* Graz, 1977. 另外，感谢贡布里希建议我关注了奥托·库尔茨（Otto Kurz）在牛津的系列讲座"东方与西方之间的伊斯兰艺术"中的一讲，库尔茨博士评论了伊斯兰的阿拉伯风格纹饰与中国花卉的结合。

【33】Arthur Upham Pope and Phyllis Ackerman eds., *A Survey of Persian Art from Prehistoric Times to the Present,* pp. 2414-2417.

【34】《文物》1979年第6期，第22–32页，图6。

【35】《文物》1979年第8期，第32–36页，图版5；其他类似织物，见《文物》1978年第4期，图版2–5；《文物》1982年第2期，第1–21页，图版1；福建省博物馆编：《福州南宋黄升墓》。15世纪时，以中国莲叶图案为原型的帖木儿时期的花纹被复制到了中国陶瓷上，见Jessica Rawson, "The Lotus and the Dragon, Sources of Chinese Ornament," figs 22-23.

【36】Richard Ettinghausen, "On Some Mongol Miniatures," fig. 1; Marianna S. Simpson, "The Role of Baghdad in the Formation of Persian Painting," in C. Adle ed., *Art et Société dans le Monde Iranien, Institut Français d'Iranologie de Téhéran, Bibliothèque Iranienne,* 26, Paris, 1982, fig. 51.

【37】关于叶饰的变化，见Walter B. Denny, "Dating Ottoman works in the Saz Style," Muqarnas, 1, New Haven, London, 1983, pp. 103-121; J. M. Rogers, "A Group of Ottoman Pottery in the Godman Collection," *Burlington Magazine,* (March 1984), pp. 134-145.

【38】不少学者讨论了伊兹尼克陶器的历史，见John Carswell, "Ceramics," in Yanni Petsopoulos ed., *Tulips, Arabesques and Turbans, Decorative Arts from the Ottoman Empire,* London, 1982, pp. 73-96; J. M. Rogers, *Islamic Art and Design 1500–1700,* London, 1983.

【39】我很感谢能有机会提前读到了迈克尔·罗杰斯（Michael Rogers）的文章，作者在其中提到了"大马士革"陶器断代的问题，他认为应断代为16世纪中后期，见J. M. Rogers, "A Group of Ottoman Pottery in the Godman Collection," pp. 134-145. 这一较晚的断代似乎并不符合位于土耳其布尔萨的一个传统浴池中出土的类似陶砖的断代，见John Carswell, "The Tiles in the Yeni Kaplica Baths at Bursa," *Apollo,* July 1984, pp. 36-43.

【40】埃迪尔内陶砖上的第三种装饰图式基于古代的莲花与花苞母题，见John Carswell, "Six Tiles," in Richard Ettinghausen ed., *Islamic Art in the Meteropolitan Museum of Art,* New York, 1972, p. 2, fig. E7. 在更早的虹彩陶（lustreware）陶砖上也发现了这一做法的类似形式，它持续应用于伊兹尼克陶砖。相关讨论参见：Julian Raby and Ünsal Yücel, "Blue and White, Celadon and Whiteware: Iznik's Debt to China," figs 14-15; John Carswell, "Ceramics," nos 82-83; John Carswell, "The Tiles in the Yeni Kaplica Baths at Bursa," V-VI.

【41】除基于中国莲纹的图案以外，"大马士革"陶器中的部分陶盘饰有由带子捆扎的花束。这一细节令人联

想到一种流行于15世纪的中国纹饰，而且再次表明，陶器上这些图案的基本结构借鉴了中国图案。在定窑瓷器上就能见到明代图案的前身。参见Jan Wirgin, "Sung Ceramic Designs," pl. 103b.

【42】相关讨论，见Stuart C. Welch, "Two Drawings, a Tile, a Dish and a Pair of Scissors," in Richard Ettinghausen ed., *Islamic Art in the Metropolitan Museum of Art,* New York, 1972, pp. 291-298; Walter B. Denny, "Dating Ottoman works in the Saz Style." pp. 103-121.

【43】韦尔奇认为，绘制图案的艺术家一定见过与割礼厅陶砖图案相似的奥斯曼纹饰。而我认为，概括而言，这种影响应该反过来解释，但我并不是说陶砖纹饰是基于这一特定图案，见Stuart C. Welch, "Two Drawings, a Tile, a Dish and a Pair of Scissors."

【44】J. M. Rogers, *Islamic Art and Design 1500–1700,* fig. 8, no. 140展示了一只图案类似的盘子。这里所谈到的复杂叶片有时被称为芦苇叶。至今，相关讨论并未区分锯齿状长叶之间的不同。在"大马士革"陶器上，很多这类图案替代了中国莲纹中叶饰的位置（图152），但带有锯齿状边缘，就好像代表了茛苕叶。其他图例则更加复杂，源自中国的莲叶图案。还有一种图案似乎出自上文中提到的分裂式棕叶。在这三种情况中，最为复杂的叶饰被归为芦苇叶。这些发展成熟的形式于16世纪下半叶被引入，断代依据出自收藏于维也纳奥地利国家图书馆的一部穆拉德三世（Murad III）的图册（Ernst J. Grube, "Painting," in Yanni Petsopoulos ed., *Tulips, Arabesques and Turbans, Decorative Arts of the Ottoman Empire,* London, 1982, pp.193-200, nos 186, 202, 206）和托普卡帕宫收藏的刺绣长袍（Walter B. Denny, "Dating Ottoman works in the Saz Style," figs 2, 13）。但关于这些发展的详情还有待更全面的证明。

【45】托普卡帕宫图书馆收藏的图册中有些一般的绘画带有中国风格，描绘了禽鸟和开花的树木，似乎既借鉴了绘画，也从刺绣中获得了启发，见Ernst J. Grube and Eleanor Sims eds., *Between China and Iran,* figs 110-120, 134-136.

【46】Norah M. Titley, *Persian Miniature Painting, and its influence on the art of Turkey and India, the British Library Collection,* pl. 9.

【47】鲁斯坦帕夏清真寺的饰带图例，见Esin Atil ed., *Turkish Art,* Washington D.C., New York, 1980, fig. 161.

【48】关于构思上的模仿或复制，道金斯（Dawkins）做了精彩的叙述，见Richard Dawkins, *The Selfish Gene,* Oxford, 1975, paperback edn 1978, pp. 203-205. 其中明确了我们对前辈和同行发展出的观点与技巧的借鉴，可惜迄今未引起重视。对原创性的强调以及对过去传统的排斥导致了技术上的大范围损失，相应地造成了大量图案的湮没。这种后果不容忽视，正如导言部分谈及的现代建筑如今令人痛心的现状一样。

附录
古代埃及、美索不达米亚和
希腊的莲花与纸莎草图案

　　本附录梳理了东地中海周边国家花卉纹饰的历史，这些图案的出现早于莨苕纹，而后者是中国花卉图案的源头。像中国的花卉边饰一样，莨苕涡卷纹不只是对照真实的莨苕植物写生的结果，它们是通过在更早期的母题上添加尖形的莨苕叶构成的。这些古老图案的痕迹不可避免地保留在第一章谈到的希腊化和罗马时期的莨苕边饰中。另外，已详细讨论过的波浪形涡卷纹也出自这些古代样本。

　　许多学者对莨苕纹的历史进行过研究，最重要的是李格尔，前文已提及他对我们理解地中海地区的纹饰所做的贡献。正如导言中所说，李格尔注意到了古德伊尔的著作，后者探究了莲与棕叶母题之间的关系，试图寻找一种普遍的象征意义。然而，李格尔的方法却专注于埃及、美索不达米亚、叙利亚和希腊发现的莲、棕叶和莨苕边饰的形式发展。本文的讨论在细节上不同于李格尔的分析，但总体上参照了他的精彩论述。[1]

　　有三种母题对这一讨论至关重要：莲花、被视为棕叶的臆造之花，以及螺旋形的茎。这些母题形成于埃及，可能受到爱琴海地区的影响。这三种元素在一系列边饰图案中的结合可分为三阶段。在底比斯的埃及新王国时期的墓葬中，莲与螺旋形一同出现在边饰上，并占据了大面积的墙壁。有时，图案中会加入棕叶。米坦尼（Mitanni）和亚述这两个美索不达米亚王国沿用了一些埃及母题并加以发挥，尤其突

图184 白莲，学名：齿叶睡莲，采自
Curtis's Botanical Magazine t. 797
(1805).

出了棕叶。而这些美索不达米亚图案又在爱琴海诸岛和希腊本土经历了发展和改变。对母题的借鉴依赖于贸易和战争带来的交流。中王国时期（前2040—前1633），克里特的陶器出口到了埃及，而且埃及和克里特的产品都可以在叙利亚买到。尽管这个相互交流的时期可能为共用某些装饰母题做了铺垫，但我们最为关注的时间段是在公元前16世纪埃及的新王国建立之后。埃及人推翻了来自外族的希克索斯（Hyksos）统治者，极力主张由本国人统治并将注意力转向叙利亚。在图特摩斯一世（Tuthmosis I，前1525—约前1512在位）、图特摩斯三世（前1504—前1450在位）以及阿梅诺菲斯二世（Amenophis II，前1450—前1425在位）统治时期进行的军事远征将美索不达米亚北方大部纳入埃及的管辖之下。该时期的外交和商业活动十分活跃，似乎将埃及的装饰风格传播到了近东。[2]

美索不达米亚后期纹饰和公元前7世纪以来希腊与地中海其他地区使用的装饰之间的类似性，也可以解释为随着政治活动而来的交流的结果。公元前8世纪晚期，亚述统治者提格拉·帕拉萨三世（Tiglath-Pileser III，前744—前727在位）征服了叙利亚大部分地区，直抵海岸线。公元前8世纪以来，在叙利亚制作或销售的金属与象牙制品都带有莲花和棕叶以及棕榈树边饰，这些都是宏伟的亚述宫殿内常用的母题。[3]金属器、象牙，或许还有施釉陶器的出口将这些图案带到了爱琴海诸岛、希腊，甚至伊特鲁里亚。于是，在结合了埃及、美索不达米亚和爱琴海地区图案的地中海植物纹饰发展的背后，存在着一系列政治和商业接触，使一地的母题为他地所知。

埃及

本节关注莲、棕叶和螺旋形茎等主要的地中海装饰元素的来源，以及它们在边饰和大面积纹饰中的结合。最早的埃

图185 底比斯墓葬中的壁画，表现一位贵族在沼泽中狩猎，埃及新王国时期，约前1425年，大英博物馆收藏。

及图案是对莲花的风格化描绘。人们认为古埃及主要生长着两种莲——白睡莲（*Nymphaea lotus*）和蓝睡莲（*Nymphaea caerulea*）【图184】。两种植物的花瓣都比较窄，花萼为绿色，莲叶硕大、扁平，比睡莲的叶子更大、更圆。莲花被用来装饰纪念性建筑，并出现在壁画中，墓葬中的棺椁上还有花环。莲的流行不仅因为它在埃及分布广泛，或许还因为它似乎具有一种象征意义。因为莲花瓣到了晚上会合拢，早晨又重新绽开，所以它被视为太阳的象征，也代表生命的复苏。在崇拜太阳神的赫利奥波利斯（Heliopolis），祭司将世界的起源解释为拉神（Re）——太阳神的拟人形象——从一朵生长在原初水中的莲花里出现。他们说神在日落时进入莲花，莲瓣在他头顶合拢，而每个清晨花瓣展开时，他就重生了。[4]

早至公元前3000年的埃及艺术中就出现了莲花。[5]然而，我们关注的不是这么早期的图像，而是新王国时期（约前1567—前1085）的绘画。这一时期的高官们被埋葬在底比斯，他们的墓中有大量装饰性的图绘。莲花表现于再现式的场景中，并且大量出现于纹饰里——在柱头上，排列在水平边饰内，布满大面积墙面和天花板。

大英博物馆收藏的一幅著名壁画出自一座信息不甚明确的底比斯墓葬，可能建造于阿梅诺菲斯三世统治时期（前约1417—前1379），表现了生长在自然环境中的莲花【图185】。莲花和宽大的莲叶长在沼泽中，沼泽上有一位乘船的贵族。莲花在船的右边，人物的胳膊上有一束莲花，他的妻子也抱着一束。这三处莲花都遵循同样的图绘传统。花冠大致呈三角形，为侧面轮廓，花瓣白色，花萼为绿色和灰色。最重要的是，花苞和盛开的莲花规律地交替出现。作者并未试图改变这一顺序，比如表现两个花苞或两朵盛开的莲花并排出现，替代一个花苞连接一朵花的布局规律。也没有任何莲花被表现为花冠倾斜、花茎断裂，或是花冠大小不一

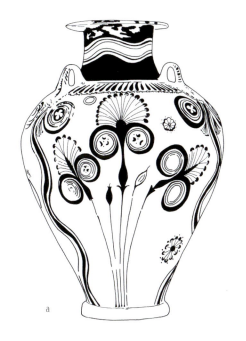

图186 带有纸莎草图案的陶罐：
a: 宫殿风格的陶罐，约前1425年，高70厘
米，采自Spyridon Marinatos, *Crete and
Mycenae*, London, 1960, pl. 91.
b: 陶罐，出自塞浦路斯恩科密（Enkomi），
约前1300年—前1200年，大英博物馆收藏。

的样子，我们这些继承了如实再现自然的顽固观念的人，大
概会认为上述特征是写实的必要元素。到了新王国时期，一
种令人满意的莲花图案得以确立，艺术家们奉行不悖。

在同一壁画残片中，贵族前方绘有一丛纸莎草。尽管纸
莎草带红色尖端的绿叶与长茎都明显区别于莲花，上文述及
的有些惯用手法也出现在对纸莎草的描绘中：纸莎草花像莲
花一样呈截短的三角形，盛开的花与花苞相错。这丛植物是
高度风格化的。自然中的纸莎草长得比较蓬乱，扁平的长叶
极易弯曲下垂，而花冠垂向水面时长茎往往会折断。在壁画
中，纸莎草整齐地排列为两层密集而均匀的茎和花冠。表现
莲花与纸莎草的类似手法出现在新王国时期的绘画和工艺品
装饰上。比如，这两种植物都被用于埃及釉陶碗上，莲茎通
常像纸莎草一样又长又直。在这类图案中，植物保留了三角
形的轮廓以及上文中花苞与盛开的花的交替形式。[6]

纹饰中莲花和纸莎草的来源可以轻易地追溯至再现性绘
画，而第三种植物，即棕叶的来源就没那么简单了。棕叶呈
扇形，由排列的叶脊组成，通常由大型涡卷承托。[7]从表面

图187 底比斯墓葬中的莲花和花苞边饰

a、b：底比斯第90号墓，图特摩斯四世的官员尼巴蒙墓，采自Nina de Garis Davies, *The Tombs of Two Officials of Tuthmosis the Fourth, Nos 75 and 90,* The Theban Tomb Series (3rd memoir). London, 1923, pls XXIV, XXI.

c：底比斯第75号墓，阿蒙霍特普塞斯墓，图特摩斯四世统治时期，采自Nina de Garis Davies, *The Tombs of Two Officials of Tuthmosis the Fourth, Nos 75 and 90,* pl. XXIV.

d：底比斯第68号墓，涅斯普涅菲尔霍尔墓，约前1000年，采自Nina de Garis Davies, *The Tombs of Two Officials of Tuthmosis the Fourth, Nos 75 and 90,* pl. CIV.

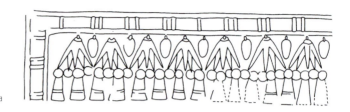

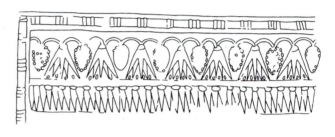

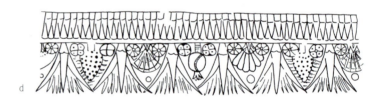

图188 底比斯一处墓葬中的螺旋和棕叶纹饰，新王国时期，十八王朝（约前1567—前1320）。

上看，我们现在使用的名字似乎指最早在埃及用于装饰柱头的棕叶的外形，很久以后，这种轮廓出现在亚述宫殿内的石质浮雕上。然而，埃及与美索不达米亚纹饰中对棕叶图案的运用表明，棕叶并非出自高大的棕榈树，而是较小的植物，在尺寸上与莲花或纸莎草相仿。

此外，在爱琴海地区的纸莎草图案中还可以找到风格化植物纹饰的实例，它们似乎预示着棕叶饰的典型轮廓。这种纸莎草图案出现在一只宫廷风格的大陶罐上。该罐出土于克诺索斯，由克里特工匠制作，可能受了迈锡尼风格的影响【图186a】。植物图案中表现出盛开花冠与花苞交错的埃及模式。细致的叶丛在长茎上展开为扇形，表现出真实的纸莎

图189 螺旋纹饰
a：底比斯第40号墓，胡伊墓，图坦卡蒙时期，采自Nina de Garis Davies, *The Tomb of Huy, Viceroy of Nubia in the Reign of Tutankhamun, No. 40*, with explanatory text by Alan H. Gardiner, The Theban Tomb Series (4th memoir), London, 1926, pl. 1.
b：克诺索斯宫西北角地下室天花板，克里特（Crete），米诺斯晚期，采自Arthur Evans, *The Palace of Minos*, pl. XV.

草花的某些细节。支撑叶片的成对螺旋形涡卷是宫廷式陶罐的一种特色图案。涡卷很大，每一个都能装下圆形小花饰，让人联想到爱琴海纹饰中常见的螺旋图案和克里特壁画上用来表示百合的大涡卷。[8]塞浦路斯发现的一只晚得多的陶罐上也有同样的植物，只是没那么优雅，它独自出现在两只鸟之间【图186b】。尽管图绘稍嫌简略，却保留了前例中精细的叶丛和成对涡卷。

在埃及墓葬壁画中，大面积的装饰图式和窄细的边饰内都有棕叶图案。这些添加棕叶图案的边饰是前文谈到的莲花与花苞图式为原型。底比斯第90号墓埋葬的是图特摩斯四世（前1425—前1417在位）的一位官员尼巴蒙（Nebamun），墓中绘有一排莲花冠和花苞，垂在短短的茎上【图187a】。这里借用了表现风景中花卉的常见模式来构成简单的图案。在同一墓葬内以及同时期的其他墓中都发现了这一图式的多种变体。在尼巴蒙墓的东壁上，环状的茎连接着交替出现的莲花冠和花苞，从该时期起，这种莲茎图案开始被称为连拱形茎【图187b】。底比斯第75号阿蒙霍特普塞斯（Amenhotpe-si-se）墓也建造于图特摩斯四世统治时期，墓中一条边饰内的螺旋和封闭的圆形花饰将花卉图案连在一起【图187c】。在更晚的底比斯第68号涅斯普涅菲尔霍尔墓（Nespneferhor，约前1000）中，各种花卉或水果与莲花冠交替出现【图187d】。此处，长期存在的莲花冠与花苞的图式经过了调整，加入包括棕叶在内的其他植物来替代花苞。这些调整很细微，显然是为了使莲花和花苞边饰富于变化。由棕叶代替莲花苞的纹饰逐渐流行，接下来要谈到它们在西亚的进一步发展。底比斯一座墓中的壁画残片上有更大面积的纹饰，其中也出现了棕叶，由叶脊构成的花冠从一对形状近似百合的涡卷中冒出来【图188】。[9]

有观点认为，支撑着这些风格化的花卉或棕叶的螺旋形长茎是埃及人从更早的爱琴海纹饰中借来的。这种看法后来遭到了质疑。[10]螺旋形图案在埃及出现得很早，比如在第一中间期（前2181—前2050）的圣甲虫上。其他基于成对螺旋的简单图案则出现在赫普加法（Hepdjaefa）的墓中，修建于塞索斯特里一世（Sesostris I，前1971—前1928在位）统治时期的艾斯尤特（Asyut）。因此，螺旋图案在十八王朝以前就存在于埃及了，通常这些简单的图案已经能够满足工匠们装饰墓葬的需要。底比斯第71号塞纳慕特墓（Senenmut）墓就是一个例子，墓主是令人敬畏的统治者、哈特谢普苏特女王（Hatshepsut，前1503—前1482在位）的顾问。鉴于塞纳慕特墓的图像比较有限，许多底比斯墓葬中

图190 底比斯第50号墓，涅菲尔霍特普墓中的莲花与螺旋图案，约前1350年，采自 Nina de Garis Davies, *The Tombs of Two Officials of Tuthmosis the Fourth, Nos 75 and 90,* pl. LXXXIII.

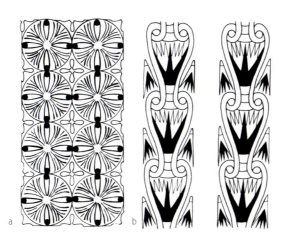

典型的螺旋图案取自第40号胡依（Huy）的墓，此人曾是图坦卡蒙统治时期（Tutankhamum，前1361—前1352在位）努比亚的总督【图189a】。四个螺旋构成一组图案，用以界定大致呈方形的小空间，每个空间纹里都有一朵花。这种螺旋形布局在克里特也比较流行。有观点认为，克里特宫殿中的壁画装饰模仿了埃及图案，例如，断代为米诺斯文化晚期（约前1550—前1450）的克诺索斯宫西北角的天花板上就绘有螺旋图案【图189b】。[11]

底比斯第50号涅菲尔霍特普（Neferhotep）墓（约前1350）顶部复杂的图案中的螺旋形在布局上差异很大【图190】。在局部复原图中，相连的双排螺旋形垂直分布，是图191b涅斯普涅菲尔霍尔墓中边饰内图式的成倍增加。这些成对的连续涡卷纹在水平方向上由其他螺旋形连接。克里特艺术中也有类似的两头有螺旋的弧线。[12]由此形成的螺旋形边框再以常见的莲花和花苞的组合及圆形花饰填充，或许可以被理解为俯瞰所见的莲花。此外，在螺旋形与尖角处相接的地方，莲花冠被挤进边角内。同样的手法也出现在前文中提到的涅斯普涅菲尔霍尔墓中相对简单的图案里【图191b】。在接下来的几百年中，人们持续使用花卉填充边角的连续螺旋图案，为棕叶（而非莲花）螺旋边饰图案提供了基础框架案【图202b】。[13]

图191 新王国时期底比斯墓葬中的装饰图案：

a: 构成圆圈的莲花与花苞图案，底比斯第82号墓，阿蒙涅姆赫特墓，约前1475年，采自Gustave Jéquier, *L'Art décoratif dans l'Atiquité*, pl. XXVII.

b: 连续的螺旋与莲花图案，底比斯第68号墓，涅斯普涅菲尔霍尔墓，约前1000年，采自Gustave Jéquier, *L'Art décoratif dans l'Atiquité*, pl. XXXVII.

c: 相交的环形图案，底比斯第68号墓，涅斯普涅菲尔霍尔墓，约前1000年，采自Gustave Jéquier, *L'Art décoratif dans l'Atiquité*, pl. XXXIII.

d: 回纹图案，底比斯第71号墓，塞纳慕特墓，哈特谢普苏特女王时期（Hatshepsut，前1503—前1482在位），采自Gustave Jéquier, *L'Art décoratif dans l'Atiquité*, pl. XXV.

下文将提及底比斯墓中的其他几种图案，因为它们对后来近东的建筑装饰产生了影响。[14]在底比斯第82号阿蒙涅姆赫特（Amenemhat）墓（约前1475）中，一朵莲花和几个花苞呈环形布局【图191a】。图案内部有圆花饰的相交环形也十分普遍【图191c】。另一种流行的装饰为直线螺旋形，或西方美术史家通常所说的希腊回纹，如塞纳慕特墓中的一处细节所示【图191d】。直线回纹在中王国时期已为人所知，有学者认为它们是螺旋形的变体，用于补充其他几何纹饰。

尽管这一系列图案的遗存在墓葬中保存得最好，但我们从阿梅诺菲斯三世的马尔卡塔宫（Malkata）的装饰（约前1400）得知，类似纹饰也曾用于人们居住的建筑。[15]将这类图案传播到近东的媒介已不复存在，但在美索不达米亚发现的莲花与棕叶饰的广泛应用表明，人们对埃及纹饰有一定了解。

叙利亚和美索不达米亚

在埃及人的亚洲战役之后，叙利亚和美索不达米亚纹饰十分引人入胜。但本文不会详细讨论，仅从它们为前述埃及母题的新阐释提供证据的角度加以考察。这一点对地中海母题的发展意义重大，因为在公元前16世纪到前7世纪之间，近东发展出来的纹饰提供了后来用于爱琴海诸岛和希腊本岛的装饰语汇。莲、棕叶和圆形花饰重新出现，用于边饰，尤其是在古怪的树形图案中，这些纹饰以一种埃及图案为原型，棕叶在其中的突出地位格外值得注意。

边饰和树木在米坦尼国（约前1550—前1400）努济（Nuzi）的宫殿和更晚的图库尔蒂·尼努尔塔（Tukulti-Ninurta）亚述宫殿壁画中有清晰的呈现。这些早期建筑中的母题广泛应用于后来尼姆鲁德（Nimrud）和尼尼微（Nineveh）的亚述宫殿中。[16]

早期宫殿遗迹中的壁画由饰带组成。在努济的宫殿

图192 米坦尼国努济一处宫殿中的壁画,伊拉克,前15世纪,采自Richard F. S. Starr, *Nuzi, Report on the Excavations at Yorgan Tepe near Kirkuk, Iraq, conducted by Harvard University in conjunction with the American Schools of Oriental Research and the University Museum of Philadelphia 1927–31*, Cambridge, Mass., 1937–1939, pl. 128.

图193 美索不达米亚宫殿纹饰中的树木

a: 出自叙利亚马里的一处宫殿, 时间早于前1760年, 采自 William Stevenson Smith, *Interconnections in the Ancient Near East*, fig. 127.

b: 出自亚述的一只雪花石罐, 伊拉克, 约前1400年, 采自 W. von Bissing, "Ägyptische und ägyptisierende Alabastergefässe aus der Deutschen Ausgrabungen in Assur," *Zeitschrift für Assyriologie und Vorderasiatische Archäologie*, N.S., 12, 1940, pp. 149–182, fig. 23.

c: 出自亚述的陶器残片, 伊拉克, 公元前13世纪, 采自William Stevenson Smith, *Interconnections in the Ancient Near East*, fig. 151.

中,螺旋形的连续边饰常用来界定饰带轮廓,这些螺旋形不同于埃及的相应纹样,形式十分紧密,圆形衔接部分将上下的螺旋形连在一起【图192】。美索不达米亚的螺旋形图案如同在爱琴海和埃及一样,也有悠久的传统,这种图案的发展有可能完全独立于埃及或克里特图案。今天,这些美索不达米亚螺旋形纹饰被称为扭索饰(guilloche)。这种纹饰或简单或复杂的形式被希腊本岛和其他岛屿上的工匠所认识，之后又为罗马人和拜占庭人所采纳。

树木在努济的宫殿和所有亚述宫殿的壁画中都有突出地位。实际上，这类位于构图中央的树木常被现今的权威观点视为圣物，它们在美索不达米亚和叙利亚有悠久的历史。[17]马里（Mari）的一座更早的宫殿中有一处细节，表现了一棵相当写实的树，树干高大，树枝短小【图193a】。枝头的叶片暗示着纸莎草花冠的形状，但除此以外，这类树木图绘似乎并未受到前述纹饰的影响。努济的宫殿壁画上短粗的树木或植物表明，这种图案脱离了更早的美索不达米亚传统【图192】。壁画上的树木中有一棵伸展开的短树干，延伸至支撑两个涡卷的一对隆起形状之间，涡卷则围住一排形似花瓣的刺。插图中的壁画局部展示了两种构图。在第二个植物母题内，花瓣被围在平衡于两根枝条上的一对涡卷中。

两种植物似乎都代表了风格化的贵金属花环或花束，常见于埃及新王国时期的墓葬中。这类图像中有一个著名的例子，是献给阿梅诺菲斯二世的一件新年礼物，画在底比斯93号可纳蒙（Kenamun）墓中；[18]图190涅菲尔霍特普墓的壁画局部中螺旋形的左边有一个更晚的花束图案。这些花束通常出现在一对大涡卷中，以埃及和克里特的百合图案为原型。在涅菲尔霍特普墓中的花环内，下部底座内有两个百合形涡卷，涡卷中间另有一对涡卷，朝向内部而不是向外，顶部生出一丛纸莎草。努济的宫殿壁画上的树木似乎是这些花环的缩略版：源自埃及壁画的涡卷与一排叶脊相结合，后者可能由一排纸莎草花冠及叶片发展而来，不过省略了花冠。由此看来，埃及母题的这些美索不达米亚变体有可能是随着埃及战争而来的交流的产物。

在树干顶部有涡卷的其他树木图像中，棕叶扮演了十分突出的角色。亚述出土物中有两个例子：一只公元前

1400年左右的雪花石膏花瓶，和一块公元前13世纪的带有图绘的陶器残片【图193b、图193c】。雪花石膏瓶上饰有一棵树，立在山羊浮雕之间。面对面出现的成对动物是古代美索不达米亚的一种图绘惯例，在克里特和爱琴海其他岛屿上也存在，可能通过宝石雕刻得以传播。上文图186b中表现了一只陶罐，罐上的双鸟间饰有棕叶或纸莎草。在雪花石膏瓶上，两只山羊中间的植物主干较短，顶部是两个简洁的涡卷，从中生出一排宽叶，与长着简洁棕叶冠的茎相交错。这些茎与叶类似埃及花束中的纸莎草丛，明确了纸莎草和棕叶的对应性。树干中部还长着另外的茎与棕叶。

第二个图例中的纹饰与第一个图例类似。树干较短，从地面的一对涡卷中长出。顶部另有一对大大张开的涡卷环抱一排叶片，类似于努济宫殿壁画中的树叶或花瓣。然而，工匠在环绕支撑棕叶的树木的拱形边饰中增加了一个新元素。与雪花石膏瓶和陶片上的图案类似的树出现在图库尔蒂·尼努尔塔一世（Tukulti-Ninurta I，前1243—前1207在位）宫殿的装饰中【图194】。在其中一条饰带上，两头山羊之间有

图194 图库尔蒂·尼努尔塔一世宫殿壁画，伊拉克北部，采自Walter Andrae, *Farbige Keramik aus Assur und ihre Vorstufen in Altassyrischen Wandmalereien*, Berlin, 1923, pl. 14.

图195 亚述和阿契美尼德莲花与棕叶图
案,采自 Owen Jones, *The Grammar of
Ornament*, 1856; *Nineveh and Persia I*,
pl. XII.

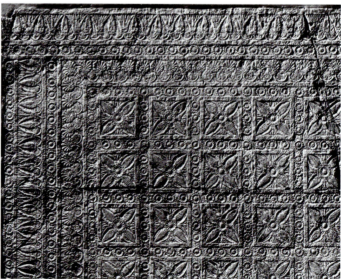

图196 石质地毯局部,饰有莲花与棕叶图
案,出自尼尼微亚述巴尼拔北宫,伊拉克,
约前645年,大英博物馆收藏。

一棵树。树干分为细小的部分，顶部是一片宽大的棕叶。另外的枝条仿照亚述花瓶上的纹饰，从底部生出【图193b】。其他树木则更接近陶片上的纹饰。树干由托着小棕叶的连拱形茎环绕，两头各有一片棕叶。

这种由茎或棕叶边饰包围棕榈树的图式一经发明，就被持续使用至亚述人统治的鼎盛时期，即公元前9到前7世纪。这类树木被刻在石头上或描绘在尼姆鲁德和尼尼微的宫殿中。[19]欧文·琼斯（Owen Jones）在《装饰语法》（*The Grammar of Ornament*）中复原的图例可见图195。

在图194的壁画饰带中的树木和两只相对的山羊上方，侧面的莲花冠与圆形花饰交替出现，可能表现了俯瞰莲科植物的效果。这两个母题在埃及和克里特都出现得很早，也许是从其中一个地方借鉴而来的。在拱形茎上描绘莲花与棕叶的边饰更有可能出自埃及，模仿了尼巴蒙墓中的类似纹饰【图187b】；但在亚述的图例中，莲花苞被棕叶冠替代，整个顺序颠倒过来了。这一连串交替出现的棕叶和莲花在亚述艺术中仍旧保持重要地位，同时也被希腊陶工和建筑师所借用。

拱形茎上的其他花卉形式也很流行，甚至更为常见。在尼尼微亚述巴尼拔（Ashurbanipal）北宫的一件石刻地毯残片上，两条不同的边饰围绕着中央的格子图案【图196】。外围边饰上有熟悉的交替出现的莲花与花苞，而内部的边饰皆为棕叶饰。这两个部分被小排圆形花饰隔开，后者也填充了石毯中央主要的格子图案。方格内的母题为一组四个莲花冠与四个花苞或荚果交替出现，令人想起底比斯墓葬中的图案【图191a】。这种装饰影响极大，最明确的例子是一种形式极为类似的地毯图案，出现在公元前5世纪东西伯利亚阿尔泰山脉的巴泽雷克（Pazyryk）的冻土墓中，这种图案由平行的边饰围绕方形构成，方形内部是莲花纹饰。[20]在同一地区的墓葬中还出土了许多雕刻成棕叶形的木质马具饰板。

从亚述到巴泽雷克和塔里木盆地的通道途经伊朗。在伊朗，阿契美尼德人用刚刚谈到的边饰图案来装饰自己的宫殿。在他们的新发明中，有一种树或植物由层层环绕的叶片组成，最终演变为一个棕叶冠。[21]这种植物似乎为棕叶赋予了某种生物学上的可靠来源，但并不比亚述壁画中的棕榈树真实。同样，拱形边饰在该地区也很流行，棕叶与莲花和花苞的形式应用广泛。

希腊和东地中海

人们在一些砗磲壳上发现了雕刻的植物图案，其中有埃及的莲花与花苞边饰以及亚述与叙利亚海岸的奇特棕榈树形象。这些贝壳制作于公元前8到7世纪，可能是在黎巴嫩和叙利亚海岸雕刻的【图197】。同一区域出产的腓尼基牙雕上也有类似的装饰。[22]西方远至意大利的埃特鲁斯坎（Etruscans）墓葬中出土的青铜器上使用了奇特的涡卷和棕榈树的图案，表明这类纹饰曾广泛流行于地中海海岸和岛屿上的各个中心。同时，莲花和棕叶边饰似乎吸引了希腊各岛的陶工们的注意力。

图197 砗磲壳，刻有莲花与棕榈树，出自伊拉克西巴尔（Sippar），前8世纪—前7世纪，宽25.5厘米，大英博物馆收藏。

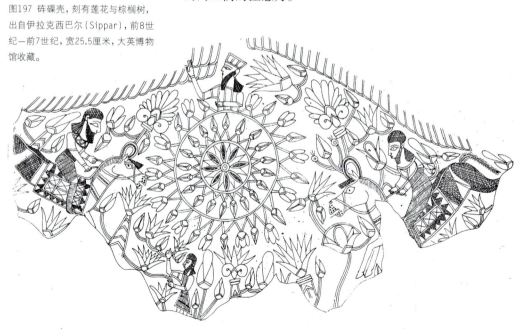

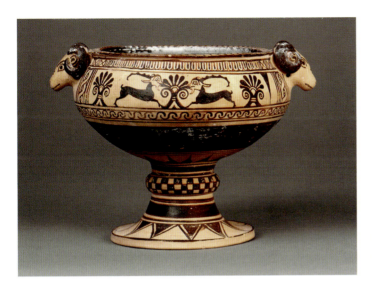

图198　微型双耳杯，饰有山羊与棕榈树图案，罗德岛卡米罗斯，前675年—前650年，大英博物馆收藏。

　　大约公元前1100年，随着迈锡尼文明的灭亡，米诺斯和迈锡尼时期的多数花卉图案似乎一同消失。在接下来的三个世纪里，陶器纹饰发展为日益复杂的几何图案：禽鸟和动物图案时有出现，前8世纪时偶尔会描绘一些小型人物场景。到前7世纪时，棕叶和莲花图案重现于据说出自米洛斯岛（Melos）的几个双耳细颈瓶上，它们有可能经由叙利亚海岸受到亚述的影响。[23] 罗德岛卡米罗斯（Camirus）的一件前7世纪的小杯上的纹饰可以同上一节中讨论的亚述图案相比【图198】。杯上主要饰带中央有两只山羊，中间隔着一棵矮树。细看之下我们会发现，树干很粗，像亚述图例中的样式；顶部卷起，托着一片大棕叶，图案两端还有其他树木。尽管在更早的时候，克里特人也已经熟悉了这种装饰图式，树的形状和两只动物在植物左右对峙的总体布局仍显露出近东来源。在其他早期希腊陶器中，莲花和棕叶边饰应用广泛。米洛斯岛出土了一只前6世纪的陶罐，中心饰带上绘有山羊，上下由红色莲花与花苞框边【图199】。在罗德岛的一只大致同时期的双耳细颈瓶上，与扭索饰（但常被称为绳纹）有关的复合螺旋形纹饰环抱瓶颈，瓶身上的图案则由托着棕叶的大涡卷构成【图200】。这些简单的棕叶似乎是在

左：图199 "野山羊"罐，莲花与花苞边饰，米洛斯岛，希腊东部，前6世纪，高33厘米，大英博物馆收藏。

右：图200 双耳瓶，饰有绳纹、常春藤叶和棕叶图案，"菲克鲁拉"风格，罗德岛卡米罗斯，前6世纪，高30厘米，大英博物馆收藏。

米洛斯发现的更早时期的双耳细颈瓶纹饰的放大版，后者由涡卷托着互不相连的小棕叶构成。

在米洛斯陶罐和罗德岛的双耳细颈瓶上，莲花和棕叶图案占据了十分突出的地位。在随后的几百年中，因为希腊陶瓶被用来表现神话和日常生活中的场景，花卉图案被挤到了次要位置。但它们仍然具有重要性，被用于界定人物布局，填充比如把手下方等，特定区域的边饰，因为难以安排更复杂的场景。这些花卉图案常被称为"florals"，它们清晰而优雅，一目了然地为我们展现出古典希腊的莲花和棕叶图案的发展顺序。[24]

虽然我们在一些器物，比如公元前6世纪西里（Caeretan）的水罐【图201b】上发现的一些边饰借鉴了在拱形茎上描绘莲花与棕叶交替的亚述图案【图196】，然而结合棕叶冠与S形茎的图案一度更为流行，并且对后来连续涡卷叶纹的发明更重要。希腊东部的一件陶盘正好可以作为例证【图201a】。正如刚才提到的两件陶瓶上的纹饰，盘上

的装饰母题是用黑色和紫色颜料在陶土烧制过后形成的浅褐
色底上绘制而成。大型棕叶冠长在S形涡卷上，有可能源自
前文中提到的S形螺旋图案。用S形涡卷替代拱形茎的做法
使棕叶冠先后出现在茎的上方和下方。目前的讨论还是初次
涉及这种布局，尽管棕叶中交替出现的彩色饰带表明，这些
图案就像其他所有棕叶和莲花母题一样，以常用对比强烈的
色彩表现同类纹饰的近东图案为原型【图195】。

图201　希腊陶瓶上的莲花与棕叶边饰

a：盘上的棕叶和S形茎，埃及纳夫克拉蒂斯
（Naukratis），希腊东部，前6世纪，大英博物馆
收藏。

b：拱形茎上的莲花与棕叶边饰，出自西里水罐，
伊特鲁里亚，前6世纪，大英博物馆收藏。

c：S形茎上的成对莲花与棕叶边饰，出自黑绘双
耳瓶，雅典，前6世纪，大英博物馆收藏。

d：成对莲花与棕叶图案，出自黑绘双耳瓶，
雅典，前6世纪，大英博物馆收藏。

e：成对莲花与棕叶边饰，出自黑绘双耳瓶，雅典，
前540年—前530年，大英博物馆收藏。

f：单朵莲花与棕叶边饰，出自红绘陶瓶，雅
典，前460年—前440年，大英博物馆收藏。

g：棕叶与茎构成的边饰，出自红绘陶瓶，雅典，
前480年—前470年，大英博物馆收藏。

h：复合茎上的棕叶与莲花边饰，出自红绘陶瓶，雅
典，前480年—前470年，大英博物馆收藏。

i：连茎上的棕叶边饰，出自黑绘陶瓶，雅典，前510年—前500年，大英博
物馆收藏。

公元前6世纪时出现了大量由两条花冠（棕叶和莲花）边饰连接S形涡卷的装饰图案。在大英博物馆收藏的一件公元前6世纪双耳细颈瓶的颈部【图201c】，S形茎上的锯齿形棕叶与同类茎上的莲花相结合。这些茎相互交错，茎上的花交替出现。两排花冠一排朝上，一排朝下，包含了莲花和棕叶。还有另外的茎用来连接莲花冠。整幅图案由两种颜色绘成，茎部为黑色，花朵局部呈红色。

前6世纪中期，这两个图案系列的独立来源似乎已被遗忘，起伏的S形涡卷简化为花卉饰带间的环形，描绘赫拉克勒斯（Herakles）和野猪故事的黑绘陶瓶即为一例【图201e】。紧密的环形很像由线条组成的一张网，或翻绳游戏中交织的丝线，将花卉紧紧连在一起。尽管该图例中保留了莲花与棕叶交替出现的图案，棕叶开始在边饰中占据主要地位，莲花则挤在它们中间。实际上，莲花成了一个椭圆形空间的边界，棕叶在其中并非独立元素。

后来，在前5世纪红绘陶瓶的边饰上，这种效果更加明显。在一件描绘奏乐场景的水罐上，一条清晰的莲花与棕叶边饰围绕着罐身【图201f】。尽管工匠画得一丝不苟，这一连串花卉再次强调了棕叶，而莲花外层的两片花瓣似乎是这一空间的边界。其他许多红绘陶瓶的图案就没有这么整齐，棕叶间的莲花简化为一个符号，莲花轮廓的边缘由围绕棕叶的两条环形茎组成【图201g】。稍晚的陶瓶似乎表现出回归莲花与棕叶图式的意图，比如一件红绘陶瓶上面描绘了涅索斯（Nessos）之死的一个场景【图201h】。在这里，整齐的棕叶冠与画得不那么明确的莲花同时出现。在重新使用这一图案的过程中，艺术家们似乎没有意识到，最初是莲花瓣的边缘为包含棕叶的装饰空间提供了边界。现在，独立的茎界定了棕叶周围的区域，另外还有一些卷须环绕着莲花冠，产生了一种略嫌琐碎的效果。[25]然而，这种对莲花较晚的关注并未对接下来几个世纪中的图案题材库产生重要影响。在西

亚、中亚和东亚，由花茎限定包含棕叶的椭圆形装饰空间的
边饰【图11、图46】以图201中所见的早期图案为原型，逐
渐变得更加复杂。

迄今所讨论的边饰并不包括连续的细涡卷纹，后者大
概可理解为连续莨苕涡卷纹的原型。尽管如此，希腊陶瓶
绘画的一些细边饰中的确描绘了起伏的花茎，棕叶像花一
样长在茎上【图201i】。对莨苕涡卷的发展而言，这种涡卷
并不太重要，李格尔也未曾特别留意更早期的连续植物图
案。[26]复杂的花叶涡卷纹的主要来源可见于S形涡卷与棕叶
的结合，工匠发明这种优雅的纹饰是用来填充希腊陶瓶把
手周围的区域。

再回头看公元前6世纪的双耳细颈瓶，上文已提及瓶
颈的装饰，瓶腹中央棕叶结合莲花的细节在图例中被放大
【图201d】。这里的S形茎扭在一起，托着两朵莲花和两
片棕叶，形成长方形的构图。在这种简洁、规则的形状出

图202 黑绘双耳瓶
a: 黑绘双耳瓶，棕叶图案中有一张奇
怪的面孔，雅典，约前550年，高39.5厘
米，大英博物馆收藏。
b: 黑绘双耳瓶，雅典，约前530年，高
46.7厘米，大英博物馆收藏。

图203 黑绘双耳瓶,有棕叶与莲花图案,雅典,前540年—前530年,高43厘米,大英博物馆收藏。

现在瓶把手下方时必须经过调整,比如在黑绘双耳细颈瓶上【图202a】。两片棕叶和一朵莲花冠仍在原来的位置,但另一朵莲花被一条分割线所取代,也许代表了两只眼睛中间的鼻子。该图案十分复杂,界定棕叶的线条延伸为涡卷,上面又分出另一条短线,由此形成的成对涡卷上有相互平衡的小棕叶。

在描绘赫拉克勒斯和野猪的黑绘陶瓶上,图式要复杂得多【图203】。图201e表现的是瓶颈部分的纹饰。瓶身图案以四个S形大螺旋为主要框架。在外围边角处,这些螺旋形像之前的例子一样,又延伸出另一个螺旋形。成对涡卷上平衡地点缀着棕叶,棕叶出现在把手下方的图案中心区域以及延伸的外围地带。在连接外围螺旋和中心圆形螺旋的线条之间有四个颇为简洁的莲花冠,令人联想到最初棕叶与莲花冠搭配的构图。

成对S形涡卷的图案偶尔也会附属于由细卷须构成的更长的涡卷,如图202b中的陶瓶所示。在这里,把手下方的图案从一对S形涡卷开始,由单独涡卷组成的下垂长茎与两个S形连接。茎部相交的位置插入了小棕叶。这种延伸S形涡卷的做法后来被用作表现莨苕涡卷的茎。

在红绘陶瓶上,向边缘延伸的成对S形涡卷图案进一步复杂化。主茎局部被拉长,形成的环状可容纳整个棕叶冠。[27] 在较大的器物上,构图通常以前述黑绘瓶上的四个大涡卷为基础,但如果器表面积有限,就只装得下该图案的

图204 红绘陶盘上的棕叶图案,阿普利亚(Apulia),约前360年—前350年,大英博物馆收藏。

图205 石碑上部饰有的一片棕叶与两片半棕叶，出自罗德岛马里查（Maritsa）的一处墓地，前4世纪，高68厘米，大英博物馆收藏。

局部。浅杯仅能容纳复杂构图的一部分。以图204为例，图案中央有一片棕叶安稳地位于一对S形涡卷上，其他小棕叶则装饰茎部分枝处。

我们之所以选择这个例子，因为它仿佛桥梁，连接着黑绘与红绘陶瓶上的涡卷和加入了莨苕叶的同类石刻图案。图204中的布局可与大英博物馆收藏的一件公元前4世纪的纪念碑上的图案相比【图205】。在这块石碑上，整个图案的中心是由莨苕叶组成的酒杯轮廓，包含了支撑棕叶的一对S形涡卷。莨苕叶鞘暗示性地将这片大棕叶一分为二。碑的上端角落处还有涡卷和更小的棕叶。这种构图不仅可与红绘浅盘上的图案相比较【图204】，也同更早的黑绘图案有关【图203】。棕叶之间空白处冒出的细小蓓蕾令人联想到瓶画上棕叶间的莲花【图203】。早期构图的遗迹似乎表明，这类莨苕图案并非单独发明的，而是通过在熟悉的装饰图式中添加叶片形成的。[28]

图206 莲花与棕叶边饰，显示出茛苕叶的用途

a：出自一座爱奥尼亚宝库，德尔菲，德尔菲博物馆收藏，前6世纪，采自A.W. Lawrence, *Greek Architecture*, pl. 34a.

b：出自伊瑞克提翁神庙，雅典，公元前5世纪晚期，大英博物馆收藏。

c：出自埃皮达鲁斯的圆形剧场，公元前4世纪，采自Georges Roux, *L'Architecture de l'Argolide aux IV et III siècles avant J.-C.*, pl. 45.

大英博物馆纪念碑上的图案已经十分成熟。更为基础的图案出现在公元前5世纪，在该时期的建筑装饰中，小叶片最初应是刻在托着大棕叶的涡卷上。拱形茎连接莲花与棕叶的古老纹饰中也加入了茛苕叶。德尔菲（Delphi）一处爱奥尼亚宝藏内的装饰残片上雕刻了这种亚述边饰的希腊变体，残片现收藏于德尔菲博物馆【图206a】。这里的环状茎虽然与图库尔蒂·尼努尔塔宫殿边饰上的图案【图194】稍有不同，仍再次出现了同样的莲花与棕叶系列。这两种植物很容易区分：莲花有宽大、厚重的花瓣，棕叶则被描绘为由叶脊组成的小扇形。前5世纪晚期，雅典卫城的伊瑞克提翁神庙上采用了同样的边饰，只不过增加了茛苕叶【图206b】。尽

管莲花没有明确轮廓，分解为一簇刺的形状，有点像棕叶上
的脊，早期母题的平衡性仍得以保留：莲花瓣向外撇开，棕
叶上的脊呈扇形。伊瑞克特翁神庙边饰上的茎也遵循德尔菲
残片上的布局，从莲花底部出现，形成了支撑棕叶的一对卷
边。然而，这两条边饰的区别在于，伊瑞克特翁神庙的涡卷
中添加了承托花朵的莨苕叶。莲花从杯形的叶片中生出，其
中两片叶子朝上围住花朵，还有另两片朝外弯向两边，前面
还有一片叶子朝向观者。棕叶周围的叶片略有不同：原先抽
象线条的卷边仍清晰可见，但因为那两片托着棕叶的叶子，
它们更像植物，而托着棕叶的还有一片直立的小叶。埃皮达
鲁斯（Epidauros）的圆形剧场中出现了同一图式的后期变体
【图206c】。图例中表现了棕叶底部长出另一条茎，顶端有
一片小棕叶。这条多出来的茎也见于伊瑞克特翁神庙中的某
些边饰，它们似乎受更复杂的图案启发，比如通过结合S形
茎以表示植物卷须的陶工所使用的那些图案。[29]

　　在图206所示的两个后期图例中，莨苕叶形成了真实植
物的假象，掩盖了图案的风格化特性。实际上，这些边饰有
时被理解为某种特定植物。比如，伊瑞克特翁神庙上的图案
常被称为忍冬。[30]观者如此固执地从真实植物中寻找来源，
而毫不理会植物纹饰与近东古代纹饰的渊源，这大概是工匠
添加莨苕叶的原因之一，也是莨苕叶出现后就被持续使用的
主要原因。

　　看起来，使用莨苕叶的目的和达到的效果造成了一种
印象，让人觉得图案中描绘了真实的植物。莨苕叶组成的杯
形似乎解释了不同的花如何从茎上生长出来：一旦添加了叶
片，我们几乎会相信，风格化的美索不达米亚边饰表现了真
正的植物。[31]

　　然而，在任何阶段，古老的莲花、棕叶纹饰和莨苕
叶的结合都不完全像真正的花卉。因此有不同的学者对其
存在做出了解释。最早的有维特鲁威（Vitruvius）对科林

斯柱头来源的叙述，莨苕叶在柱头上是用于遮盖涡卷——在这种情况下常被称为螺旋——上的棕叶饰框架的底部。维特鲁威认为，第一个科林斯柱头是由雕塑家卡利马科斯（Kallimachos）雕刻的，他注意到保姆放在一个女孩坟墓上的一篮子玩具逐渐被莨苕枝叶包裹起来。故事虽然吸引人，但肯定是杜撰的。科林斯柱头纹饰并非莨苕图案的最早实例，它们对现成的涡卷上的棕叶图式做了改变，是较晚期的特殊实例。[32]

工匠最早将莨苕叶加入古代棕叶或莲花图案可能是为了营造视觉效果，而莨苕图案得以延续的原因则可能是因为它含有或者被赋予了某种象征意义。比方说，早期的莨苕柱头，包括我们所知的巴塞（Bassae）阿波罗神庙中的一个柱头，放置的位置表明它们在与神像的关系中扮演了特定角色。另外，莨苕叶在油瓶（lekythoi）纹饰中通常很突出，这种小罐多用于丧葬。后来，几位学者甚至认为，莨苕用于这类器物的原因应该是它同死亡和哀悼有关。[33]

除了用于支撑以莲花和棕叶为原型的花朵，莨苕还有另一个作用：正如贡布里希所指出的，涡卷的各部分连成植物的茎部时，莨苕叶被用来遮盖连接处。[34]尽管陶工在希腊瓶画中用了连续的小边饰，主要的涡卷图案则通过在一对S形涡卷组成的中央部分添加单独的小涡卷构成。这些连接处要么被忽略，要么用小棕叶来填充。然而，当人们将石刻的类似涡卷理解为一株从莨苕萼片中长出的植物时，小叶就被放在了茎部连接处。

这里应该提到迪迪马的希腊化阿波罗神庙内殿的柱头纹饰，虽然在本书第一章中已被谈及。这个图例展示了一种想象的、以一对S形涡卷为基础的植物图案【图12】。两根主茎从中央的莨苕萼片中长出，茎上又分出两条小卷须，将一对半棕叶托举到饰带边界的上方。它的基本结构类似于公元前4世纪纪念石碑上的棕叶与莨苕图案【图205】。这个边框

由一对S形大涡卷组成，下半部分隐藏在莨苕萼片中。两边
添加了小涡卷，它们与大涡卷的连接处有一片小莨苕叶。每
片小叶都由一个小环或根颈固定。这种简洁的茎叶连接持续
存在于许多西方莨苕图案中，甚至又出现在中国的涡卷叶纹
里【图45c】。在柱头上方的两个角落处，小棕叶附着在茎
上，与纪念石碑的外围边角上的棕叶相呼应【图205】。但
图案经过了改进，图式中加入了喇叭形的小花冠，可能替代
了图203中的莲花冠。这些花冠似乎营造了写实的植物图案
的效果，但掩盖茎上分枝位置的莨苕叶和加入的花冠都只是
根据长期存在的框架，创造出一种想象的植物。持续使用S
形涡卷和棕叶冠的做法决定了图案的布局。

　　从中央莨苕萼片中长成对涡卷的装饰图式具有极为
灵活的用途。工匠可以通过添加其他涡卷，并用莨苕叶遮住
相接处的方式无限延伸图案。进行这类改变很容易，所以该
纹饰应用广泛，面貌多样。马其顿佩拉（Pella）的镶嵌画中
有个非常有趣的例子【图207】。[35]初看之下，整幅镶嵌画

图207　卵石镶嵌画，中心部分为猎鹿图，由莨苕涡卷纹发展而来的植物边饰环绕，有希腊文"灵知"（Gnosis）的署名，马其顿佩拉，前3世纪，中心图案高3.1米。

的手法似乎很随意，起伏的涡卷暗示着真正的蔓生植物。然而，这里也保留了原来的图式。在方形地板边饰的四个角中，其中两角内表现了莨苕萼片，正因为如此，这些叶状的心形就不会打断四边主要的连续涡卷。这些涡卷对阿波罗神庙柱头上的植物进行了自由的表现。沿着涡卷插入了更多卷须，但顶部仍有原有图案中的半棕叶痕迹。棕叶的刺张得很开，一眼看去就像填满边饰的卷须。不同角度的喇叭形花冠与上述柱头上的花冠颇为相似。此处也用小莨苕叶遮住主茎与分枝的连接处。这块地板镶嵌画表现的图案看似写实，其实可能出自更早的纹饰框架，例如图205中的纪念石碑上，更早则是在陶瓶纹饰中。

图案中心还可以是规则起伏的茎，支撑着大莨苕叶。第一章开头就提到了相关图例，它们代表了莨苕图案的后期发展。这种图案是伊朗、中亚和中国建筑中叶饰的基础。在这一背景下，中国佛教石窟中的纹饰代表着古代地中海莲花与棕叶图案影响所及的最东端。

【1】Alois Riegl, *Stilfragen: Grundlegungen zu einer Geschichte der Ornamentik*, Berlin, 1893; E. H. Gombrich, *The Sense of Order*, pp. 180-190.

【2】关于埃及、爱琴海和美索不达米亚之间的政治关系，以及随之而来的文化交流的讨论，见William Stevenson Smith, *Interconnections in the Ancient Near East, A Study of the Relationship between the Arts of Egypt, the Aegean arid Western Asia*, New Haven, London, 1965.

【3】Ekrem Akurgal, *The Birth of Greek Art, The Mediterranean and the Near East*, trans. Wayne Dynes, London, 1968, pp. 162-222.

【4】William J. Darby, Paul Ghalioungui, and Louis Grivetti, *Food: The Gift of Osiris*, London, New York, San Francisco, 1977, pp. 620-634; Wolfgang Helck and Wolfhart Westendorf, *Lexikon der Ägyptologie*, Wiesbaden, 1975, vol. 3, pp. 1091-1096.

【5】富卡尔（Foucart）论及建筑中的一些早期实例，见George Foucart, *Histoire de l'ordre lotiforme, étude d'archéologie égyptienne*, Paris, 1897. 关于后期的装饰性应用，主要见G. A. D. Tait, "The Egyptian Relief Chalice," *Journal of Egyptian Archaeology*, 49 (1963), pp. 93-139.

【6】T. G. H. James, *An Introduction to Ancient Egypt, London*, 1979, no. 83.

【7】对棕叶饰源头的解释似乎始终不尽如人意。李格尔将棕叶饰视为一种莲花图案，见Alois Riegl, *Stilfragen: Grundlegungen zu einer Geschichte der Ornamentik*, pp. 59-60, fig. 16. 然而，他的图例是百合与棕叶的结合。百合的角色仍有待研究。爱琴海和埃及艺术中都有百合的形象，属于纹饰中极为常见的植物形象。百合舒展的花瓣的确暗示了后来出现在棕叶饰中的两个涡卷。另见William Stevenson Smith, *The Art and Architecture of Ancient Egypt*, first pub. Harmondsworth, 1958; paperback edn rev. with additions by William Kelly Simpson, Harmondsworth, 1981, fig. 402.

【8】可能影响了棕叶饰的其他植物母题可见于克里特的卡马雷西（Kamares）陶器，Reynold Higgins, *Minoan and Mycenean Art*, London, 1967, no. 17.

【9】也可比较William Stevenson Smith, *Interconnections in the Ancient Near East*, fig. 50b.

【10】关于螺旋图案来源的争论难以达成共识。尽管这种图案似乎很早就广泛应用于爱琴海地区，研究埃及影响的学者倾向于强调埃及源头的独立发展。研究者认为该图案在爱琴海地区出现得更早，见Helene J. Kantor, *The Aegean and the Orient in the Second Millennium BC*, Monographs on archaeology and Fine Arts sponsored by the Archaeological Institute of America and the College Art Association of America IV, The Archaeological Institute of America Monograph no. 1, Indiana, 1947, pp. 21-27; Sinclair Hood, *The Arts of Prehistoric Greece*, paperback edn, Harmondsworth, 1978. 也有学者提出螺旋图案在埃及经历了相对独立的发展，见W. A. Ward, "Egypt and the East Mediterranean World 2200-1900 BC," *Studies in Egyptian Foreign Relations During the First Intermediate Period*, Beirut, 1971. 史蒂文森·史密斯（Stevenson Smith）在其专著中呈现了早期的螺旋图案，见William Stevenson Smith, *The Art and Architecture of Ancient Egypt*, 1981, fig. 205.

【11】底比斯墓葬和克诺索斯壁画中的图案布局惊人地相似，除图189中的实例之外，还可比较图191b中的连续螺旋图案和Arthur Evans, *The Palace of Minos, A Comparative Account of the Successive Stages of the Early Cretan Civilisation as Illustrated by the Discoveries at Knossos*, vol.III, London, 1930, p. 295, fig. 193.

【12】Helene J. Kantor, *The Aegean and the Orient in the Second Millennium BC*, pl. IV A, B, pl. V N,O.

【13】比较维镇（Vix）双耳瓶颈部周围的边饰，见René Joffroy, *Vix et ses trésors*, Paris, 1970, fig.14. 类似图案也出现在爱奥尼亚式柱头上以及罗马时期的飞檐托上，参见：A. W. Lawrence, *Greek Architecture*, Harmondsworth, 1957, p. 33; D. E. Strong, "Some Observations on Early Roman Corinthian," *Journal of Roman Studies*, LIII (1963), pp. 73- 84, pl. VIII.

【14】关于底比斯墓葬装饰的类型，见Owen Jones, *The Grammar of Ornament, Illustrated by Examples from Various Styles of Ornament*, London, 1856, Egyptian pls VII-XI; Gustave Jéquier, *L'Art décoratif dans l'Atiquité, décoration égyptienne, plafonds etfrises végétales du Nouvel Empire thébain (1400 à 1000 avant JC)*, Paris, 1910; P. Förtová- Šamalvá, *Egyptian Ornament*, text by M. Vilímková, London, 1963.

【15】William Stevenson Smith, *Interconnections in the Ancient Near East*, fig. 53. 风格化的花束可能由某种贵金属制成，似乎在许多埃及壁画中均有出现。

【16】Nicholas Postgate, *The First Empires*, Oxford, 1977, pp.115-136; Julian Reade, *Assyrian Sculpture*,1983.

【17】史蒂文森·史密斯讨论了各种树木，他将涡卷树木图案最早出现于埃及的时间断定为十七王朝（约前16世纪上半叶），见 William Stevenson Smith, *Interconnections in the Ancient Near East*, p. 125, 113. 当然，他们二人共同引用的实例属小型图案。值得一提的是，类似的涡卷树木也出现在爱琴海地区的陶器以及拉吉（Lachish）的象牙器物上，见Richard D. Barnett, *Ancient Ivories in the Middle East; Qedem 14*, Monographs of the Institute of Archaeology, Hebrew University of Jerusalem, Jerusalem, 1982, pl. 21d.

【18】William Stevenson Smith, *Interconnections in the Ancient Near East*, fig. 127.

【19】Julian Reade, *Assyrian Sculpture*, fig. 30.

【20】Sergei I. Rudenko, *Frozen Tombs of Siberia, The Pazyryk Burials of Iron-Age Horsemen,* London, 1970, pl. 174.

【21】Henri Frankfort, *The Art and Architecture of the Ancient Orient,* first pub., Harmondsworth 1954, paperback edn, Harmondsworth, 1970, fig. 417; Roman Ghirshman, *The Arts of Ancient Iran from its Origins to the Time of Alexander the Great,* pl. 289.

【22】Rolf A. Stucky, "The Engraved Tridacna Shells," *Dédalo,* vol. 10, no. 19, 1974; Ekrem Akurgal, *The Birth of Greek Art,* pp. 155-156; R. D. Barnett, *A Catalogue of the Nimrud Ivories with Other Examples of Ancient Near Eastern Ivories in the British Museum,* London, 1957, pls VII: G6a, G7, IX:D9, XXI:S6, XXXII: S47a, XXXIV:s50.

【23】*Greek Art of the Aegean Islands,* exh. cat., Metropolitan Museum of Art, New York, 1 Nov. 1979–10 Feb.1980, nos 71, 72.

【24】为说明莲花与棕叶图案的发展，此处选用了陶瓶上的图案，因为它们在世界许多地方都有大量收藏。然而，在陶与石质的建筑装饰中也能观察到类似发展。尽管涉及不同的技术，装饰区域也差异很大，这些材质上的图案经历了平行的演变；比如艾菲亚（Aphaia）的山尖饰以及一些墓碑图例，见Adolf R. Furtwängler, Ernst R. Fiechter, and Hermann Thiersch, *Aegina, das Heiligtum der Aphaia,* Munich, 1906, pl. 51; Hans Möbius, *Die Ornamente der Griechischen Grabstelen, Klassischer und Nachklassischer Zeit,* Berlin, Wilmersdorf, 1929; Roar Hauglid, "The Greek Acanthus, Problems of Origin," *Acta Archaeologica,* Copenhagen, XVIII (1947), pp. 93-116. 尽管图案以棕叶为主，莲花苞与花冠仍有出现，比如图194—196。这些图案的后期形式中包括十分完整的莨苕叶，也包括了莲花图案。

【25】红绘陶瓶上的这一系列图案也可能由拱形茎上的莲花和棕叶构成的单独边饰发展而来，正如图201b中的希腊双耳瓶一样。关于后期边饰产生的时间，见John Boardman, *Athenian Red Figure Vases, the Archaic Period,* London, 1975, p. 214.

【26】Alois Riegl, *Stilfragen: Grundlegungen zu einer Geschichte der Ornamentik,* pp. 119-124.

【27】Owen Jones, *The Grammar of Ornament,* Greek, pl. XIX.

【28】早期建筑装饰，如上文注24中提及的艾瑞克特翁神庙的棕叶饰，体现出与古代莲花与棕叶的结合体之间的类似关系。在这类早期实例中，一般由一对S形涡卷支撑一片完整的棕叶，就像在陶瓶纹饰中一样。只有当莨苕叶鞘始终与S形茎共用时，它才具有了必要性，用于分割由一对涡卷托起的棕叶。对莨苕纹的研究已十分广泛。见Alois Riegl, *Stilfragen: Grundlegungen zu einer Geschichte der Ornamentik,* pp. 248-258; Hans Möbius, *Die Ornamente der Griechischen Grabstelen, Klassischer und Nachklassischer Zeit;* Roar Hauglid, "The Greek Acanthus, Problems of Origin", pp. 93-116; E. H. Gombrich, *The Sense of Order,* pp. 180-190.

【29】有学者述及关于复杂莨苕图案发源地的不同观点，见Georges Roux, *L'Architecture de l'Argolide aux IV et III siècles avant J.– C.,* Bibliothèque des Ecoles Françaises d'Athènes et de Rome, fascicule 199, Paris, 1961, pp. 328-331; Martin Schede, *Antikes Traufleistenornament, zur Kunstgeschichte des Auslandes,* vol. 67, Strasburg, 1909, pp. 20-21; Margaret Lyttelton, *Baroque Architecture in Classical Antiquity,* pp. 30-31.

【30】莲花与棕叶边饰显然并未模仿忍冬，正如我们所见，其源头存在于十分古老的埃及植物纹饰中。希腊建筑中的莲花与棕叶边饰有时也被称为花状平纹边饰，使用这一术语的专家可能认为这个名称特指这种图案。然而，我得感谢杰弗里·卫斯特（Jeffrey West）让我注意到，该术语的正确用法是描述一般意义上的花卉边饰。描述这一图案的各种形式的最准确的说法是莲花与棕叶交替的边饰。

【31】正如导言中所说，我们理解自己所见的需要是推动一切视觉艺术发展的持久动力之一。因此，不论植物纹饰与真实的植物相差多大，它通常会被理解为表现了特定植物。

【32】科林斯柱头图案的基本结构由托举棕叶的一对涡卷组成。这种图案同时用于山尖饰和瓶画，见Alfred Mallwitz, "Ein Kapitell aus Gebranntem Ton, oder zúr Genesis des Korinthischen Kapitells," in *X Bericht über die Ausgrabungen in Olympia,* Deutsches Archäologisches Institute, Berlin, 1981, pp. 318-352, fig. 108.

【33】Roar Hauglid, "The Greek Acanthus, Problems of Origin," pp. 112-116.

【34】E. H. Gombrich, *The Sense of Order,* p. 187.

【35】有学者考察了在佩拉的镶嵌画的历史，见C. M. Robertson, "Greek Mosaics," *Journal of Hellenic Studies,* LXXXV (1965), pp. 72-85.

参考文献

西文文献

Along the Ancient Silk Routes, Central Asian Art from West Berlin State Museums, exh. cat., Metropolitan Museum of Art, New York, 3 April - 20 June 1982.

Walter Andrae, *Farbige Keramik aus Assur und ihre Vorstufen in Altassyrischen Wandmalereien*, Berlin, 1923.

Walter Andrae and Heinz Lenzen, *Die Partherstadt Assur, Ausgrabungen der Deutschen Orient-Gesellschaft in Assur VIII*, Leipzig, 1933.

Terukazu Akiyama *et al., Arts of China, Neolithic Cultures to the T'ang Dynasty: Recent Discoveries*, Tokyo, Palo Alto, 1968.

Ekrem Akurgal, *The Birth of Greek Art, The Mediterranean and the Near East,* trans. Wayne Dynes, London, 1968.

James Allan and Julian Raby, "Metalwork," in Yanni Petsopoulos ed., *Tulips, Arabesques and Turbans, Decorative Arts from the Ottoman Empire*, London, 1982, pp.17-48.

Svetlana Alpers, *The Art of Describing, Dutch Art in the Seventeenth Century*, Chicago, London, 1983.

Mildred Archer, "Banaras and British Art," in *Chhavi*, Golden Jubilee Volume, Banaras, 1971, pp. 43-47.

J. M. Addis, *Chinese Porcelain from the Addis Collection*, London, 1979.

René-Yvon Lefèbre d'Argencé, "A New Approach to the Study of Medieval Jade Zoomorphs,"《中央研究院国际汉学会议论文集·艺术史组》，台北：1981年，第247–318页。

Esin Atil ed., *Turkish Art*, Washington D. C., New York, 1980.

John Ayers and Jessica Rawson, *Chinese Jade throughout the Ages*, exh. cat., Victoria and Albert Museum, 1st May - 22nd June 1975, London, Oriental Ceramic Society, 1975.

Robert W. Bagley, *Shang Ritual Bronzes from the Arthur M. Sackler Collections*, Cambridge, Mass., Washington D. C., 1987.

R. D. Barnett, *A Catalogue of the Nimrud Ivories with Other Examples of Ancient Near Eastern Ivories in the British Museum*, London, 1957.

R. D. Barnett, *Ancient Ivories in the Middle East; Qedem* 14, Monographs of the Institute of Archaeology, the Hebrew University of Jerusalem, Jerusalem, 1982.

Douglas Barrett, *Islamic Metalwork in the British Museum*, London, 1949.

Jules Barthoux, *Les Fouilles de Hadda I, Stupas et Sites, Mémoires de la Délégation Archéologique Française en Afghanistan*, IV, Paris, 1933.

Paul Bernard, "Ai Khanum on the Oxus: A Hellenistic City in Central Asia," *Proceedings of the British Academy,* LIII, 1967, pp. 71-95.

Paul Bernard, "An Ancient Greek City in Central Asia," *Scientific American*, 246, 1 (Jan. 1982), pp. 148-159.

W. von Bissing, "Ägyptische und ägyptisierende Alabastergefässe aus der Deutschen Ausgrabungen in Assur," *Zeitschrift für Assyriologie und Vorderasiatische Archäologie*, N.S., 12, 1940, pp. 149-182.

John Boardman, *Athenian Red Figure Vases*, the Archaic Period, London, 1975.

Derk Bodde, *Festivals in Classical China, New Year and Other Annual Observances during the Han Dynasty* (206 BC–AD 220), Princeton, 1975.

A. Gutkind Bulling, "The Decoration of Mirrors of the Han Period, A Chronology," *Artibus Asiae*, Supplementum XX, Ascona, 1960.

A. Gutkind Bulling, "The Guide of the Souls Picture in the Western Han tomb in Ma-wang-tui near Ch'ang-sha," *Oriental Art*, XX, 2 (Summer 1974), pp. 158-173.

Susan Bush, "Thunder Monsters, Auspicious Animals and Floral Ornament in Early Sixth-Century China," *Ars Orientalis*, X (1975), pp. 19-33.

Howard Crosby Butler, *Architecture and Other Arts, Part II of the Publication of an American Archaeological Expedition to Syria in 1899–1900*, New York, 1903.

The Cambridge History of Iran, vol. 5, *The Saljuq and Mongol Periods*, J. A. Boyle ed., Cambridge, 1968.

The Cambridge History of Iran, vol. 3, *The Seleucid, Parthian and Sasanian Periods*, Ehsan Yarshater ed., Cambridge, 1983.

Schuyler Cammann, "The Symbolism of the Cloud Collar Motif," *Art Bulletin*, 1951, pp. 1-9.

Schuyler Cammann, *China's Dragon Robes*, New York, 1952.

John Carswell, "Six Tiles," in Richard Ettinghausen ed., *Islamic Art in the Metropolitan Museum of Art*, New York, 1972, pp. 99-123.

John Carswell, "Ceramics," in Yanni Petsopoulos ed., *Tulips, Arabesques and Turbans, Decorative Arts from the Ottoman Empire*, London, 1982, pp. 73-96.

John Carswell, "The Tiles in the Yeni Kaplica Baths at Bursa," *Apollo*, July 1984, pp. 36-43.

Jon Catleugh, *William De Morgan Tiles*, with essays by Elizabeth Aslin and Alan Caiger-Smith, London, 1983.

Jean Charbonneaux, Roland Martin, and François Villard, *Hellenistic Art 330–50 BC*, trans. Peter Green, London, 1973.

Kenneth K. S. Ch'en, *Buddhism in China, a Historical Survey*, Princeton, 1964.

Ch'en Yuan, *Western and Central Asians in China under the Mongols, their Transformation into Chinese*, trans. and annot. Ch'en Hsing-hai and L. Carrington Goodrich. Monumenta Serica Monograph XV, Los Angeles, 1966.

Cheng Te-k'un, "Yin-yang Wu-hsing and Han art," *Harvard Journal of Asiatic Studies*, 20 (1957), pp. 162-186.

Cheng Te-k'un, "Jade Flowers and Floral Patterns in Chinese Decorative Art," *Journal of the Institute of Chinese Studies*, II, 2 (Sept. 1969), reprint, pp. 1-81.

A. H. Christie, *Traditional Methods of Pattern Designing*, Oxford, 1910, 2nd edn 1929; reprinted by Dover Publications, as *Pattern Design, An Introduction to the Study of Formal Ornament*, New York, 1969.

Malcolm A. R. Colledge, *The Parthians*, London, 1967.

Malcolm A. R. Colledge, *The Art of Palmyra*, London, 1976.

Malcolm A. R. Colledge, *Parthian Art*, London, 1977.

Ulrich Conrads, *Programmes and Manifestos on 20th-century Architecture*, trans. Michael Bullock, London, 1970.

Ananda K. Coomaraswamy, *Elements of Buddhist Iconography*, Cambridge, Mass., London, Oxford, 1935.

Giovanni Curatola, "The Viar Dragon," in *Soltāniye III, Quaderni del Seminario di Iranistica, Urālo-Altaistica e Caucasologia dell' Università Degli Studi di Venezia*, 9, Venice, 1982.

William J. Darby, Paul Ghalioungui, and Louis Grivetti, *Food: the Gift of Osiris*, London, New York, San Francisco, 1977.

V. T. Darkevich, *Khudozhestvenny Metall Vostoka*, VIII-XIII/VV, Moscow, 1976.

Nina de Garis Davies, *The Tombs of Two Officials of Tuthmosis the Fourth, Nos 75 and 90*, The Theban Tomb Series (3rd memoir), London, 1923.

Nina de Garis Davies, *The Tomb of Huy, Viceroy of Nubia in the Reign of Tutankhamun, No. 40*, with explanatory text by Alan H. Gardiner, The Theban Tomb Series (4th memoir), London, 1926.

Nina M. Davies, *Ancient Egyptian Painting*, with editorial assistance of Alan H. Gardiner, Chicago, 1936.

Richard Dawkins, *The Selfish Gene*, Oxford, 1975, paperback edn 1978.

Aileen Dawson, *Masterpieces of Wedgwood in the British Museum*, London, 1984.

Lewis F. Day, *Pattern Design, A Book for Students, Treating in a Practical Way of the Anatomy, Planning and Evolution of Repeated Ornament*, London, 1903; reprinted by Dover Publications, New York, 1979.

Walter B. Denny, "Dating Ottoman works in the Saz Style," *Muqarnas*, 1, New Haven, London, 1983, pp. 103-121.

Jean-Pierre Diény, "Histoire et Philologie de la Chine Classique (Programme de l'année 1977–78)," *Annuaire 1978/9, Ecole Pratique des Hautes Etudes IV*, Section Sciences Historiques et Philologiques, Paris, 1982, pp. 1045-1062.

Marcel Dieulafoy, *L'Art Antique de La Perse, Achéménides, Parthes, Sassanides*, Paris, 1884 et seq.

Patricia Buckley Ebrey, *The Aristocratic Families of Early Imperial China, A Case Study of the Po-ling Ts'ui Family*, London, New York, Sydney, 1978.

Yasushi Egami, *Nippon aya no genryū*, Tokyo, 1983.

Eight Dynasties of Chinese paintings, the Collections of the Nelson-Gallery Atkins Museum, exh. cat., Kansas City and the Cleveland Museum of Art, Cleveland, Indiana, 1980.

Richard Ettinghausen, "On Some Mongol Miniatures," *Kunst des Orients*, III (1959), pp. 44-65.

Arthur Evans, *The Palace of Minos, A Comparative Account of the Successive Stages of the Early Cretan Civilisation as Lllustrated by the Discoveries at Knossos*, vol. III, London, 1930.

John Figgess, "A Group of Decorated Lacquer Caskets of the Yuan Dynasty," *Transactions of the Oriental Ceramic Society*, 36 (1964–6), pp. 39-42.

P. Fŏrtová-Šámalvá, *Egyptian Ornament*, text by M. Vilímková, London, 1963.

George Foucart, *Histoire de l'ordre lotiforme, étude d'archéologie égyptienne*, Paris, 1897.

A. Foucher, *L'Art Gréco-Bouddhique du Gandhara, étude sur les origines de l'influence classique dans l'art Bouddhique de l'Inde et de l'Extrème-Orient*, vol. I, Publications de l'Ecole Frammise d'Extrème-Orient, vol. 5, Paris, 1905.

Henri Frankfort, *The Art and Architecture of the Ancient Orient*, first pub., Harmondsworth 1954, paperback edn, Harmondsworth, 1970.

Grégoire Frumkin, *Archaeology in Soviet Central Asia*, Leiden, Cologne, 1970.

Adolf R. Furtwängler, Ernst R. Fiechter, and Hermann Thiersch, *Aegina, das Heiligtum der Aphaia*, Munich, 1906.

Herbert Fux, "Chinesiche Medaillonformen in der Islamischen Kunst," in Oktay Aslanapa, Rudolf Naumann eds., *Forschungen zur Kunst Asiens, In Memoriam Kurt Erdmann*, Istanbul, 1969, pp. 278-300.

Gemeentelijk Museum het Princessehof Leeuwarden, *Swatow*, Leeuwarden, 1964.

Roman Ghirshman, *Iran. Parthians and Sassanians*, trans. Stuart Gilbert and James Emmons, London, 1962.

Roman Ghirshman, *The Arts of Ancient Iran from its Origins to the Time of Alexander the Great*, trans. Stuart Gilbert and James Emmons, New York, 1964.

H. A. Giles, *The Travels of Fa-Hsien (399–414 A.D.) or Record of the Buddhist Kingdoms*, London, 1923.

Derek Gillman, "A New Image in Chinese Buddhist Sculpture of the Tenth to Thirteenth Century," *Transactions of the Oriental Ceramic Society*, 47 (1982–3), pp. 33-44.

Derek Gillman, "Ming and Qing ivories: figure carving," in William Watson ed., *Chinese Ivories from the Shang to the Qing*, London, 1984.

E. H. Gombrich, *Art and Illusion, A Study in the Psychology of Pictorial Representation*, Oxford, 1960.

E. H. Gombrich, "Illusion and Art," in R. L. Gregory and E. H. Gombrich eds., *Illusion in Nature and Art*, London, 1973.

E. H. Gombrich, *The Sense of Order, A Study in the Psychology of Decorative Art,* London, 1979.

E. H. Gombrich, *Ideals and Idols, Essays on Values in History and in Art*, Oxford, 1979.

E. H. Gombrich, *The Image and the Eye, Further Studies in the Psychology of Pictorial Representation*, Oxford, 1982.

G. St G. M. Gompertz, "Korean Inlaid Lacquer of the Koryo Period," *Transactions of the Oriental Ceramic Society,* 43 (1978–9), pp. 1-31.

Roger Goepper and Roderick Whitfield, *Treasures from Korea*, exh. cat., British Museum, London, 1984.

Godfrey Goodwin, *A History of Ottoman Architecture*, London, 1971.

W. H. Goodyear, *The Grammar of the Lotus, A New History of Classic Ornament as a Development of Sun Worship,* London, 1891.

Basil Gray, *Persian Painting*, Geneva, 1961.

Basil Gray, "Some Chinoiserie Drawings and their origins," in Oktay Aslanapa and Rudolf Naumann eds., *Forschungen zur Kunst Asiens, In Memoriam Kurt Erdmann*, Istanbul, 1969, pp. 159-171.

Basil Gray, "Chinese Influence in Persian Paintings: 14th and 15th Centuries," in William Watson ed., *The Westward Influence of Chinese Art, Colloquies on Art and Archaeology in Asia*, 3, London, 1973, pp. 11-19.

Basil Gray, "The Export of Chinese Porcelain to the Islamic World: Some Reflections on Its Significance for Islamic Art before 1400," *Transactions of the Oriental Ceramic Society*, 41 (1975–7), pp. 231-262.

Basil Gray, *The World History of Rashid al-Din, A Study of the Royal Asiatic Society Manuscript*, London, 1978.

Basil Gray ed., *The Arts of the Book in Central Asia 14th–16th Centuries*, Paris, London, 1979.

Greek Art of the Aegean Islands, exh. cat., Metropolitan Museum of Art, New York, 1 Nov. 1979–10 Feb. 1980.

Richard L. Gregory, *Eye and Brain, the Psychology of Seeing*, London, 1966.

Richard L. Gregory, *The Intelligent Eye*, London, 1970.

Albert Grünwedel, *Altbuddhistische Kultstätten in Chinesischen-Turkistan, Bericht über archäologische Arbeiten von* 1906 *bis* 1907 *bei Kuća, Qaraśahr und in der Oase Turfan,* Berlin, 1912.

Ernst J. Grube, "Painting," in Yanni Petsopoulos ed., *Tulips, Arabesques and Turbans, Decorative Arts of the Ottoman Empire,* London, 1982, pp. 193-200.

Ernst J. Grube and Eleanor Sims eds., *Between China and Iran, Paintings from four Istanbul Albums, Colloquies on Art and Archaeology in Asia*, 10, New York, London, 1984.

Bo Gyllensvärd, "T'ang Gold and Silver," *Bulletin of the Museum of Far Eastern Antiquities*, 29 (1957), pp. 1-230.

J. Hackin *et al.*, *Nouvelles recherches archéologiques à Bégram (ancienne Kâpicî) 1939–40*, Mémoires de la Délégation Archéologique Française en Afghanistan, XI, Paris, 1954.

Madeleine Hallade, Simóne Gaulier, Liliane Courtois, *Douldour-âqour et Soubachi,* Mission Paul Pelliot IV, text, Paris, 1982.

Roar Hauglid, "The Greek Acanthus, Problems of Origin," *Acta Archaeologica*, Copenhagen, XVIII (1947), pp. 93-116.

Ryoichi Hayashi, *The Silk Road and the Shoso-in,* trans. Robert Ricketts, Tokyo, 1975.

Wolfgang Helck and Wolfhart Westendorf, *Lexikon der Ägyptologie,* Wiesbaden, 1975 *et seq*.

Georgina Herrmann, *The Iranian Revival*, Oxford, 1977.

Ernst E. Herzfeld, *Iran in the Ancient Near East*, Archaeological Studies presented in the Lowell lectures at Boston, London, New York, 1941.

Reynold Higgins, *Minoan and Mycenean Art,* London, 1967.

Sinclair Hood, *The Arts of Prehistoric Greece*, paperback edn, Harmondsworth, 1978.

Hans Hörmann, "Die Römische Bühnenfront zu Ephesos," *Jahrbuch des Deutschen Archäologischen Instituts*, XXXVIII/IX (1923–1924), pp. 275-345.

Gertraut Hornbostel-Hüttner, *Studien zur Römischen Nischenarchitektur,* Studies of the Dutch Archaeological and Historical Society, vol. IX, Leiden, 1979.

Robert Hughes, *The Shock of the New*, London, 1980.

A. T. P. Hulsewé, *China in Central Asia, the Early Stages: 125 BC–AD 23*, an annotated translation of chs 61 and 96 of the "History of the Former Han Dynasty," with an introduction by M. A. N. Loewe, Leiden, 1979.

Harald Ingholt, *Gandharan Art in Pakistan*, New York, 1957.

M. S. Ipşiroğlu, *Saray-alben, Diez'sche Klebebände aus den Berliner Sammlungen*, Verzeichnis der Orientalischen Handschriften in Deutschland, viii, Wiesbaden, 1964.

M. S. Ipşiroğlu, *Malerei der Mongolen*, Munich, 1965.

M. S. Ipşiroğlu, *Das Bild im Islam, Ein Verbot und seine Folgen*, Vienna, Munich, 1971.

T. G. H. James, *An Introduction to Ancient Egypt*, London, 1979.

Charles Jencks, *The Language of Post-Modern Architecture*, first pub. 1977, 4th rev. enlarged edn, London, 1984.

Gustave Jéquier, *L'Art décoratif dans l'Atiquité, décoration égyptienne, plafonds etfrises végétales du Nouvel Empire thébain* (1400 à 1000 avant JC), Paris, n.d.

René Joffroy, *Vix et ses trésors*, Paris, 1979.

Owen Jones, *The Grammar of Ornament, Illustrated by Examples from Various Styles of Ornament*, London, 1856.

Annette Juliano, "Teng-hsien, an Important Six Dynasties Tomb," *Artibus Asiae,* Supplementum XXXVIII, Ascona, 1980.

Koichi Kakimoto, *Erakuga Hekiga*, Tokyo, 1981.

Helene J. Kantor, *The Aegean and the Orient in the Second Millennium BC*, Monographs on archaeology and Fine Arts sponsored by the Archaeological Institute of America and the College Art Association of America IV, The Archaeological Institute of America Monograph no.1, Indiana, 1947.

Bernhard Karlgren, "Legends and Cults in Ancient China," *Bulletin of the Museum of Far Eastern Antiquities,* 18 (1946), pp. 199-365.

Bernhard Karlgren, *A Catalogue of the Chinese Bronzes in the Alfred F. Pillsbury Collection*, Minneapolis, 1952.

Bernhard Karlgren, "Some Sacrifices in Chou China," *Bulletin of the Museum of Far Eastern Antiquities*, 40 (1968), pp. 1-31.

Chewon Kim and G. St G. M. Gompertz, *The Ceramic Art of Korea*, London, 1961.

E. R. Knauer, "The Fifth Century A.D. Buddhist Cave Temples at Yun-kang North China, A Look at Their Western Connections," *Expedition*, 25, 4 (1983), pp. 27-47.

George Kubler, *The Shape of Time, Remarks on the History of Things*, New Haven, London, 1962.

Ernst Kühnel, *The Arabesque*, Graz, 1977.

George Kuwayama, "Recently Discovered Sung Lacquer," in William Watson ed., *Lacquerwork in Asia and Beyond,* Colloquies on Art and Archaeology in Asia, II, London, 1982, pp. 40-69.

George Kuwayama, *Far Eastern Lacquer,* Los Angeles County Museum of Art, Los Angeles, 1982.

Arthur Lane, *A Guide to the Collection of Tiles*, Victoria and Albert Museum, London, 1960.

Arthur Lane, *Later Islamic Pottery*, London, 1957.

A. W. Lawrence, *Greek Architecture*, Harmondsworth, 1957.

Sherman E. Lee and Wai-kam Ho, *Chinese Art under the Mongols: The Yuan Dynasty (1279–1368)*, exh. cat., Cleveland Museum of Art, Cleveland, 1968.

Les Trésors de Dalverzine-tépé, Leningrad, 1978.

Daisy Lion-Goldschmidt, *Ming Porcelain*, trans. Katherine Watson, London, 1978.

Li Chi, *Anyang*, Seattle, 1977.

Liu Xinyuan, "The Unique Decorative Patterns of Yuan Blue and White, the Fouliang Porcelain Bureau and the Huaju Bureau of Jindezhen," *Trade Ceramic Studies,* 3 (1983), pp. 1-12.

Max Loehr, "The Fate of Ornament in Chinese Art," *Archives of Asian Art*, XXI (1967–1968), pp. 8-19.

Michael Loewe, *Ways to Paradise, the Chinese Quest for Immortality,* London and Sydney, 1979.

J. E. Van Lohuizen-de Leeuw, "New Evidence with Regard to the Origin of the Buddha Image," in Herbert Härtel ed., *South Asian Archaeology*, Berlin, 1979, pp. 377-400.

C. T. Loo, *An Exhibition of Chinese Stone Sculptures*, New York, 1940.

Hin-cheung Lovell, "Some Northern Chinese Ceramic Wares of the Sixth and Seventh Centuries," *Oriental Art*, XXI, 4 (Winter 1975), pp. 328-342.

Edward Lucie-Smith, *The Story of Craft, The Craftsman's Role in Society*, Oxford, 1981.

Margaret Lyttelton, *Baroque Architecture in Classical Antiquity*, London, 1974.

Ariane MacDonald, Yoshiro Imaeda *et al., Essais sur l'Art du Tibet,* Paris, 1977.

Alfred Mallwitz, "Ein Kapitell aus Gebranntem Ton, oder zúr Genesis des Korinthischen Kapitells," in *X Bericht über die Ausgrabungen in Olympia*, Deutsches Archäologisches Institute, Berlin, 1981, pp. 318-352.

Spyridon Marinatos, *Crete and Mycenae*, London, 1960.

F. R. Martin, *Miniatures from the Period of Timur in a M. S. of the Poems of Sultan Ahmad Jalair*, Vienna, 1926.

Margaret Medley, *Metalwork and Chinese Ceramics*, Percival David Foundation Monographs 2, London, 1972.

Margaret Medley, "Chinese Ceramics and Islamic Design," in William Watson ed., *The Westward Influence of the Chinese Arts from the 14th to the 18th century*, Colloquies on Art and Archaeology in Asia, 3, London, 1973, pp. 1-10.

Margaret Medley, *Yuan Porcelain and Stoneware,* London, 1974.

Margaret Medley, *The Chinese Potter, A Practical History of Chinese Ceramics*, Oxford, 1976.

A. S. Melikian-Chirvani, "L'évocation littéraire du bouddhisme dans l'Iran musulman," in Jean Aubin ed., *Le Monde Iranien et l'Islam. Sociétés et cultures,* Geneva, Paris, 1974, pp. 1-72.

A. S. Melikian-Chirvani, *Islamic Metalwork from the Iranian World, 8th–18th centuries*, Victoria and Albert Museum Catalogue, London, 1982.

Jacques Meunié, *Shotorak, Mémoires de la Délégation Archéologique Française en Afghanistan*, X, Paris, 1942.

Yutaka Mino, *Freedom of Clay and Brush through Seven Centuries in Northern China: Tzu-chou Type Wares 960–1600 AD*, exh. cat. Indianapolis Museum of Art, Indianapolis, 17 Nov. 1980–18 Jan. 1981.

Hans Möbius, *Die Ornamente der Griechischen Grabstelen, Klassischer und Nachklassischer Zeit*, Berlin, Wilmersdorf, 1929.

Rekha Morris, "Some Observations on recent Soviet Excavations in Soviet Central Asia and the problem of Gandhara Art," *Journal of the American Oriental Society*, 103, 3 (July–Sept. 1983), pp. 557-567.

Margaret Rose Olin, "Alois Riegl and the Crisis of Representation in Art Theory 1880–90," unpub. dissertation submitted to the faculty of the Division of Humanities, University of Chicago, 1982.

Ann Paludan, *The Imperial Ming Tombs*, New Haven, London, 1981.

Ann Paludan, "Some Foreigners in the Spirit Roads of the Northern Song Imperial Tombs," *Oriental Art,* XXIX, 4 (Winter 1983/4), pp. 377-388.

André Parrot, *Sumer,* trans. Stuart Gilbert and James Emmons, London, 1960.

André Parrot, *Nineveh and Babylon*, trans. Stuart Gilbert and James Emmons, London, 1961.

Nikolaus Pevsner, *Pioneers of Modern Design, from William Morris to Walter Gropius*, Harmondsworth, 1960 (rev. and partly rewritten edn of the work first pub. as *Pioneers of the Modern Movement*, London, 1936).

Michèle Pirazzoli-t'Serstevens, *The Han Civilisation of China*, trans. Janet Seligman, Fribourg, Switzerland, 1982.

Pompeii AD 79, exh. cat. Royal Academy of Arts, London, 20 Nov. 1976–27 Feb. 1977.

Arthur Upham Pope and Phyllis Ackerman eds., *A Survey of Persian Art from Prehistoric Times to the Present*, vol. III text, *The Art of the Book, Textiles, Carpets, Metalwork, Minor Arts*, London, New York, 1939.

John A. Pope, "Chinese Influence on Iznik Pottery: A Re-examination of an Old Problem," in Richard Ettinghausen ed., *Islamic Art in the Metropolitan Museum of Art*, New York, 1972, pp. 124-139.

Martin J. Powers, "An Archaic Bas-relief and the Chinese Moral Cosmos in the First Century AD," *Ars Orientalis*, XII (1981), pp. 25-36.

Nicholas Postgate, *The First Empires*, Oxford, 1977.

David Pye, *The Nature and the Art of Workmanship*, Cambridge, 1968.

Julian Raby and Ünsal Yücel, "Blue and White, Celadon and Whiteware: Iznik's Debt to China," *Oriental Art*, XXIX, 1 (Spring 1983), pp. 38-48.

Jessica Rawson, "The Ornament on Chinese Silver of the Tang Dynasty (AD 618–906)," *British Museum Occasional Papers*, 40, London, 1982.

Jessica Rawson, "Eccentric Bronzes of the Early Western Zhou," *Transactions of the Oriental Ceramic Society*, 47 (1982–1983), pp. 10-31.

Jessica Rawson, "Song Silver and its connexions with Ceramics," *Apollo*, July 1984, pp. 18-23.

Jessica Rawson, "The Lotus and the Dragon, Sources of Chinese Ornament," *Orientations*, Nov. 1984, pp. 22-36.

Jessica Rawson "Ornament as System: The Case of Chinese Bird and Flower Designs," *Burlington Magazine*, July 2006, pp. 380-389.

Jessica Rawson, "The Han Empire and its Northern Neighbours: the Fascination of the Exotic," in James Lin ed., *The Search for Immortality, Tomb Treasures of Han China*, New Haven and London: Yale University Press, 2012, pp. 23-36.

Julian Reade, *Assyrian Sculpture*, London, 1983.

Alois Riegl, *Stilfragen: Grundlegungen zu einer Geschichte der Ornamentik*, Berlin, 1893.

C. M. Robertson, "Greek Mosaics," *Journal of Hellenic Studies*, LXXXV (1965), pp. 72-85.

J. M. Rogers, *Islamic Art and Design 1500–1700*, London, 1983.

J. M. Rogers, "A Group of Ottoman Pottery in the Godman Collection," *Burlington Magazine* (March 1984), pp. 134-145.

John M. Rosenfield, *The Dynastic Arts of the Kushans*, Berkeley, Los Angeles, London, 1967.

Georges Roux, *L'Architecture de l'Argolide aux IV et III siècles avant J.- C.,* Bibliothèque des Ecoles Françaises d'Athènes et de Rome, fascicule 199, Paris, 1961.

Benjamin Rowland, *The Art and Architecture of India, Buddhist, Hindu, Jain*, Harmondsworth, 1953.

Benjamin Rowland, "The Vine-scroll in Gandhara," *Artibus Asiae*, XIX (1956), pp. 353-360.

Sergei I. Rudenko, *Frozen Tombs of Siberia, The Pazyryk Burials of Iron-Age Horsemen*, London, 1970.

Fuad Safar and Muhammad Ali Mustafa, *Hatra the City of the Sun God*, Baghdad, 1974.

Sasanian silver, *Late Antique and early Mediaeval Arts of Luxury from Iran*, exh. cat., University of Michigan Museum of Art, Michigan, Aug.–Sept. 1967.

Masahiko Sato, *Chinese Ceramics, A Short History*, New York, Tokyo, 1981.

J. J. Saunders, *The History of the Mongol Conquests*, London, 1971.

G. Scarcia, "The Vihār of Qonqor-olong. Preliminary Report," *East and West*, N.S. 25, 1-2 (March–June 1975), pp. 99-104.

Martin Schede, *Antikes Traufleistenornament, zur Kunstgeschichte des Auslandes*, vol. 67, Strasburg, 1909.

Karl Schefold, *Vergessenes Pompeji: Unveröffentlichte Bilder Römischer Wanddekorationen in Geschichtlicher Folge herausgegeben*, Berne, Munich, 1962.

Daniel Schlumberger, *L'Orient Hellénisé, l'Art Grec et ses Héritiers dans l'Asie non Méditerranéenne*, Paris, 1970.

Bruno Schulz and Hermann Winnefeld, *Baalbek: Ergebnisse der Ausgrabungen und Untersuchungen in den Jahren 1898 bis 1905*, Berlin, Leipzig, 1921.

N. J. Seeley and P. J. Turner, "Metallurgical Investigations of Three early Indian Coinages: Implications for Metal Trading and Dynastic Coinages," in Bridget Allchin ed., *South Asian Archaeology 1981*, Cambridge, 1984.

Gottfried Semper, *Der Stil in den technischen und tektonischen Künsten; oder, Praktische Aesthetik. Ein Handbuch für Techniker, Künstler und Kunstfreunde,* München, F. Bruckmann, 1863.

H. Seyrig, R. Amy, and E. Will, *Le Temple de Bel à Palmyre, Album, Bibliothèque Archéologique et Historique*, LXXXIII, Institut Français d'Archéologie de Beyrouth, Paris, 1975.

Lawrence Sickman, "Chinese Classic Furniture," *Transactions of the Oriental Ceramic Society,* 42 (1977–8), pp. 1-23.

Marianna S. Simpson, "The Role of Baghdad in the Formation of Persian Painting," in C. Adle ed., *Art et Société dans le Monde Iranien*, Institut Français d'Iranologie de Téhéran, Bibliothèque Iranienne, 26, Paris, 1982.

Ellen.S. Smart, "Fourteenth Century Chinese Porcelain from a Tughlaq Palace in Delhi," *Transactions of the Oriental Ceramic Society,* 41 (1975–1976), pp. 199-230.

Alexander Soper, "Northern Liang and Northern Wei in Kansu," *Artibus Asiae*, XXI (1958), pp. 131-64.

Alexander Soper, "South Chinese Influences on Buddhist Art of the Six Dynasties period," *Bulletin of the Museum of Far Eastern Antiquities,* 32 (1960), pp. 47-112.

Staatliche Museen Preussischer Kulturbesitz, Museum für Ostasiatische Kunst, *Ausgewählte Werke Ostasiatischer Kunst*, Berlin, 1970.

Richard F. S. Starr, *Nuzi, Report on the Excavations at Yorgan Tepe near Kirkuk, Iraq, conducted by Harvard University in conjunction with the American Schools of Oriental Research and the University Museum of Philadelphia 1927-31*, Cambridge, Mass., 1937–1939.

Boris Stawiski, *Mittelasien, Kunst der Kuschan*, Leipzig, 1979.

Philip Steadman, *The Evolution of Designs, Biological Analogy in Architecture and the Applied Arts*, Cambridge, 1979.

M. Aurel Stein, *Ancient Khotan, Detailed Report of Archaeological Explorations in Chinese Turkestan, carried out and described under the orders of H. M. Indian Government*, Oxford, 1907.

M. Aurel Stein, *Ruins of Desert Cathay, Personal Narrative of Explorations in Central Asia and Westernmost China*, London, 1912.

M. Aurel Stein, *On Central Asian Tracks, Brief Aarrative of Three Expeditions in Innermost Asia and Northwestern China*, reprinted from the original edn of 1933, Jeannette Mirsky ed., Chicago, London, 1964.

William Stevenson Smith, *Interconnections in the Ancient Near East, A Study of the Relationship between the Arts of Egypt, the Aegean arid Western Asia*, New Haven, London, 1965.

William Stevenson Smith, *The Art and Architecture of Ancient Egypt,* first pub. Harmondsworth, 1958; paperback edn rev. with additions by William Kelly Simpson, Harmondsworth, 1981.

D. E. Strong, "Some Observations on Early Roman Corinthian," *Journal of Roman Studies*, LIII (1963), pp. 73-84.

Rolf A. Stucky, "The Engraved Tridacna Shells," *Dédalo*, vol. 10, no. 19, 1974.

George Sturt, "The Wheelwright's Shop," paperback edn of original edn pub. 1923, Cambridge, 1963.

Louis Sullivan, "Ornament in Architecture," *Engineering Magazine* (New York), III, 5 Aug. 1892.

Louis Sullivan, *Kindergarten Chats*, New York, 1947.

Michael Sullivan, Chinese *Landscape Painting*, vol. II, *The Sui and T'ang Dynasties*, Berkeley, Los Angeles, London, 1980.

John Summerson, *Heavenly Mansions and Other Essays on Architecture*, London, 1949.

John Summerson, "What is Ornament and What is not," in Stephan Kieran ed., Ornament, VIA III, University of Pennsylvania, 1977.

John Summerson, *The Classical Language of Architecture*, London, 1980; rev. and enlarged edn, originally pub. 1963.

G. A. D. Tait, "The Egyptian Relief Chalice," *Journal of Egyptian Archaeology*, 49 (1963), pp. 93-139.

Hugh Tait, "Southwark (Alias Lambeth) Delft Ware and the Potter, Christian Wilhelm: 1," *Connoisseur*, August 1960, pp. 36-40.

David Talbot Rice, *The Illustrations to the 'World History' of Rashid al-Din*, Basil Gray ed., Edinburgh, 1976.

The Arts of Islam, exh. cat. Hayward Gallery, The Arts Council of Great Britain, London, 8 April–4 July 1976.

The Imperial Household, Toyei Shuko, An Illustrated Catalogue of the Ancient Imperial Treasurey called Shosoin, Tokyo 1910.

Deborah Thompson, *Stucco from Chal Tarkhan-Eshqabad near Rayy,* Colt Archaeological Institute publications, Warminster, Wiltshire, 1976.

Deborah Thompson, "Parthian Stucco from Warka in the British Museum: Quantitative analysis and the bust motif in Parthian and Sasanian stucco," *Akten des VII Internationalen Kongresses für Iranische Kunst und Archäologie*, Munich, 7–10 Sept. 1976, Berlin, 1979, pp. 294-308.

Norah M. Titley, *Persian Miniature Painting, and its influence on the art of Turkey and India, the British Library Collection,* London, 1983.

J. M. C. Toynbee and J. B. Ward Perkins, "Peopled Scrolls: a Hellenistic Motif in Imperial Art," *Papers of the British School at Rome*, XVIII, N.S.,V, London, 1950, pp. 1-43.

Michael Vickers, "Les vases peints: Image ou Mirage?" in F. Lissarrague and F. Thelamon eds., *Image et céramique grècque, Actes du Colloque de Rouen 1982*, Rouen, 1983, pp. 29-42.

Odette Viennot, *Les Divinité's Fluviales Gangā et Yamunā aux Portes des Sanctuaires de l'Inde,* Publications du Musée Guimet, Recherches et Documents d'Art et d'Archéologie, X, Paris, 1964.

C. H. Waddington, *Tools For Thought*, paperback edn, London, 1977.

Susan Walker and Andrew Burnett, *The Image of Augustus*, London, 1981.

W. A. Ward, "Egypt and the East Mediterranean World 2200–1900 BC," *Studies in Egyptian Foreign Relations During the First Intermediate Period*, Beirut, 1971.

J. B. Ward Perkins, "The Roman West and the Parthian East," *Proceedings of the British Academy*, vol. 51, 1965, pp. 175-199.

William Watson, *Cultural Frontiers in Ancient East Asia*, Edinburgh, 1971.

G. B. Waywell, *The Freestanding Sculptures of the Mausoleum at Halicarnassus in the British Museum*, London, 1978.

Stuart C. Welch, "Two Drawings, a Tile, a Dish and a Pair of Scissors," in Richard Ettinghausen ed., *Islamic Art in the Metropolitan*

Museum of Art, New York, 1972, pp. 291-298.

Wen Fong ed., The Great Bronze Age of China, An Exhibition from the People's Republic of China, exh. cat., Metropolitan Museum of Art, New York, 12 April–9 July, 1980.

Roderick Whitfield, The Art of Central Asia: The Stein Collection in the British Museum, 3 vols, Tokyo, 1982 et seq.

Jan Wirgin, "Sung Ceramic Designs," Bulletin of the Museum of Far Eastern Antiquities, 42 (1970), pp. 1-272.

Jan Wirgin, "Sung Ceramic Designs and their Relation to Painting," in Margaret Medley ed., Chinese Painting and the Decorative Style, Colloquies on Art and Archaeology in Asia, 5, London, 1976.

Nigel Wood, Oriental Glazes, London and New York, 1978.

Robert Wood, The Ruins of Palmyra, otherwise Tedmor in the Desert, London, 1753.

Yonezawa Yoshio, Kawakita Michiaki, Arts of China, Paintings in Chinese Museums, New Collections, trans. George C. Hatch, Tokyo, Palo Alto, 1970.

Wladimir Zwalf, The Shrines of Gandhara, London, 1979.

Heinrich Zimmer, Myths and Symbols in Indian Art and Civilisation, Joseph Campbell ed., Bollingen Series, vi, Princeton, 1972.

中文文献

[汉]司马迁：《史记》，北京：中华书局，1982年。

[汉]班固：《汉书》，北京：中华书局，1962年。

[刘宋]范晔：《后汉书》，北京：中华书局，2000年。

[北齐]魏收：《魏书》，北京：中华书局，1997年。

[宋]李诫：《营造法式》，景印文渊阁四库全书第637册，台北：台湾商务印书馆，1983年。

出土文物展览工作组编：《"文化大革命"期间出土文物（第一辑）》，北京：文物出版社，1972年。

冯汉骥：《前蜀王建墓发掘报告》，北京：文物出版社，1964年。

福建省博物馆编：《福州南宋黄昇墓》，北京：文物出版社，1982年。

故宫博物院陈列设计组编绘：《唐代图案集》，北京：人民美术出版社，1982年。

国家文物局：《丝绸之路》，北京：文物出版社，2014年。

湖北省博物馆编著：《随县曾侯乙墓》，北京：文物出版社，1980年。

湖南省博物馆、中国社会科学院考古研究所编：《长沙马王堆一号汉墓》，北京：文物出版社，1973年。

李树桐：《唐人喜爱牡丹考》，《大陆杂志》1969年39期，1、2期合刊，第42-66页。

龙门文物保管所编著：《龙门石窟》，北京：文物出版社，1980年。

陕西省博物馆、陕西省文物管理委员会合编：《陕北东汉画像石刻选集》，北京：文物出版社，1959年。

陕西省考古研究所：《陕西铜川耀州窑》，北京：科学出版社，1965年。

陕西省考古研究所、陕西省文物管理委员会、陕西省博物馆编：《陕西出土商周青铜器》（第2册），北京：文物出版社，1980年。

山西省古建保护研究所、山西省应县木塔保管所编：《应县木塔》，北京：文物出版社，1980年。

山西省晋祠文物保管所：《晋祠》，北京：文物出版社，1981年。

山西省古建保护研究所编：《开化寺宋代壁画》，北京：文物出版社，1983年。

山西省古建保护研究所编：《岩山寺金代壁画》，北京：文物出版社，1983年。

山西省古建保护研究所编：《佛宫寺释迦塔和崇福寺辽金壁画》，北京：文物出版社，1983年。

商务印书馆编辑部：《辞源》，北京：商务印书馆，1979年。

首都博物馆：《大元三都》，北京：科学出版社，2016年。

宿白：《白沙宋墓》，北京：文物出版社，1957年。

孙海波编：《新郑彝器》，北京：河南通志馆，1937年。

吴凤培：《明代雕漆器锦地纹之研究》（上、下），《故宫季刊》15卷第3、4期，1981年， 第45-104、15-86页。

西北历史博物馆编：《古代装饰花纹选集》，西安：西北人民出版社，1953年。

新疆维吾尔自治区博物馆、出土文物展览工作组编：《丝绸之路——汉唐织物》，北京：文物出版社，1973年。

姚迁、古兵编：《六朝艺术》，北京：文物出版社，1981年。

云冈石窟研究所编：《云冈石窟》，北京：文物出版社，1977年。

云南省博物馆编：《云南青铜器》，北京：文物出版社，1981年。

赵万里：《汉魏南北朝墓志集释》，台北：鼎文书局，1972年。

中国社会科学院考古研究所编著：《上村岭虢国墓地》，北京：科学出版社，1959年。

中国旅游出版社编：《敦煌飞天》，北京：中国旅游出版社，1980年。

中国社会科学院考古研究所编著：《殷墟妇好墓》，北京：文物出版社，1980年。

《新中国出土文物》，北京：外文出版社，1972年。

日文文献

《中國石窟·敦煌莫高窟》，东京：平凡社，1980年。

《中華人民和國出土文物展》，东京：中日新闻社、日本经济新闻社，1978年。

后藤四郎：《正倉院の歴史》，东京：至文堂，1978年。

水野清一、长广敏雄：《雲岡石窟：西暦五世紀における仏教寺院の考古学的調査報告(昭和13—20年)》，京都：京都大学人文科学研究所，1951年。

长广敏雄：《欧美藏中國美術·第三卷·雕塑》，东京：讲谈社，1972年。

西川宁、青山杉雨编：《西安碑林》，东京：讲谈社，1966年。

大阪市立美术馆编：《六朝の美術》，东京：平凡社，1976年。

关野贞、常盘大定：《支那佛教史蹟》，东京：佛教史迹研究会，1926-1928年。

《世界陶磁全集13 遼·金·元》，东京：小学馆，1976年。

《世界陶磁全集14 明》，东京：小学馆，1976年。

正仓院事务所编：《正倉院の樂器》，东京：日本经济新闻社，1967年。

《正倉院御物圖錄》，东京：帝室博物馆，1928年。

《正倉院寶物》，东京：朝日新闻社，1960年。

正仓院事务所编：《正倉院の漆工》，东京：平凡社，1975年。

田村实造、小林行雄：《慶陵 東モンゴリヤにおける遼代帝王陵とその壁画に関する考古学的調査報告》，京都：京都大学文学部，座右宝刊行会印刷，1952年。

大阪市立美术馆编：《隋唐の美術》，东京：平凡社，1978年。

图书在版编目(CIP)数据

莲与龙:中国纹饰/(英)杰西卡·罗森著;张平译.—上海:上海书
画出版社,2019.3
(朵云文库.艺术史界)
ISBN978-7-5479-1973-6

Ⅰ.①莲… Ⅱ.①杰… ②张… Ⅲ.①器物纹饰(考古)—研究
—中国 Ⅳ.①K879.04

中国版本图书馆CIP数据核字(2019)第037470号

莲与龙:中国纹饰

(英)杰西卡·罗森 著　　　　张平 译
邓菲　李晨　沈水　施静菲　李宝平 校

责任编辑	眭菁菁　陈元棪
审　读	陈家红
责任校对	倪 凡
技术编辑	顾 杰
封面设计	刘晓蕾

出版发行	上 海 世 纪 出 版 集 团 上海书画出版社
地址	上海市延安西路593号　200050
网址	www.ewen.co www.shshuhua.com
E-mail	shcpph@163.com
制版	上海文高文化发展有限公司
印刷	上海画中画包装印刷有限公司
经销	各地新华书店
开本	787×1092　1/16
印张	16.25
版次	2019年4月第1版　2020年3月第3次印刷

书号	ISBN978-7-5479-1973-6
定价	98.00元

若有印刷、装订质量问题,请与承印厂联系

丹青品格 怡养我心

敬请关注上海书画出版社